T0198542

Finanzierungstheorie

PETER SWOBODA, * 1937, Dkfm., Dr. der Handelswissenschaften (1959). 1959–1964 Assistent an der Hochschule für Welthandel Wien, 1964–1965 kommissarischer Verwalter eines Lehrstuhls an der Universität Frankfurt, 1965–1966 Gastprofessor an der Universität Urbana, USA, 1966–1970 o. Professor an der Universität Frankfurt. 1970 o. Professor an der Universität Graz (Institut für Industrielle Unternehmensforschung).

Peter Swoboda

Finanzierungstheorie

Physica-Verlag · Würzburg-Wien
1973

ISBN 3 7908 0115 1

Physica-Verlag, Rudolf Liebing KG, Würzburg 1973

Satz: Carl Winter, Universitätsverlag, Heidelberg, Abteilung Druckerei
Druck: repro-druck „Journalfranz" Arnulf Liebing, oHG, Würzburg

Printed in Germany

ISBN 3 7908 0115 1

Inhaltsverzeichnis

1. Einleitung

1.1 Zur Konzeption der Finanzierungstheorie

Die Finanzierung der Unternehmung wird in sehr unterschiedlicher Form definiert. Die Mehrzahl der Autoren stellt bei der Umschreibung der Finanzierung den *Zugang von liquiden (disponiblen) Mitteln* in den Vordergrund (*monetärer Finanzierungsbegriff*) [HAX, K., 1966, S. 416; KÖHLER 1969]. Die Aufnahme eines Kredits ist nach dieser Auffassung ebenso ein Finanzierungsvorgang wie der Verkauf eines Anlagegegenstands gegen Barzahlung. Ein solcher Finanzierungsbegriff hat u. a. den Nachteil, daß der Abfluß von finanziellen Mitteln für Kreditrückzahlungen, Gewinnausschüttungen usw. nicht erfaßt wird, und daß er — ohne Modifikation — nicht auf Sacheinlagen oder das Leasing anwendbar ist. Weiter läßt ein monetärer Finanzierungsbegriff keine eindeutige Abgrenzung zwischen Finanzierung und Investition einschließlich Desinvestition zu [zu der Problematik eines monetären Finanzierungsbegriffs vgl. VORMBAUM 1971, S. 19–22].

Diesem Buch soll daher ein Finanzierungsbegriff zugrundegelegt werden, der zwar sämtliche Probleme der Kapitalaufbringung und -rückzahlung erfaßt, Fragen der Kapitalverwendung jedoch ausschließt. Es wird unter Finanzierung der Unternehmung in sehr allgemeiner Weise die *Gestaltung der Beziehungen der Unternehmung zu ihren Kapitalgebern subsumiert*. Finanzierungsentscheidungen haben nicht nur zum Inhalt, in welchem Verhältnis Kapital von Anteilseignern und Kreditgebern beschafft werden soll, sie beziehen sich auch auf die zu gewährenden Kreditbedingungen, wie die Fristigkeit der Mittel, die Sicherungen, die Zinssätze und die Informations- und Mitspracherechte der Kapitalgeber. Finanzierungsentscheidungen müssen daher nicht unmittelbar mit einem Zufluß oder Abfluß finanzieller Mittel verbunden sein. Auch Sacheinlagen, die Beschaffung von Vermögensgegenständen gegen Kredit (Lieferantenkredit), Kreditprolongationen oder Zinsfußänderungen gehen auf Finanzierungsentscheidungen zurück.

Der gewählte Finanzierungsbegriff ist insoferne offen, als noch näher festgelegt werden muß, wer als *Kapitalgeber* (neben Anteilseignern und Kreditgebern) anzusehen ist. In der vorliegenden Arbeit werden etwa die Vermieter von Anlagegegenständen, falls sie eine den Kreditgebern ähnliche Stellung aufweisen (Finance Leasing), zu den Kapitalgebern gezählt. Dies gilt auch für den Fiskus im Hinblick auf „Steuerverbindlichkeiten", die durch die Legung stiller Reserven entstehen und erst bei deren Auflösung zu begleichen sind. Die Arbeitnehmer zählen nicht nur zu den Kapitalgebern, soweit die Arbeitsleistungen den Lohnzahlungen vorangehen; sie werden auch im Hinblick auf Pensionsrückstellungen — gemeinsam mit dem die steuerliche Abzugsfähigkeit gewährenden Fiskus — als Kapitalgeber betrachtet.

Eigenfinanzierungsentscheidungen haben die Beziehungen zwischen der Unternehmung und den Anteilseignern (Eigentümern) zum Gegenstand, *Fremdfinanzierungsentscheidungen* die Beziehungen zwischen Unternehmung und Kreditgebern, eventuell einschließlich Vermietern. Unter *Eigenfinanzierung im engeren Sinne* (Beteiligungsfinanzierung) wird die Zufuhr von finanziellen Mitteln oder sachlichen Vermögensgegenständen seitens der Anteilseigner verstanden, von *Selbstfinanzierung* als Teil der Eigenfinanzierung im weiteren Sinne soll dann gesprochen werden, wenn erzielte Gewinne nicht an die Anteilseigner ausgeschüttet, sondern im Unternehmen belassen werden. Die Selbstfinanzierung wird auch als Innenfinanzierung bezeichnet, im Gegensatz zu den übrigen Eigen- und Fremdfinanzierungsvorgängen, die unter *Außenfinanzierung* zusammengefaßt werden. (Bei einem monetären Finanzierungsbegriff würde die Innenfinanzierung nicht nur die Selbstfinanzierung umfassen, sondern auch sämtliche Umwandlungen von nicht liquiden in liquide Mittel; da solche Umschichtungsvorgänge hier nicht als Finanzierungsvorgänge angesprochen werden, wird auch der LOHMANN-RUCHTI-Effekt nicht in die Analyse einbezogen.)

Bei der Behandlung von Finanzierungsfragen ist von vorneherein die bedeutsame Abhängigkeit der Finanzierungspolitik der Unternehmung von den *Zielsetzungen, den Ansprüchen und dem Verhalten* der an der Unternehmung *interessierten Personen* und Institutionen zu beachten. Die an der Unternehmung interessierten Personen oder Institutionen sind vor allem Kapitalgeber (Anteilseigner und Kreditgeber), Arbeitnehmer und der Staat als Träger der Wirtschafts- und Gesellschaftspolitik sowie als Fiskus. Im Vordergrund einer Finanzierungstheorie werden naturgemäß Zielsetzungen, Ansprüche und Verhalten der Kapitalgeber stehen; einerseits, weil die Interessen der Anteilseigner die Zielsetzung der Unternehmung wesentlich beeinflussen können; andererseits, weil Anteilseigner wie Kreditgeber jedenfalls die Bedingungen für die Aufbringung von Kapital fixieren.

Die direkte Einbeziehung der Zielsetzungen, der Ansprüche und des Verhaltens der Kapitalgeber ist deshalb für eine Finanzierungstheorie unabdingbar, weil die Bedingungen für die Zurverfügungstellung von Kapital nicht von vorneherein feststehen, sondern erst von den Finanzierungsentscheidungen der Unternehmung abhängen. Während etwa der Preis eines Investitionsobjekts in der Regel davon unabhängig ist, welche anderen Objekte die Unternehmung beschafft, so sind die Bedingungen, unter denen ein Kredit gewährt wird, sehr wohl von den übrigen Finanzierungsentscheidungen der Unternehmung abhängig; etwa von der Entscheidung über die Kapitalstruktur oder von der Entscheidung, inwieweit bestimmte Kredite gesichert werden sollen oder nicht. Bei Finanzierungsentscheidungen muß man daher stets die Reaktionen der bisherigen und der potentiellen, zukünftigen Kapitalgeber im Auge behalten. Die Versuche vor allem in der deutschsprachigen Literatur, unter Annahme bestimmter Finanzierungsformen mit exakt festgelegten Bedingungen Methoden für die simultane Festlegung eines optimalen Investitions- und Finanzierungsprogramms zu entwickeln, sind daher für den Aufbau einer Finanzierungstheorie weitgehend unbrauchbar. Sie übersehen, daß einerseits das Verhalten und die Ansprüche der Kapitalgeber nicht unabhängig sind vom endgültig festgelegten Finanzierungsprogramm, andererseits aber die Kreditbedingungen insofern flexibel sind, als etwa ein Kreditgeber Kredite unterschiedlicher Laufzeiten und/oder Sicherungen bei entsprechender Anpassung der Zinsfüße zu gewähren bereit ist.

Im Großteil der Arbeit wird davon ausgegangen, daß die Zielsetzung der Unternehmung sich direkt an der *Zielsetzung der Anteilseigner* ausrichtet. Zielsetzung der Anteilseigner sei die Maximierung des erwarteten Nutzens der zumeist unsicheren künftigen Konsumausgaben. Diese Zielsetzung soll in den folgenden Kapiteln dieses Abschnitts näher präzisiert werden.

Bezüglich der Gläubiger wird angenommen, daß sie zwar die eben definierte Zielsetzung der Unternehmung nicht beeinflussen, jedoch die Bedingungen für die Optimierung der Finanzierungspolitik sehr wesentlich determinieren. Daher werden in den Abschnitten 2 und 3 die optimale „Konkurspolitik" der Gläubiger, die Sicherungsanforderungen, die Einflußgrößen der Kreditzinssätze und die besonderen Ansprüche bestimmter Gläubigergruppen, wie z.B. Versicherungsgesellschaften oder Lieferanten, behandelt.

Zielsetzungen, Ansprüche und Verhalten der Arbeitnehmer werden in den meisten Abschnitten nicht als Einflußgrößen von Finanzierungsentscheidungen betrachtet. Lediglich im Abschnitt 1.5 sollen kurz die Auswirkungen untersucht werden, die aus einer direkten Ausrichtung der Finanzierungsentscheidungen der Unternehmung an den Interessen der Arbeitnehmer oder einer Gruppe von Arbeitnehmern resultieren.

Der Staat als Träger der Wirtschafts- und Gesellschaftspolitik und insbesondere als Fiskus soll nur als Nebenbedingungen (Steuerbemessungsgrundlagen, Steuersätze) setzende Institution betrachtet werden.

Die vorliegende Finanzierungstheorie ist in weiten Passagen *präskriptiv*. Es werden für unterschiedliche Datenkonstellationen Finanzierungsoptima bzw. Grundsätze für die Optimierung von Finanzierungsmaßnahmen entwickelt. In einigen Abschnitten werden aber auch Hypothesen über das Finanzierungsverhalten der Unternehmungen aufgestellt. Ein besonderes Anliegen dieser Schrift ist es, das *Risiko finanzieller Schwierigkeiten* (Konkursrisiko, Vergleichsrisiko, Risiko von Notverkäufen und Investitionseinschränkungen einschließlich des risikomindernden Effekts finanzieller Reserven) als wichtige Determinante von Finanzierungsentscheidungen in den Vordergrund zu stellen, und erste Grundlagen zum vernachlässigten Problem der *Optimierung der Fremdkapitalstruktur* zu erarbeiten. Da das Theorem von MODIGLIANI-MILLER bei Vorliegen bestimmter Prämissen die Äquivalenz sämtlicher Finanzierungsmaßnahmen bzw. Kapitalstrukturen erweist, können sich Finanzierungsoptima nur dann ergeben, wenn die Prämissen des Theorems von MODIGLIANI-MILLER nicht gelten. Aus diesem Grund werden die Problemstellungen dieser Arbeit erst anhand der Prämissenkritik des Theorems von MODIGLIANI-MILLER in Abschnitt 1.5 eingehend dargestellt. Zuvor wird in den Abschnitten 1.2 und 1.3 grundlegend auf Nutzenfunktionen und Risikomaße der Investoren und — darauf aufbauend — auf die Zusammenstellung optimaler Wertpapierportefeuilles der Investoren eingegangen, und es wird in Abschnitt 1.4 das Theorem von MODIGLIANI-MILLER bewiesen. Die meisten übrigen Kapitel der Publikation können jedoch auch dann mit Verständnis durchgearbeitet werden, wenn die Abschnitte 1.2 und 1.3 und die beiden Anhänge nach dem Abschnitt 1 übersprungen werden.

Ergänzende und vertiefende Literatur zu Abschnitt 1.1:
KIRSCH 1968.
KÖHLER 1969.
LOITLSBERGER 1971.
PORTERFIELD 1965, S. 5–19.
VORMBAUM 1971, S. 19–27.
WESTON-BRIGHAM 1970, S. 3–15.

1.2 Nutzenfunktion, allgemeines Risikomaß und besondere Risikomaße

·Die Zielsetzungen der Kapitalgeber, die aus ihnen resultierenden Ansprüche und Verhaltensweisen determinieren weitgehend die Finanzierungsentscheidungen der Unternehmung. Daher werden einleitend einige grundlegende Aussagen über die Nutzenfunktionen von Investoren unter besonderer Berücksichtigung des Risikos gemacht. Unter Investoren werden gleicherweise potentielle Eigenkapital- und Fremdkapitalgeber verstanden.

Jeder Investor möge zu $t = 0, 1, \ldots$ über sein Vermögen so disponieren, daß der erwartete Nutzen aus seinen zumeist unsicheren künftigen Konsumausgaben maximiert wird. Eine bestimmte Vermögensdisposition zu t kann — je nach Entwicklung der Umwelt und der Bedürfnisse des Investors — zu unterschiedlichen Abfolgen von Konsumausgaben im Zeitablauf führen. (Dabei ist vorausgesetzt, daß zu jedem Zeitpunkt entsprechend der eingetretenen Umweltsituation und der Bedürfnisse des Investors eine optimale Verteilung der Mittel auf Konsum- und Sparformen erfolgt.) Der — auf einen bestimmten Zeitpunkt bezogene — Wert eines Konsumausgabenstroms, der sich aus einer bestimmten Abfolge von Konsumakten ergibt, sei mit R bezeichnet (= möglicherweise eintretender Reichtum). R ist eine Zufallsvariable. R kann ein Gegenwartswert oder ein auf irgendeinen zukünftigen Zeitpunkt (z. B. Planungshorizont) bezogener Wert sein. Um R zu berechnen, müssen die Auszahlungen für Konsumzwecke zu verschiedenen Zeitpunkten durch Auf- bzw. Abzinsung addierbar gemacht werden. Auf den dabei zu verwendenden Zinsfuß (Zeitpräferenzrate) soll hier nicht eingegangen werden.

Die Zielsetzung des Investors kann daher geschrieben werden:

Max: $E[U(R)]$

E = Erwartungswertoperator

U = Nutzenoperator

Es ist somit der erwartete Nutzen aus den möglicherweise eintretenden Konsumausgabenströmen (ausgedrückt durch deren, auf einen beliebigen Zeitpunkt bezogenen Wert R) zu maximieren.

Um die Auswirkungen des Risikos auf die Entscheidungen eines Investors analysieren zu können, wird folgendes *allgemeine Risikomaß* [STONE 1970, S. 12] definiert:

$$\Phi = U(\bar{R}) - E[U(R)] \tag{1}$$

Φ, das allgemeine Risikomaß, ist somit die Differenz zwischen dem Nutzen des erwarteten Reichtums (diesen Nutzen würde der Investor erzielen, wenn der Erwartungswert von R mit Sicherheit einträfe!) und dem erwarteten Nutzen des Reichtums. Φ hängt sowohl von der Wahrscheinlichkeitsverteilung von R als auch von der Form der Nutzenfunktion ab. Φ wird bei Risikoabneigung positiv, bei Risikovorliebe negativ sein.

Hat der Investor die Wahl zwischen dem unsicheren Ereignis R und einem sicheren Ereignis $\hat{R}$, und ist der Investor indifferent zwischen diesen beiden Ereignissen, so heißt $\hat{R}$ das *Sicherheitsäquivalent* des unsicheren Ereignisses R. Die Differenz zwischen dem Erwartungswert des unsicheren Ereignisses und dem Sicherheitsäquivalent heißt *Risikoprämie* (π) [STONE 1970, S. 14]:

$$\pi = \bar{R} - \hat{R} \tag{2}$$

Zur Ableitung *besonderer Risikomaße* aus dem allgemeinen Risikomaß Φ wird die TAYLORsche Expansion von $U(R)$ gebildet:

$$U(R) = U(\bar{R}) + U^{(1)}(\bar{R})(R - \bar{R}) + \sum_{j=2}^{\infty} \frac{U^{(j)}(\bar{R})(R - \bar{R})^j}{j!}$$

$U^{(j)}(\bar{R})$ ist die j-te Ableitung der Nutzenfunktion nach R an der Stelle $\bar{R}$. Der Erwartungswert von $U(R)$, $E[U(R)]$, ist:

$$E[U(R)] = U(\bar{R}) + 0 + \sum_{j=2}^{\infty} \frac{U^{(j)}(\bar{R})E[(R - \bar{R})^j]}{j!}$$

Daraus folgt:

$$\Phi = U(\bar{R}) - E[U(R)] = -\sum_{j=2}^{\infty} \frac{U^{(j)}(\bar{R})E[(R - \bar{R})^j]}{j!} \tag{3}$$

Das Risikomaß ist somit eine Funktion aller zentralen Momente $j \geq 2$. Ist die Nutzenfunktion quadratisch bzw. läßt sie sich durch eine quadratische Funktion approximieren, dann gilt (Ableitungen dritten und höheren Grades existieren nicht):

$$\Phi = U(\bar{R}) - E[U(R)] = -\frac{U^{(2)}(\bar{R})E[(R - \bar{R})^2]}{2} = -\frac{U^{(2)}(\bar{R})}{2}\sigma^2 \tag{4}$$

Das Risikomaß Φ ist daher nur von der Varianz $\sigma^2 = E[(R - \bar{R})^2]$ abhängig. Bei Risikoabneigung muß $U^{(2)}$ negativ sein, damit Φ positiv ist. Eine quadratische Nutzenfunktion ist etwa $U(R) = aR - bR^2$, wobei a und b Koeffizienten sind. In diesem Fall ist:

$$U^{(2)}(\bar{R}) = -2b$$

$$\Phi = \frac{2b}{2}\sigma^2 = b\sigma^2$$

(Damit der Grenznutzen bei wachsendem R stets positiv ist, muß die Gültigkeit einer quadratischen Nutzenfunktion allerdings auf

$$U^{(1)}(R) = a - 2bR > 0$$

$$R < \frac{a}{2b}$$

eingeschränkt werden.)

Gerade bei der Behandlung von Finanzierungsentscheidungen wird häufig die 3. Ableitung der Nutzenfunktion nicht vernachlässigt werden dürfen. Denn Finanzierungsentscheidungen führen in vielen Fällen zu asymmetrischen Wahrscheinlichkeitsverteilungen des Barwertes der einzelnen Investoren zufließenden Zahlungen aus einer Unternehmung, selbst wenn der Barwert der den Investoren insgesamt zufließenden Beträge symmetrisch verteilt ist. Der Ausdruck $U^{(3)}(\bar{R})E[(R-\bar{R})^3]$ ist aber nur bei symmetrischer Wahrscheinlichkeitsverteilung 0, sein absoluter Wert steigt mit der Zunahme der Asymmetrie der Wahrscheinlichkeitsverteilung.

Der Einbezug der dritten Ableitung von $U(R)$ in das Riskomaß Φ ergibt:

$$\Phi = U(\bar{R}) - E[U(R)] = -\frac{U^{(2)}(\bar{R})E[(R-\bar{R})^2]}{2} - \frac{U^{(3)}(\bar{R})E[(R-\bar{R})^3]}{6} \quad (5)$$

Den Ausdruck $E[(R-\bar{R})^3]/\sigma^3$ bezeichnet man als Schiefe der Wahrscheinlichkeitsverteilung. Nach allgemeiner Auffassung sind Verteilungen mit positiver Schiefe (rechtsschiefe Wahrscheinlichkeitsverteilungen) risikoloser, Verteilungen mit negativer Schiefe (linksschiefe Wahrscheinlichkeitsverteilungen) risikoreicher als symmetrische Prospekte mit gleichem Erwartungswert und gleicher Varianz. Damit dieses Risikoverhalten im obigen Risikomaß zum Ausdruck kommt, muß $U^{(3)}$ positiv sein.

Folgendes Beispiel soll zeigen, wie durch Finanzierungsentscheidungen aus einer symmetrischen Verteilung der Gesamtauszahlungen der Unternehmung an die Kapitaleigner asymmetrische Wahrscheinlichkeitsverteilungen der Auszahlungen an zwei Gruppen von Kapitaleignern (Anteilseigner und Gläubiger) werden.

Beispiel 1:

Eine zu gründende Unternehmung soll eine Lebensdauer von 5 Jahren aufweisen. Während des Bestehens der Unternehmung sollen weder Dividenden noch Fremdkapitalzinsen bezahlt werden. Der Erlös aus der Liquidation der Unternehmung nach 5 Jahren wird mit Wahrscheinlichkeiten von 0,05, 0,10, 0,70, 0,10, 0,05 3000, 6000, 8500, 11000, 14000 betragen. Die Wahrscheinlichkeitsverteilung des Liquidationserlöses ist somit symmetrisch. Aus dem Liquidationserlös wird primär der bei der Gründung der Unternehmung aufgenommene Kredit einschließlich der kumulierten Zinsen bezahlt, der Rest wird an die Anteilseigner ausgeschüttet. Der erforderliche Kapitaleinsatz zur Gründung der Unternehmung ist 5000.

Wird nun teilweise Fremdfinanzierung betrieben und Fremdkapital in einem Ausmaß aufgenommen, daß den Kreditoren zu $t = 5$ 4500 rückgezahlt werden müßten, und haften die Anteilseigner nicht für die Verbindlichkeiten der Unternehmung, so ergeben sich folgende Wahrscheinlichkeitsverteilungen der Zahlungen der Unternehmung an Anteilseigner und Gläubiger zu $t = 5$:

	Betrag	W
für Anteilseigner	0	0,05
	1500	0,10
	4000	0,70
	6500	0,10
	9500	0,05

Diese Verteilung ist offensichtlich asymmetrisch, der Ausdruck $E[(R - \bar{R})^3]$ ist positiv.

	Betrag	W
für Gläubiger	3000	0,05
	4500	0,95

Die Wahrscheinlichkeitsverteilung ist ebenfalls asymmetrisch. $E[(R - \bar{R})^3]$ ist negativ.

Man darf die Auswirkungen der Finanzierungsentscheidungen auf die Schiefe der Wahrscheinlichkeitsverteilungen der Barwerte oder Endwerte der den Anteilseignern und Gläubigern zufließenden Zahlungen nicht überschätzen. Denn durch Kombination von Anteilspapieren und Forderungspapieren im *Portefeuille* eines Investors kann aus asymmetrisch verteilten Barwerten der aus verschiedenen Titeln zufließenden Zahlungen wieder eine symmetrische Wahrscheinlichkeitsverteilung des Barwertes sämtlicher Zahlungen werden. Aus diesem Grunde und aus Vereinfachungsgründen wird im weiteren, soferne nicht das allgemeine Risikomaß verwendet wird, mit der Varianz als besonderem Risikomaß gearbeitet.

Ergänzende und vertiefende Literatur zu Abschnitt 1.2:
ALDERFER-BIERMAN 1970.
SCHNEEWEISS 1967.
SCHNEIDER 1970, S. 63–133.
STONE 1970, S. 12–29.

1.3 Die Zusammenstellung eines optimalen Wertpapierportefeuilles durch einen Investor. Die Substitutionsrate zwischen Risiko und Reichtum

In Abschnitt 1.1 wurde als Zielsetzung der Investoren die Maximierung des erwarteten Nutzens aus den zumeist unsicheren künftigen Konsumausgaben unterstellt. Im folgenden wird davon ausgegangen, daß die Investoren in Anwendung dieser Zielsetzung zu $t = 0$ ein Portefeuille von Anteils- und Forderungspapieren zusammenstellen. Die Anzahl der vom Investor i, $i = 1, \ldots, m$, gekauften Stücke von Wertpapier j, $j = 1, \ldots, n$, wird mit x_j^i bezeichnet. x_j^i muß nicht ganzzahlig sein; x_j^i kann auch negativ sein. Das Portefeuille wird bis zum Planungshorizont nicht bzw. nur in einer zu $t = 0$ bereits festgelegten Form umgeschichtet. Zum Zeitpunkt $t = 0$, vor Zusammenstellung des optimalen Portefeuilles, besitzt der Investor i $\hat{x}_j^i$ Wertpapiere j. Der Preis eines Wertpapiers j zu $t = 0$ ist p_j. Die Mittel des Investors sind beschränkt, was in folgender Beziehung zum Ausdruck kommt:

$$\sum_{j=1}^{n} p_j x_j^i = \sum_{j=1}^{n} p_j \hat{x}_j^i \quad i = 1, \ldots, m$$

Da zum gleichen Termin gekauft und verkauft wird, sind Kauf- und Verkaufspreise gleich. Selbstverständlich könnten sich durch die Überlegungen aller Investoren zur Portefeuille-Umstrukturierung Preisänderungen ergeben, die aber — so wird angenommen — knapp vor $t = 0$ eintreten. Transaktionskosten (Beschaffungs- und Verkaufskosten von Wertpapieren) werden ebenso wie Steuern ausgeschlossen.

Die Anzahl der emittierten Wertpapiere j, x_j, ist konstant. Die Preise der Wertpapiere j müssen sich so einspielen, daß alle Anteile untergebracht werden:

$$\sum_{i=1}^{m} x_j^i = \sum_{i=1}^{m} \hat{x}_j^i = x_j \quad j = 1, \ldots, n$$

Es wird vorerst *nicht* unterstellt, daß alle Investoren eine gleiche Wahrscheinlichkeitsverteilung von R zugrundelegen, daß sie bezüglich des Risikomaßes übereinstimmen und daß eine *risikolose* Investitionsmöglichkeit besteht.

Investor i wird somit soviele Wertpapiere j, $j = 1, \ldots, n$, kaufen, daß sein erwarteter Nutzen maximiert wird, wobei die Begrenzung durch die zur Verfügung stehenden Mittel zu beachten ist. Man kann daher für jeden Investor folgenden LAGRANGE-Ausdruck L^i bilden, differenzieren und aus der Nullsetzung der ersten Ableitungen Gleichgewichtsbedingungen gewinnen:

$$\text{Max:} \quad L^i = \bar{U}^i(x_1^i, \ldots x_n^i) - \lambda^i \sum_{j=1}^{n} p_j(x_j^i - \hat{x}_j^i)$$

$$\frac{\partial L^i}{\partial x_j^i} = 0 = \frac{\partial \bar{U}^i}{\partial x_j^i} - \lambda^i p_j$$

Es gibt mn derartige Gleichungen für alle Investoren und alle Wertpapiere.

$$\frac{\partial L^i}{\partial \lambda^i} = 0 = \sum_{j=1}^{n} p_j(x_j^i - \hat{x}_j^i)$$

Es gibt m derartige Gleichungen.

Zusätzlich gelten folgende n Gleichungen:

$$\sum_{i=1}^{m} x_j^i = x_j$$

Nun ist $E(U^i)$ eine Funktion des erwarteten Reichstums $\bar{R}^i$ und des Risikos, ausgedrückt durch Φ^i:

$$E(U^i) = f^i(\bar{R}^i, \Phi^i)$$

Es gilt daher: Max: $L^i = f^i(\bar{R}^i, \Phi^i) - \lambda^i \sum_{j=1}^{n} p_j(x_j^i - \hat{x}_j^i)$

$$\frac{\partial L^i}{\partial x_j^i} = 0 = \frac{\partial f^i}{\partial \bar{R}^i} \frac{\partial \bar{R}^i}{\partial x_j^i} + \frac{\partial f^i}{\partial \Phi^i} \frac{\partial \Phi^i}{\partial x_j^i} - \lambda^i p_j$$

$$\frac{\partial L^i}{\partial \lambda^i} = 0 = \sum_{j=1}^{n} p_j(x_j^i - \hat{x}_j^i)$$

Aus diesen Ausdrücken können Eigenschaften des optimalen Portefeuilles abgeleitet werden, die die Zusammenhänge zwischen Risikomaß und Portefeuille-Zusammensetzung beleuchten. Ein wichtiges Ergebnis ist: Die *Substitutionsrate von Risiko und erwartetem Reichtum* des Investors i ist:

$$\frac{\partial \Phi^i}{\partial \bar{R}^i} = \frac{\Phi_j^i - (p_j/p_n) \Phi_n^i}{\bar{u}_j^i - (p_j/p_n)\bar{u}_j^i} \tag{6}$$

$\Phi_j^i = \dfrac{\partial \Phi^i}{\partial x_j^i}$ = Grenzrisiko des Portefeuilles von Investor i bezüglich Wertpapier j, bei konstantem Preis p_j

$\bar{u}_j^i = \dfrac{\partial \bar{R}^i}{\partial x_j^i}$ = Zunahme des erwarteten Reichtums von Investor i bei Kauf eines zusätzlichen Wertpapiers j, bei konstantem Preis

p_j = von Investor i erwarteter Wert eines Wertpapiers j (bei Risikoindifferenz)

Dieses Ergebnis wird folgendermaßen gewonnen [STONE 1970, S. 49 ff.]:

$\dfrac{\partial L^i}{\partial x_j^i}$ kann umgeformt werden in:

$$\frac{\partial f^i}{\partial \bar{R}^i} \bar{u}_j^i + \frac{\partial f^i}{\partial \Phi^i} \Phi_j^i = \lambda^i p_j$$

Für das Wertpapier n gilt:

$$\lambda^i = \left(\frac{\partial f^i}{\partial \bar{R}^i} \bar{u}_n^i + \frac{\partial f^i}{\partial \Phi^i} \Phi_n^i \right) \Big/ p_n$$

Für λ^i wird nun eingesetzt:

$$\frac{\partial f^i}{\partial \bar{R}^i} \bar{u}_j^i + \frac{\partial f^i}{\partial \Phi^i} \Phi_j^i = \left(\frac{\partial f^i}{\partial \bar{R}^i} \bar{u}_n^i + \frac{\partial f^i}{\partial \Phi^i} \Phi_n^i \right) \frac{p_j}{p_n}$$

$$\frac{\partial f^i}{\partial \bar{R}^i} \left(\bar{u}_j^i - \bar{u}_n^i \frac{p_j}{p_n} \right) + \frac{\partial f^i}{\partial \Phi^i} \left(\Phi_j^i - \Phi_n^i \frac{p_j}{p_n} \right) = 0$$

Daraus ergibt sich:

$$-\frac{\partial f^i}{\partial \overline{R}^i} \bigg/ \frac{\partial f^i}{\partial \Phi^i} = \frac{\partial \Phi^i}{\partial \overline{R}^i} = \frac{\Phi^i_j - (p_j/p_n)\,\Phi^i_n}{\overline{u}^i_j - (p_j/p_n)\overline{u}^i_n} \tag{6}$$

Zur Interpretation dieses Ergebnisses sei zunächst festgestellt, daß $\Phi^i_j - (p_j/p_n)\,\Phi^i_n$ als zusätzliches Risiko verstanden werden kann, das entsteht, falls eine Einheit Wertpapier j beschafft und für den gleichen Betrag Wertpapier n (ein Bruchteil eines Wertpapiers n) veräußert wird. Dieses zusätzliche Risiko kann selbstverständlich auch negativ sein. Die aus dieser Substitution sich ergebende Änderung des erwarteten Reichtums ist durch den Nenner des Ausdrucks, $\overline{u}^i_j - (p_j/p_n)\overline{u}^i_n$, gegeben. Im Optimum führt jede solche Änderung der Zusammensetzung des Portefeuilles zu einem gleichen Verhältnis von zusätzlichem Risiko zu zusätzlichem erwarteten Reichtum, zu einer gleichen optimalen Substitutionsrate von Risiko und erwartetem Reichtum.

Wenn die Planungsperiode 1 Jahr oder irgend ein anderer, für alle Investitionsmöglichkeiten gleicher Zeitraum ist, und man R_i, u^i_j, Φ^i und Φ^i_j auf $t = 1$ bezieht, und weiter Zähler und Nenner von (6) durch p_j dividiert wird ($\overline{u}^i_j/p_j = 1 + \overline{r}^i_j$, wobei $\overline{r}^i_j$ die von Investor i erwartete Rendite des Wertpapiers j ist), erhält man:

$$\frac{\partial \Phi^i}{\partial \overline{R}^i} = \frac{\Phi^i_j/p_j - \Phi^i_n/p_n}{\overline{r}^i_j - \overline{r}^i_n} \tag{6a}$$

Im Zähler steht nun die Differenz der Grenzrisiken je Geldeinheit Kapitaleinsatz, im Nenner die Differenz der erwarteten Renditen zweier Wertpapiere. Falls die Investitionsmöglichkeit n risikolos ist, ergibt sich:

$$\frac{\partial \Phi^i}{\partial \overline{R}^i} = \frac{\Phi^i_j/p_j}{\overline{r}^i_j - r_n} \tag{6b}$$

Formel (6) kann folgendermaßen umformuliert werden:

$$\overline{u}^i_j - (p_j/p_n)\overline{u}^i_j = \frac{\partial \overline{R}^i}{\partial \Phi^i}\,[\Phi^i_j - (p_j/p_n)\,\Phi^i_n] \tag{7}$$

In Worten ausgedrückt, besagt diese Beziehung [STONE 1970, S. 55]:

$$\Delta \text{ erwarteter Reichtum} = \frac{\partial \text{ erwarteter Reichtum}}{\partial \text{ Risiko}}\ \Delta \text{ Risiko}$$

Im Optimum gilt also, daß der zusätzlich erwartete Reichtum aus Umschichtungen des Portefeuilles gleich ist dem zusätzlichen Risiko mal einem Proportionalitätsfaktor. Letzterer ist identisch mit der Substitutionsrate von erwartetem Reichtum und Risiko.

Ähnlich können Formel (6a) und (6b) zu den Formeln (7a) und (7b) umformuliert werden, wobei (7b) gilt, wenn Wertpapier n risikolos ist:

$$\bar{r}_j^i - \bar{r}_n^i = \frac{\partial \bar{R}^i}{\partial \Phi^i} \left(\Phi_j^i / p_j - \Phi_n^i / p_n \right) \qquad (7a)$$

$$\bar{r}_j^i - r_n = \frac{\partial \bar{R}^i}{\partial \Phi^i} \; \Phi_j^i / p_j \qquad (7b)$$

Die erwartete Rendite $\bar{r}_j^i$ eines Wertpapiers ist somit mit dem (Grenz-)Risiko aus diesem Wertpapier korreliert. (Inflationsgefahr kann dazu führen, daß einerseits die erwarteten nominellen Renditen aller Wertpapiere steigen, z. B. um die erwartete Inflationsrate; andererseits ist die Unsicherheit über die Inflationsquote eine weitere Risikokomponente, die Φ_j^i beeinflußt.)

Nach Ableitung dieser Zusammenhänge soll — um die Grundlage für eine mit relativ wenigen Voraussetzungen auskommende Ableitung des Finanzierungstheorems von MODIGLIANI-MILLER zu legen — vom allgemeinen Risikomaß Φ auf *das besondere Risikomaß* σ_{r_j}, *die Standardabweichung der Rendite*, übergegangen werden.

Wie im Anhang 1 bewiesen wird, kann Formel (7b) bei Übergang auf das Risikomaß σ_{r_j} und bei der zusätzlichen Annahme, daß die Investoren gleiche Erwartungen bezüglich der r_j und der ihnen zukommenden Wahrscheinlichkeiten hegen (daher kann die Kennzeichnung i eliminiert werden), umgeformt werden in:

$$\bar{r}_j - r_n = \frac{\bar{r}_m - r_n}{\sigma_{r_m}} \; \rho_{jm} \sigma_{r_j} \qquad (8)$$

$\bar{r}_m$ = erwartete Rendite des Marktportefeuilles, d. h. eines Portefeuilles, das aus allen nicht risikolosen Wertpapieren im Verhältnis ihrer gesamten Marktwerte zusammengesetzt ist; dieses Verhältnis ist: $x_1 p_1 : x_2 p_2 : \dots : x_{n-1} p_{n-1}$.

σ_{r_m} = Standardabweichung von r_m

σ_{r_j} = Standardabweichung von r_j

ρ_{jm} = Korrelationskoeffizient von r_j und $r_m = \dfrac{\text{Cov}(r_j, r_m)}{\sigma_{r_j} \sigma_{r_m}}$

Cov = Kovarianz (zur Definition der Kovarianz siehe Anhang 1)

Formel (8) besagt: Die Differenz in der erwarteten Rendite eines riskanten Wertpapiers j und eines risikolosen Wertpapiers n ist gleich der Standardabweichung der Rendite des Wertpapiers j mal dem Korrelationskoeffizienten der Rendite des Wertpapiers j mit der Rendite des Marktportefeuilles, mal einem für alle Papiere gleichen Proportionalitätsfaktor $(\bar{r}_m - r_n)/\sigma_{r_m}$.

Das Risiko des Wertpapiers j ist deshalb nicht nur durch σ_{r_j}, sondern auch durch ρ_{jm} bestimmt, da Schwankungen der Rendite eines Wertpapiers nur insoweit für einen Investor Risiko verursachen, als nicht damit gerechnet werden kann, daß sie durch Schwankungen der Renditen anderer Wertpapiere ausgeglichen werden. Wenn die Rendite des Wertpapiers j völlig unabhängig von der Rendite der übrigen Wertpapiere ist, ist ρ_{jm} gleich 0. $\bar{r}_j$ wird daher mit r_n zusammenfallen. Ist r_j mit der Rendite anderer Wertpapiere z. B. im Hinblick auf die konjunkturelle Entwicklung positiv korreliert, so ist ρ_{jm} positiv und $\bar{r}_j > r_n$. Ist r_j mit r_m negativ korreliert, so gilt sogar $\bar{r}_j < r_n$.

Ein weiteres Ergebnis des Anhangs 1 ist, daß sich die Portefeuilles der Investoren infolge der unterschiedlichen Risikopräferenzen wohl durch den Anteil an risikolosen Wertpapieren unterscheiden werden. Der Teil des Portefeuilles aber, der auf riskante Wertpapiere entfällt, ist bei allen Investoren gleich strukturiert. Die Struktur entspricht derjenigen des Marktportefeuilles (siehe oben).

Dieses Ergebnis stimmt offensichtlich nicht mit der Realität überein. Man wird keinen Investor finden, der sämtliche riskanten Wertpapiere in seinem Portefeuille hat, noch dazu in einem Verhältnis, das dem Verhältnis der Marktwerte der insgesamt ausgegebenen Wertpapiere entspricht. Selbst wenn man die Annahme etwa gleicher Erwartungen der Investoren und der Anwendung eines gleichen Risikomaßes für vertretbar hält, werden die bei obiger Ableitung ausgeschlossenen *Transaktions- und Informationskosten* bewirken, daß man sich mit einem aus relativ wenigen Wertpapierarten bestehenden Portefeuille anstelle eines Marktportefeuilles begnügt. Nun haben aber einige Untersuchungen gezeigt, daß man die Funktion eines Marktportefeuilles, nämlich die Ausschaltung des unsystematischen Risikos, der zufälligen Schwankungen, bereits durch die Kombination einer sehr geringen Anzahl von Wertpapierarten erreicht. Meist wird als Mindestzahl 8 Wertpapierarten genannt. Formel (8) gilt somit mit einiger Berechtigung auch für Situationen, in denen die Investoren keine Marktportefeuilles im strengen Sinne halten, vor allem auch für Investmentgesellschaften.

In Abschnitt 4 werden die nicht mehr gleich strukturierten Portefeuilles der Investoren für den Fall abgeleitet, daß die Investoren unterschiedlichen Kombinationen von Einkommen- und Kapitalgewinnsteuersätzen unterliegen, d. h. nicht mehr gleiche Renditen (nach Steuern) erwarten.

Auf den Versuch, durch Vergleich der Transaktions- und Informationskosten mit dem risikomindernden Effekt aus der Hinzufügung einer weiteren Wertpapierart die optimale Anzahl der Wertpapierarten in einem Portefeuille zu finden, sei abschließend verwiesen [MAO 1970].

Ergänzende und vertiefende Literatur zu Abschnitt 1.3:
FAMA 1968.
FRANKE 1971, S. 11–81.
JEAN 1971.
LAUX 1969, S. 107–170.
LINTNER 1965.
MAO 1970
MARKOWITZ 1959.
MYERS 1968.
SHARPE 1970.
STONE 1970.

1.4 Das Theorem von MODIGLIANI-MILLER

Das Theorem von MODIGLIANI-MILLER besagt: Der Gesamtwert einer Unternehmung für Anteilseigner und Gläubiger (M_j) ist unter bestimmten Voraussetzungen unabhängig von der Kapitalstruktur. Der Gesamtwert der Unternehmung kann somit durch Änderungen im Verhältnis zwischen Eigen- und Fremdkapital und in deren Zusammensetzung weder verringert, noch vergrößert werden. Jede Kapitalstruktur ist für die Anteilseigner gleich günstig. Es gilt somit:

$$K_j + F_j = M_j = \text{konstant}$$

K_j ist der von den Anteilseignern der Unternehmung j zu einem bestimmten Zeitpunkt zugerechnete Wert. F_j ist der von den Gläubigern den Forderungen an die Unternehmung j zum gleichen Zeitpunkt zugerechnete Wert.

Die *Voraussetzungen* für das Theorem von MODIGLIANI-MILLER sind: (Die Voraussetzungen 1) bis 3) wurden schon in Abschnitt 1.3 zugrundegelegt.)

1) Die Zielsetzung der Unternehmung ist mit derjenigen der Anteilseigner identisch: Es wird der maximale erwartete Nutzen der zumeist unsicheren künftigen Konsumausgaben angestrebt. Unter den folgenden Voraussetzungen ist diese Zielsetzung identisch mit der Maximierung des Gesamtwertes der Unternehmung für die Kapitalgeber zum Entscheidungszeitpunkt.

2) Es ist sowohl für Anteilspapiere als auch für Forderungen ein funktionsfähiger Kapitalmarkt mit Transaktionskosten von Null vorhanden, auf dem sich eine für alle Papiere gleiche Substitutionsrate von erwartetem Reichtum und Risiko einspielt, wie sie in Formel (6) zum Ausdruck kommt. Diese Voraussetzung dürfte am ehesten für Publikumsaktiengesellschaften zutreffen, zumindest im Hinblick auf Aktien und Anleihen.

3) Alle Investoren legen ihren Entscheidungen und Bewertungen gleiche Wahrscheinlichkeitsverteilungen der Barwerte der aus einem Wertpapier zufließenden Zahlungen und ein gleiches Risikomaß zugrunde.

Die Voraussetzungen 1) bis 3) bewirken, wie in Abschnitt 1.3 gezeigt, daß die Wertpapierportefeuilles aller Investoren, insoweit sie überhaupt riskante Wertpapiere enthalten, gleich zusammengesetzt sind. (Daher spielt auch das in Abschnitt 1.5 zu besprechende Verteilungsrisiko keine Rolle.)

4) Das Investitionsprogramm der Unternehmung (im weitesten Sinn) hängt nicht von der Kapitalstruktur ab. Durch diese Annahme werden finanzielle Schwierigkeiten, die eine den Unternehmungswert beeinträchtigende Umstrukturierung des Investitionsprogramms veranlassen können, ausgeschaltet. Dies gilt sowohl für den Konkurs und für den Vergleich als auch für Umdispositionen wie z. B. Notverkäufe, die sich etwa aus Kreditkündigungen ergeben. Das Risiko finanzieller Schwierigkeiten aus der Kündigung von Fremdkapital ist daher ausgeschaltet, eine Prolongation oder Substitution von abgelaufenen oder gekündigten Krediten ist jederzeit zu den dem Risiko des Kreditgebers entsprechenden Bedingungen möglich (vgl. Voraussetzung 2). Es werden durch diese Annahme auch Änderungen von Investitionsplänen zum Schaden einer Gruppe von Kapitalgebern ausgeschlossen.

5) Die Verschuldungsmöglichkeiten und -bedingungen sind für Unternehmungen und (sonstige) Investoren grundsätzlich gleich.

6) Das Steuersystem ist nicht so strukturiert, daß die Summe der Steuerzahlungen von Unternehmungen und Investoren durch Finanzierungsentscheidungen geändert werden kann.

Diese Voraussetzungen werden in Abschnitt 1.5 einer Kritik unterzogen. Zuvor soll das Theorem von MODIGLIANI-MILLER *bewiesen* werden.

Wenn das Theorem von MODIGLIANI-MILLER gilt, läßt sich folgende Beziehung zwischen der von den Anteilseignern und der von den Kreditgebern erwarteten Rendite ableiten. Dabei wird der Einfachheit halber nur eine Kreditform angenommen.

Zunächst gilt:

$$K_j \bar{r}_j + F_j \bar{r}_{j'} = M_j i_j$$

$\bar{r}_j$ ist die von den Anteilseignern, $\bar{r}_{j'}$ die von den Gläubigern erwartete Rendite. i_j ist dann ein Mischzinsfuß zwischen $\bar{r}_j$ und $\bar{r}_{j'}$, somit der *Kapitalkostensatz*, mit dem die Kapitalgeber im Durchschnitt die von der Unternehmung erwarteten Zahlungen diskontieren, um M_j zu errechnen. Da nach den Voraussetzungen der These von MODIGLIANI-MILLER das Investitionsprogramm und damit die Summe der Zahlungen an sämtliche Kapitalgeber und deren Risiken von der Kapitalstruktur unabhängig sind, muß i_j konstant sein. Im Falle reiner Eigenfinanzierung gilt:

$$K_j \bar{r}_{Ej} = M_j i_j$$

$$\bar{r}_{Ej} = i_j$$

$\bar{r}_{Ej}$ ist die erwartete Rendite der Anteilseigner bei vollständiger Eigenfinanzierung.

Es gilt somit:

$$K_j \bar{r}_j + F_j \bar{r}_{j'} = M_j \bar{r}_{Ej}$$

$$\bar{r}_j = \frac{M_j}{K_j} \bar{r}_{Ej} - \frac{F_j}{K_j} \bar{r}_{j'}$$

$$\bar{r}_j = \frac{M_j}{K_j} \bar{r}_{Ej} - \frac{F_j}{K_j} \bar{r}_{Ej} + \frac{F_j}{K_j} \bar{r}_{Ej} - \frac{F_j}{K_j} \bar{r}_{j'}$$

$$\bar{r}_j = \frac{M_j - F_j}{K_j} \bar{r}_{Ej} + \frac{F_j}{K_j} (\bar{r}_{Ej} - \bar{r}_{j'})$$

$$\bar{r}_j = \bar{r}_{Ej} + \frac{F_j}{K_j} (\bar{r}_{Ej} - \bar{r}_{j'}) \tag{9}$$

Formel (9) bringt zum Ausdruck, in welcher Weise die erwartete Rendite der Anteilseigner in Abhängigkeit von der Kapitalstruktur $\frac{F_j}{K_j}$ verlaufen muß, damit i_j und damit M_j konstant bleiben. Falls die erwartete Rendite der Kreditgeber, $\bar{r}_{j'}$, konstant ist, ist die erwartete Rendite der Anteilseigner eine *lineare Funktion* der Kapitalstruktur. Der Verlauf von $\bar{r}_j$ in Abhängigkeit von $\bar{r}_{j'}$ ist in Abbildung 1 ersichtlich.

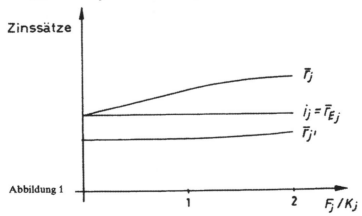

Abbildung 1

Das Theorem von MODIGLIANI-MILLER soll nun auf zweifache Art bewiesen werden. Erstens wird ein allgemeiner Beweis in Anlehnung an HAUGEN-PAPPAS gebracht, der ohne das Konzept der Risikoklassen auskommt und der zeigt, daß der Unternehmungswert nicht nur vom Volumen, sondern auch von der Struktur des Fremdkapitals unabhängig ist. Dieser Beweis ist deshalb von besonderem Interesse, weil das Theorem von MODIGLIANI-MILLER aus dem Hauptergebnis des Abschnitts 1.3, und zwar aus der Formel (8)

$$\left[\bar{r}_j - r_n = \frac{\bar{r}_m - r_n}{\sigma_{r_m}} \rho_{jm} \sigma_{r_j} \right]$$

abgeleitet wird und damit an die grundlegenden Ausführungen zur Nutzenfunktion und zu den Risikomaßen angeschlossen werden. Er wird, da etwas anspruchsvoller und um den Text nicht zu überlasten, im Anhang 2 durchgeführt. Im Text selbst wird der ursprünglich von MODIGLIANI-MILLER geführte, anschaulichere Beweis dargestellt, der allerdings auf einigen zusätzlichen einschränkenden Annahmen hinsichtlich der Risikoklassen, der Struktur der Zahlungen und des Risikomaßes beruht.

MODIGLIANI-MILLER unterstellen bei ihrer Beweisführung, daß sich Unternehmungen in Risikoklassen einordnen lassen. Unternehmungen gleicher Risikoklasse haben ein gleiches Investitionsrisiko, ihre Anteilseigner rechnen somit bei ausschließlicher Eigenfinanzierung mit gleichem $\bar{r}_E$. Weiter wird angenommen, daß der erwartete jährliche Einzahlungsüberschuß, der zur Zahlung von Dividenden und Zinsen dient, konstant ist. Man kann sich somit bei der Beweisführung auf die Betrachtung eines Jahres beschränken. Das Investitionsrisiko wird durch die Streuung des Einzahlungsüberschusses = des Gewinns vor Zinsen eines Jahres gemessen. (Dieses Risikomaß hat den Nachteil, daß die zeitliche Korrelation jährlicher Einzahlungsüberschüsse keine Berücksichtigung findet.) Der Einfachheit halber wird bei dieser Beweisführung noch zusätzlich angenommen, daß die Kreditgeber kein Risiko tragen, somit eine von der Kapitalstruktur unabhängige Rendite erwarten. Unter Zugrundelegung der einleitend genannten 6 Voraussetzungen und dieser zusätzlichen Annahmen wird nun gezeigt, daß Unternehmungen gleicher Risikoklasse und gleicher erwarteter Einzahlungsüberschüsse bei jeder Kapitalstruktur gleiche Kapitalwerte M_j haben müssen. Ist dies in einer bestimmten Situation nicht der Fall, so sind die Anteilseigner der höher bewerteten Unternehmung interessiert, Anteile zu verkaufen und unter Variation ihrer persönlichen Verschuldung Anteile an der niedriger bewerteten Unternehmung zu kaufen [MODIGLIANI-MILLER 1958]. Diese Beweisführung von MODIGLIANI-MILLER wird an folgendem Beispiel 2 demonstriert.

Beispiel 2:

(weitgehend entnommen aus [SWOBODA 1971, S. 152f.])

	Unter-nehmung A	Unter-nehmung B
$\bar{G}_j$ = erwarteter jährlicher Einzahlungsüberschuß der Unternehmung, der für Dividenden und Zinszahlungen zur Verfügung steht = erwarteter jährlicher Brutto-gewinn	1 000	1 000
$\bar{D}_j = \bar{G}_j - k\,F_j$ = erwartete jährliche Dividenden	1 000	840
k = vereinbarter Kreditzinsfuß (als sicher angenommen)	0,04	0,04
F_j	0	4 000
$\bar{r}_j$	0,10	0,12
$K_j = \bar{D}_j/\bar{r}_j$	10 000	7 000
$M_j = K_j + F_j$	10 000	11 000

Unternehmung B ist höher bewertet als Unternehmung A, ihre Kapitalstruktur F_A/K_A ist 4/7. Der Anteilseigner X sei mit 1% an Unternehmung B beteiligt. Für X wäre es nun günstig, seinen Anteil für 70 zu verkaufen, Verbindlichkeiten zu 4% im Ausmaß von 40 aufzunehmen und Anteile der Unternehmung A für 110 zu kaufen. Sein Kapitalstrukturrisiko würde sich nicht ändern, einem Eigenkapital von 70 stehen in beiden Fällen Verbindlichkeiten von 40 gegenüber. (Im Falle der Beteiligung an B waren es allerdings Verbindlichkeiten der Gesellschaft, im Falle der Beteiligung an A sind es Verbindlichkeiten des Anteilseigners.) Der erwartete Gewinn aus der Beteiligung an A ist jedoch mit 9,4 (11 − 0,04.40) größer als derjenige aus einer Beteiligung an B (8,4). Gleichgewicht herrscht erst wieder, wenn $M_A = M_B$.

Falls M_B mit 8000 ($K_B = 4000$, $\bar{r}_B = 0,21$, $F_B = 4000$) niedriger wäre als M_A (10000), so wären die Anteilseigner von A daran interessiert, A-Anteile zu verkaufen, B-Anteile zu kaufen und das erhöhte Risiko einer Beteiligung an B durch Kauf von festverzinslichen Wertpapieren auszugleichen. Aktionär Y würde etwa Anteile an A für 100 Geldeinheiten verkaufen und damit auf eine erwartete Dividende von 10 Geldeinheiten pro Jahr verzichten. Für je 50 Geldeinheiten würde er hierauf Anteile der Unternehmung B (erwartete Dividenden 10,50) und Obligationen, z.B. der Unternehmung B, beschaffen (erwartete Zinsen 2). Bei gleichem Risiko — die Verschuldung der Gesellschaft ($F_B/K_B = 1$) wird durch private Entschuldung wettgemacht — wäre das erwartete jährliche Einkommen größer, nämlich 12,50.

Man kann das Theorem von MODIGLIANI-MILLER auch folgendermaßen ausdrücken. Nach diesem Theorem werden die positiven Wirkungen aus dem *Leverage-Effekt* steigender Fremdfinanzierung durch das mit steigender Fremdfinanzierung zunehmende *Kapitalstrukturrisiko* kompensiert. Wenn die Anteilseignerrendite bei voller Eigenfinanzierung mit gleicher Wahrscheinlichkeit 0,05, 0,10 oder 0,15 betragen kann (Investitionsvolumen =

10000), dann beträgt die Anteilseignerrendite bei der Aufnahme von Fremdkapital von 5000 zu einem Satz von 0,08

$$\frac{500 - 0,08 \cdot 5000}{5000} = 0,02, \qquad \frac{1000 - 0,08 \cdot 5000}{5000} = 0,12 \text{ oder}$$

$$\frac{1500 - 0,08 \cdot 5000}{5000} = 0,22.$$

Die *erwartete Anteilseignerrendite* steigt somit von 0,10 auf (0,02 + 0,12 + 0,22)/3 = 0,12. Die Steigerung der erwarteten Anteilseignerrendite infolge zunehmender Fremdfinanzierung wird *Leverage-Effekt* genannt. Der Leverage-Effekt wird jedoch durch ein höheres Risiko — die Streuung der Anteilseignerrendite wird bei zunehmender Femdfinanzierung größer — erkauft. Das Anteilseignerrisiko bei reiner Eigenfinanzierung wird *Investitionsrisiko* genannt. Es ergibt sich aus der Unsicherheit der Einnahmenüberschüsse einer Unternehmung. Das zusätzliche Anteilseignerrisiko, das durch die teilweise Fremdfinanzierung gegenüber dem Anteilseignerrisiko bei reiner Eigenfinanzierung entsteht, heißt *Kapitalstrukturrisiko*. Wenn das Risiko etwa durch die Standardabweichung der Rendite gemessen wird, so kann das Kapitalstrukturrisiko je Einheit Eigenkapital folgendermaßen ausgedrückt werden: Standardabweichung der Anteilseignerrendite bei teilweiser Fremdfinanzierung minus Standardabweichung der Anteilseignerrendite bei reiner Eigenfinanzierung. Das Kapitalstrukturrisiko entsteht somit dadurch, daß die Gläubiger kein oder nur einen relativ geringen Teil des Investitionsrisikos tragen und daher bei steigender Fremdfinanzierung das Risiko je Einheit Eigenkapital höher wird.

Es soll noch kurz zur Frage Stellung genommen werden, warum aus einem konstanten Gesamtwert der Unternehmung M_j folgt, daß jede Kapitalstruktur für die Anteilseigner gleich günstig ist. Eine zu gründende Unternehmung habe einen von der Kapitalstruktur unabhängigen Gesamtwert von 10000. Das für die Gründung benötigte Kapital sei 8000. Bei voller Eigenfinanzierung fällt der „Mehrwert" von 2000 zur Gänze den Anteilseignern zu, und zwar für eine Einzahlung von 8000. Bei einer Fremdfinanzierung im Ausmaß von 5000 erhalten die Anteilseigner bereits für eine Einzahlung von 3000 den „Mehrwert" von 2000. Man könnte nun meinen, daß eine möglichst weitgehende Fremdfinanzierung in diesem Falle günstig ist, da das Verhältnis zwischen „Mehrwert" und Einzahlung der Anteilseigner mit zunehmender Fremdfinanzierung steigt. Dies ist jedoch ein Fehlschluß. Es wird ja angenommen, daß die Anteilseigner ihr Kapital anderweitig nur zu $\bar{r}_j$ anlegen können. Sie können also anderweitig keinen „Mehrwert" erzielen. Es ist daher für sie gleichgültig, ob sie in der

Beispielunternehmung 8000 investieren und damit einen „Mehrwert" von 2000 erzielen, oder ob sie in der Beispielunternehmung nur 1000 investieren, dabei einen „Mehrwert" von 2000 erzielen und anderweitig einen Betrag von 7000 anlegen, ohne einen zusätzlichen „Mehrwert" zu erhalten. — Die Schlußfolgerungen, die aus diesem Beispiel gezogen wurden, sind aber nur dann richtig, wenn in allen Vergleichsfällen der Kreis der Anteilseigner und ihre verhältnismäßige Beteiligung an der Unternehmung gleich ist und wenn den Fremdkapitalgebern kein Teil des „Mehrwerts" von 2000 zugestanden wird. Wenn etwa den Kreditgebern eine Verzinsung gewährt wird, die über der marktüblichen liegt, ihnen somit ein Teil des „Mehrwerts" abgetreten wird (für eine Kreditvergabe von 4000 erhalten sie einen Anteil am Unternehmungswert von z. B. 4500), so ist für die Anteilseigner eine volle Eigenfinanzierung am günstigsten. Wenn weiter die die Gründung der Unternehmung ins Auge fassenden Anteilseigner nur ein beschränktes Kapital von z. B. 5000 besitzen, und bei Hinzutritt weiterer Anteilseigner diesen völlig gleiche Bedingungen geboten werden müssen, so können die ersten Anteilseigner den „Mehrwert" von 2000 nur dann zu Gänze für sich erhalten, wenn sie Fremdfinanzierung im Mindestmaß von 3000 betreiben.

Ergänzende und vertiefende Literatur zu Abschnitt 1.4:
HAMADA 1969.
HAUGEN-PAPPAS 1971.
HAX-LAUX 1969, S. 257–270.
MODIGLIANI-MILLER 1958.
STAPLETON 1970, S. 158–204.

1.5 Kritik des Theorems von MODIGLIANI-MILLER. Gang der weiteren Untersuchung

Akzeptierte man die Voraussetzungen, unter denen das Theorem von MODIGLIANI-MILLER abgeleitet wurde, erübrigten sich weitere Untersuchungen zur Finanzierung der Unternehmung; durch Finanzierungsentscheidungen könnte der Unternehmungswert nicht geändert werden. Die interessanten Problemstellungen einer Finanzierungstheorie ergeben sich daher aus der *Kritik der Voraussetzungen* des Theorems von MODIGLIANI-MILLER. Im Rahmen dieser Kritik wird vermerkt, ob die jeweiligen kritischen Einwendungen in dieser Arbeit weiter verfolgt werden und in welchem Zusammenhang dies geschieht. Damit gibt dieser Abschnitt zugleich einen *Überblick über den Aufbau* der folgenden Kapitel dieses Buches.

Als *Voraussetzung 2)* wurde ein für Anteils- und Forderungspapiere *funktionsfähiger Kapitalmarkt mit Transaktionskosten und Informationskosten der Investoren und Unternehmungen von 0* unterstellt, auf dem sich eine für alle Papiere gleiche Substitutionsrate von erwartetem Reichtum und Risiko einspielt. An vielen Stellen der Arbeit wird der Effekt unterschiedlicher *Transaktionskosten* auf Finanzierungsentscheidungen untersucht, besonders ausführlich im Abschnitt 6, in dem auf den zeitlichen Ablauf von Eigen- und Fremdfinanzierungsmaßnahmen auch in Abhängigkeit von den Transaktionskosten eingegangen wird. Die Transaktionskosten werden aber auch bei der Optimierung der Fremdkapitalstruktur bei schwankendem Kapitalbedarf in Abschnitt 3 und beim Vergleich von Aktienemissionen mit Gewinneinbehaltungen in Abschnitt 4 als Einflußgröße einbezogen werden. Sonstige *Unvollkommenheiten des Kapitalmarktes,* so z. B. verursacht durch die gesetzlichen Regelungen, denen die Kreditgewährungen von Versicherungsgesellschaften obliegen, kommen vor allem in den Abschnitten 2 und 3 bei der Behandlung der Kreditformen zum Ausdruck. Die besonderen Finanzierungsprobleme jener Unternehmungen, deren Anteile nicht auf einem funktionsfähigen Kapitalmarkt gehandelt werden (z. B. Personengesellschaften), werden dagegen in dieser Arbeit nur am Rande behandelt.

Wie in Abschnitt 1.3 ausgeführt, bewirken Transaktions- und Informationskosten, aber auch unterschiedliche Erwartungen der Anteilseigner, daß die Anteilseigner nicht ein Marktportefeuille halten, sondern ein Portefeuille aus relativ wenigen Wertpapierarten zusammensetzen. In einer solchen Situation beeinflußt nicht nur das bis jetzt besprochene Investitions- und Kapitalstrukturrisiko die Bewertung von Wertpapieren, sondern auch das *Verteilungsrisiko.* Ein Verteilungsrisiko liegt dann vor, wenn Unsicherheit darüber herrscht, welchen Anteil einzelne Gruppen von Kapitaleignern an den Einzahlungsüberschüssen der Unternehmung bei gegebener Unternehmungsentwicklung haben werden. Ein Verteilungsrisiko für Anteilseigner und Gläubiger würde etwa entstehen, wenn man jedes Jahr würfelte, in welcher Weise der Bruttogewinn auf Zinsen und Dividenden zu verteilen sei [MUMEY 1969, S. 26]. Dies wäre für einen Investor nur dann irrelevant, wenn er am Eigenkapital und an den Krediten der Unternehmung mit gleichem Prozentsatz beteiligt ist. In praktischen Fällen können Verteilungsrisiken durch die Vereinbarung von von Unternehmungsseite kündbaren Krediten (wenn unsicher ist, in welchen Situationen gekündigt wird) und vor allem bei der Ausgabe von Wandelschuldverschreibungen entstehen. Nur wenn die Bedingungen der Ausgabe von Wandelanleihen so gefaßt sind, daß jedes Handeln zum Nachteil bzw. zum Vorteil der Inhaber von Wandelanleihen ohne entsprechende Kompensationen ausgeschlossen ist, oder wenn die Handlungen der Geschäftsleitung in allen in Frage kommenden Situationen von vorneherein feststehen, existiert hier kein Verteilungsrisiko. Auf das Verteilungsrisiko wird daher insbesondere im Abschnitt über Wandelanleihen eingegangen werden. Verteilungsrisiko entsteht auch dann, wenn die in einem Jahr rückzuzahlenden Anleihestücke ausgelost werden. Für die kreditnehmende Unternehmung stehen zwar die Rückzahlungen betragsmäßig fest, die Kreditgeber tragen aber — falls sie nicht mit gleichen Prozentsätzen an jeder Serie beteiligt sind — infolge des unsicheren Rückzahlungstermins ein Verteilungsrisiko. Es ist aber möglich, daß die durch das Verlosungsverfahren ersparten Transaktionskosten — eine anteilige Rückzahlung an alle Gläubiger würde höhere Kosten verursachen — die Nachteile aus dem Verteilungsrisiko kompensieren.

Wenn bei teilweiser Fremdfinanzierung ein Verteilungsrisiko entsteht, ist c. p. die volle Eigenfinanzierung, die jedes Verteilungsrisiko ausschaltet, am günstigsten; denn bei Risikoscheu muß sich das Verteilungsrisiko kapitalkostenerhöhend auswirken.

Die *Voraussetzung 3)*, daß alle Investoren ihren Entscheidungen und Bewertungen gleiche *Wahrscheinlichkeitsverteilungen* der Gegenwartswerte der aus dem Wertpapier j zufließenden Zahlungen (der Renditen) und gleiche Risikomaße zugrundelegen, soll bis auf wenige Bemerkungen (z. B. in Abschnitt 5 hinsichtlich Wandelanleihen) in der gesamten Arbeit aufrecht erhalten werden. Es läßt sich leicht zeigen, daß bei Nichtgültigkeit dieser Voraussetzung beliebige Kapitalstrukturen optimal sein können. Es soll dies durch folgendes sehr vereinfachte Beispiel demonstriert werden. Es wird erwogen, die Unternehmung A mit einem Kapitaleinsatz von 1000 zu gründen. Eine Gruppe von Investoren erwartet sichere jährliche Einzahlungsüberschüsse von 40. Da für sichere Kapitalanlagen am Markt ein Zinssatz von 0,08 herrscht, wäre diese Gruppe bereit, maximal einen Betrag von 500 in Form von Krediten zur Verfügung zu stellen. Eine zweite Gruppe von Investoren erwartet jedoch, daß die jährlichen Einzahlungsüberschüsse mit einer Wahrscheinlichkeit von 0,50   200, mit einer Wahrscheinlichkeit von 0,50 0 betragen werden. Diese Gruppe von Investoren wäre bereit, Kapital mit einer erwarteten Rendite von 0,10 zur Verfügung zu stellen. Sie wäre also damit einverstanden, für den erwarteten jährlichen Dividendenbetrag von 100 $(200 \cdot 0,50 + 0 \cdot 0,50)$ den erforderlichen Investitionsbetrag von 1000 im Rahmen einer vollen Eigenfinanzierung einzuzahlen.

Der maximale Unternehmungswert für Anteilseigner und Gläubiger wird hier erreicht, wenn ein Betrag von 500 zu einem vereinbarten Zinssatz von 0,08 fremdfinanziert (die Zinserträge sind aus der Sicht der Gläubiger sicher, aus der Sicht der Anteilseigner sehr unsicher) und der Restbetrag von 500 eigenfinanziert wird. Die Anteilseigner werden ihre Anteile mit $(160 \cdot 0,50 + 0 \cdot 0,50)/0,10 = 800$ bewerten, die Gläubiger dagegen ihren Forderungstiteln einen Wert von 500 zurechnen. Der Gesamtwert der Unternehmung wird daher 1300 betragen.

Sehr unterschiedliche Kapitalstrukturen können auch dann optimal sein, wenn die Investoren von einer gleichen Wahrscheinlichkeitsverteilung der Gegenwartswerte der aus den Wertpapieren zufließenden Zahlungen ausgehen, jedoch unterschiedliche *Risikomaße* anwenden. Man kann dann trachten, den Unternehmungswert dadurch zu steigern, daß man den das Risiko niedrig bewertenden Investoren riskante Anteile, den das Risiko hoch bewertenden Investoren relativ sichere Anteile an den zukünftigen Einzahlungsüberschüssen der Unternehmung zuweist. Eine Kreditaufnahme wirkt somit dann unternehmungswerterhöhend, wenn der Kreditgeber eine Risikoprämie im Zinsfuß fordert, die geringer als die von den Anteilseignern für das gleiche Risiko geforderte Prämie ist.

Die sehr wichtige *Voraussetzung 4)* des Theorems von MODIGLIANI-MILLER, die *Unabhängigkeit des zukünftigen Investitionsprogramms der Unternehmung von der Kapitalstruktur*, ist in der Realität keineswegs immer gegeben. Wenn die Kapitalstruktur die *Wahrscheinlichkeit (das Risiko) finanzieller Schwierigkeiten* beeinflußt, und finanzielle Schwierigkeiten zu einer Änderung des Investitionsprogramms führen, so ist das Investitionsprogramm von der Kapitalstruktur nicht mehr unabhängig. Insbesondere führt ein Konkurs (der bei reiner Eigenfinanzierung gar nicht möglich wäre) zum Aufhören jeder Investitionstätigkeit, der Vergleich führt zu Einflüssen der Fremdkapitalgeber und des Vergleichsverwalters auf die Investitionstätigkeit, sonstige finanzielle Schwierigkeiten können zu Notverkäufen, Änderungen des Investitionsplans bzw. zu vertraglich vorgesehenen Einflußnahmen der Gläubiger auf Entscheidungen der Unternehmung führen usw. Das Ausmaß der Verschuldung kann sowohl die Konkurswahrscheinlichkeit als auch die Vergleichswahrscheinlichkeit und die Wahrscheinlichkeit von Notverkäufen beeinflussen.

Das *Risiko finanzieller Schwierigkeiten* liegt auf einer anderen Ebene als das zuvor besprochene Investitions- und Kapitalstrukturrisiko. Während im Investitions- und Kapitalstrukturrisiko zum Ausdruck kommt, daß die Renditen einer Unternehmung um einen Erwartungswert schwanken können, bezieht sich das Risiko finanzieller Schwierigkeiten explizit auf die Gefahr des Eintritts eines ungünstigen Ereignisses, das nicht nur die Renditen der betrieblichen Investitionen, sondern das Investitionsprogramm selbst beeinflußt. Ein risikoscheuer Investor wird zwar für die Übernahme des Investitions- und Kapitalstrukturrisikos eine Prämie fordern, d. h. ein Anteilspapier nur kaufen, wenn er daraus mindestens eine Rendite in Höhe der Rendite für sichere Anlagen plus eine Risikoprämie erwartet. Die Prämie ist hier aber ausschließlich als (erwartetes) Entgelt für die Inkaufnahme der Unsicherheit aufzufassen. Für die Übernahme des Risikos finanzieller Schwierigkeiten werden nicht nur risikoscheue, sondern auch risikoindifferente Investoren eine Prämie fordern, und zwar in Höhe der *erwarteten Nachteile* aus dem Eintritt eines Konkurses, eines Vergleichs, von Änderungen im Investitionsprogramm usw. Risikoscheue Investoren werden *zusätzlich* einen Aufschlag für die verstärkte Unsicherheit ansetzen. Die skizzierten Unterschiede der für das Investitionsrisiko, Kapitalstrukturrisiko und das Risiko finanzieller Schwierigkeiten verrechneten Prämien bzw. die Unterschiede in den diesbezüglichen Risikodefinitionen sind bei Lektüre der folgenden Abschnitte zu beachten.

Wären nun unter Ausschaltung des Risikos finanzieller Schwierigkeiten alle Kapitalstrukturen gleich optimal, so sind unter Einbeziehung dieses Risikos volle Eigenfinanzierung bzw. jene niedrigen Verschuldungsgrade, die noch kein Risiko finanzieller Schwierigkeiten verursachen, günstiger als Kapitalstrukturen, die ein Risiko finanzieller Schwierigkeiten zur Folge haben. Dabei ist vorausgesetzt, daß finanzielle Schwierigkeiten zu Änderungen in den betrieblichen Entscheidungen führen, die den Kapitalwert der Unternehmung mindern.

Dem Einfluß des *Konkursrisikos*, des *Vergleichsrisikos* und des *Risikos nicht optimaler Investitionspolitik* auf die Kapitalstruktur ist der umfangreiche Abschnitt 2 dieses Buches gewidmet. Das Konkursrisiko wird in Abhängigkeit von Fristigkeit und Sicherung der Verbindlichkeiten, von den gesetzlichen Konkurskriterien und vom (optimalen) Verhalten der Gläubiger untersucht. Dabei wird beachtet, daß das Konkursrisiko je nach den Möglichkeiten der weiteren Eigenfinanzierung unterschiedliches Gewicht hat. Da die gegenwärtige Besteuerungsform die Fremdfinanzierung fördert (vgl. die Besprechung der Voraussetzung 6) des Theorems von MODIGLIANI-MILLER), kommt der Analyse des gleichzeitigen Einflusses des Konkursrisikos und der Auswirkungen des Steuersystems auf die Optimierung der Kapitalstruktur in diesem Abschnitt eine bedeutsame Stellung zu. Da das Konkursrisiko nicht nur die Anteilseigner, sondern auch die Gläubiger betrifft, und anzunehmen ist, daß das Konkursrisiko der Gläubiger im vereinbarten Kreditzinssatz auf die Anteilseigner überwälzt wird, wird im abschließenden Kapitel des Abschnitts 2 der Kreditzinssatz in Abhängigkeit vom Konkursrisiko, aber auch vom Zinsänderungsrisiko und den Transaktionskosten untersucht.

Die Gläubiger tragen aber nicht nur das Risiko, durch Konkurs oder durch Vergleich ihre Forderungen teilweise oder zur Gänze zu verlieren. Sie können auch durch Änderungen in der betrieblichen Investitionspolitik benachteiligt werden. So kann die Unternehmung nach einer Kreditaufnahme die Investitionspolitik insofern anpassen, als nun nicht mehr in relativ sicheren, sondern in sehr riskanten Vorhaben investiert wird. Eine solche Politik mag für die Anteilseigner, die sowohl an den Chancen als auch an den Risiken teilhaben, von Vorteil sein. Sie mag aber für die Gläubiger, die nicht an den Chancen beteiligt sind und für ihr nun höheres Risiko keine Entschädigung erhalten, nachteilig sein. Auch besteht für die Gläubiger das Risiko, daß ihre Position durch teilweise Liquidation der Vermögensgegenstände der Unternehmung und Ausschüttung der Mittel an (nicht für die Verbindlichkeiten haftende) Anteilseigner unter Auflösung von Rücklagen verschlechtert wird. Das Konkurs- und Vergleichsrisiko sowie das Risiko von Änderungen in der Investitionspolitik veranlassen die Gläubiger daher zur Forderung von *Sicherheiten und Mitspracherechten*. Letztere beziehen sich sehr häufig auf die Veräußerung betrieblicher Vermögensgegenstände bzw. wesentliche Änderungen der Unternehmungspolitik. Gegenstand des Abschnittes 3 dieser Arbeit ist es, den Zusammenhängen zwischen geforderten Zinssätzen und Sicherheiten nachzugehen und in diesem Zusammenhang, ausgehend von den vielfältigen Sicherungsmöglichkeiten der Gläubiger, einen Überblick über die Palette der bestehenden Kreditformen zu geben. Dabei werden die Kreditformen durch Sicherungen, Zinskosten, aber auch durch Transaktionskosten und ihre sonstigen durch gesetzliche Voraussetzungen oder geschichtliche Entwicklung bedingten Eigenschaften charakterisiert. Aus der Darstellung der Kreditformen sollen Grundsätze für die optimale Strukturierung des Fremdkapitals gewonnen werden. Die optimale Finanzierung schwankenden Kapitalbedarfs wird in einem gesonderten Kapitel des Abschnitts 3 abgehandelt.

Die Gewährung von Sicherheiten und Mitbestimmungsrechten erfordert zusätzliche Kosten, die bei reiner Eigenfinanzierung oder bei einer Fremdfinanzierung in einem Ausmaße, bei dem die Gläubiger auf Sicherheitsleistung und Mitspracherechte verzichten, nicht anfielen. Abgesehen von sonstigen Einflüssen bewirken diese Kosten, daß reine Eigenfinanzierung oder geringfügige Fremdfinanzierung (ohne Sicherheiten bzw. Mitspracherechte der Gläubiger) günstiger sind als hohe Verschuldungsgrade.

Allerdings ist denkbar, daß Sorgfältigkeit und Arbeitsintensität der Führungskräfte mit dem Risiko finanzieller Schwierigkeiten positiv korreliert sind. In diesem Falle würden die Nachteile aus dem Risiko finanzieller Schwierigkeiten und aus dem Zwang, Sicherheiten und Mitspracherechte zu gewähren, zum Teil kompensiert werden.

Nach der *Voraussetzung 5)* des Theorems von MODIGLIANI-MILLER müssen die *Verschuldungsmöglichkeiten und -bedingungen für Unternehmungen und Anteilseigner grundsätzlich gleich sein*. Hätten etwa Unternehmungen günstigere Kreditaufnahmebedingungen als Anteilseigner mit gleichem Haftungspotential, dann wäre eine Verschuldung seitens der Unternehmung vorteilhafter als eine Verschuldung seitens der Anteilseigner und der Arbitrageprozeß wäre gestört. Häufig wird diesbezüglich gegen das Theorem

von MODIGLIANI-MILLER eingewandt, es wäre bei seiner Ableitung nicht
berücksichtigt, daß bei Kapitalgesellschaften die Anteilseigner nicht für die
Verbindlichkeiten der Gesellschaft haften. Daher wäre eine private Verschuldung nicht gleichzusetzen einer Verschuldung der Unternehmung, wie dies
in Beispiel 2 bei Erklärung des Arbitragevorganges getan wurde. Diese
Kritik des Theorems geht jedoch ins Leere. Wohl haben MODIGLIANI-MILLER
bei der Ableitung des Theorems angenommen, daß die Anteilseigner für
die Verbindlichkeiten der Unternehmung in gleicher Weise haften wie für
eigene Verbindlichkeiten. Doch kann das Theorem, so wie z. B. im Anhang 2, auch ohne diese Annahme abgeleitet werden. Die Kreditgeber
werden nämlich bei Ausschluß der Haftung der Anteilseigner für die Verbindlichkeiten der Gesellschaft entsprechend höhere Kreditkosten (oder adäquate
Sicherheiten) fordern. Aus der Sicht der Transaktionskosten jedoch mag
es günstiger sein, daß die Unternehmung und nicht zahlreiche Anteilseigner
sich verschulden.

Die *Voraussetzung 6)*, es existieren keine *steuerlichen Einflüsse auf die
Finanzierung*, ist entscheidend für die Gültigkeit des Theorems von MODI-
GLIANI und MILLER. MODIGLIANI-MILLER selbst haben untersucht, wie
das von ihnen abgeleitete Theorem zu ändern ist, wenn etwa der Gewinn von Kapitalgesellschaften zusätzlich zu den von den Aktionären empfangenen Dividenden einer Gewinnsteuer unterliegt, wobei die
Fremdkapitalzinsen bei der Bemessungsgrundlage der Gewinnsteuer der
Unternehmung abzugsfähig sind. Sie kamen zu dem Ergebnis, daß
bei Einbeziehung einer solchen Doppelbelastung der Gewinne von Kapitalgesellschaften eine maximale Verschuldung optimal ist. Dieses Ergebnis ist folgendermaßen abzuleiten: Bei reiner Eigenfinanzierung stehe
jedes Jahr ein Betrag von $G_t(1 - s_k)$ für die Ausschüttung an die
Anteilseigner zur Verfügung. s_k ist der Körperschaftsteuersatz. Der Fiskus erhält $G_t \cdot s_k$. Bei teilweiser Fremdfinanzierung erhält der Fiskus nur
mehr $(G_t - kF)s_k$, für die Ausschüttung an Anteilseigner und Kreditgeber
steht daher ein Betrag von $(G_t - kF)(1 - s_k) + kF$ zur Verfügung. An die
Anteilseigner kann daher ein Betrag von $s_k kF$ mehr ausgeschüttet werden als
bei voller Eigenfinanzierung. Unter der Voraussetzung, daß die Gläubiger
kein Risiko tragen und die Fremdkapitalzinsen in jedem Jahr in Steuerminderungen resultieren, ist die jährliche Mehrausschüttung von $s_k kF$
sicher. Ihr Barwert für die Anteilseigner beträgt $s_k F$. Der Gesamtkapitalwert einer Unternehmung bei einer solchen Form der Körperschaftsbe-
steuerung beträgt daher M (Gesamtkapitalwert der Unternehmung bei reiner
Eigenfinanzierung, aber unter Berücksichtigung der Besteuerung) $+ s_k F$
[MODIGLIANI-MILLER 1963].

Im Hinblick auf das Steuersystem in der BRD interessiert nicht nur die Körperschaftsteuer, die zu einer Doppelbelastung der Gewinne aus einer Kapitalgesellschaft führt, wobei noch der unterschiedliche Steuersatz für ausgeschüttete und einbehaltene Gewinne zu beachten ist, sondern auch die Vermögensteuer und die Gewerbesteuer. Die Vermögensteuer bewirkt eine doppelte Belastung des Vermögens der Kapitalgesellschaft, soweit es den Anteilseignern zuzurechnen ist. Die Gewerbeertrag- und Gewerbekapital-steuer hat zwar insofern keinen Einfluß auf die Kapitalstruktur, als sie Eigen- und Fremdkapital bzw. Gewinne und Zinsaufwendungen gleicher-maßen belastet. Es sind aber nicht alle Kredite gewerbekapitalsteuerpflichtig und nicht alle Zinsaufwendungen gewerbeertragsteuerpflichtig. Die Ge-werbesteuer macht somit jene (kurzfristigen) Kredite vorteilhafter, die nicht der Gewerbekapital- und Gewerbeertragsteuer unterliegen. Weiter übt die ermäßigte Kapitalgewinnbesteuerung einen Einfluß auf (Eigen)finanzie-rungsentscheidungen aus.

Dem Einfluß der Steuern auf die optimale Finanzierung wird in diesem Buch an vielen Stellen nachgegangen. Zentrale Bedeutung haben die steuerlichen Einflußgrößen für die Strukturierung des Eigenkapitals, für die Bestimmung der optimalen Kombination von Kapitalerhöhung und Ge-winneinbehaltung, in Abschnitt 4. Bei der Besprechung der Voraussetzung 3) wurde schon hervorgehoben, daß im Abschnitt 2 die Wirkungen des Konkursrisikos, das eher einen geringeren Verschuldungsgrad angezeigt sein läßt, mit den Wirkungen der steuerlichen Vorschriften, die eine höhere Verschuldung fördern, konfrontiert werden, um aus diesen beiden gegen-läufigen Einflüssen die optimale Kapitalstruktur einer Unternehmung ab-zuleiten.

Die *Voraussetzung 1)* lautet, daß es *Zielsetzung der Unternehmung* ist, den erwarteten Nutzen der zumeist unsicheren künftigen Konsumausgaben-ströme der Anteilseigner zu maximieren, d.h. den Gesamtwert der Unter-nehmung für die Kapitalgeber zu maximieren. Diese Voraussetzung wird in sämtlichen Abschnitten dieses Buches aufrechterhalten. Deshalb sei zu-mindest angedeutet, welche Auswirkungen eine (teilweise) an den Arbeit-nehmern oder einer bestimmten Gruppe von Arbeitnehmern ausgerichtete Zielsetzung auf die Finanzierungsentscheidungen hätte.

Vorerst wird auf die Kapitalstrukturierung aus der Sicht der *Führungs-kräfte der Unternehmung* eingegangen. Für die Führungskräfte wächst mit steigendem Fremdkapitalanteil erstens das Risiko, in ungünstigen wirtschaft-lichen Situationen mit finanziellen Schwierigkeiten kämpfen zu müssen, und zweitens das Arbeitsplatzrisiko, da sie für die Nachteile aus finan-ziellen Störungen verantwortlich gemacht werden könnten und im Extrem-fall des Konkurses nur mit Schwierigkeiten einen äquivalenten Arbeitsplatz

finden werden. Auch wenn das Interesse der Anteilseigner auf einen möglichst hohen Verschuldungsgrad gerichtet sein sollte, werden die Führungskräfte daher eher zu einem geringeren Verschuldungsgrad neigen.

Die Tendenz zur Eigenfinanzierung wird noch verstärkt, wenn die Vorstandsmitglieder am Gewinn der Unternehmung (nach Fremdkapitalzinsen)
beteiligt werden. Denn der Gewinn steigt absolut, wenn bei gleichbleiben-
dem Investitionsvolumen der Anteil des Eigenkapitals zunimmt. Um diese
unerwünschte Folge einer Gewinnbeteiligung zu vermeiden, könnte eine Beteiligung am Gewinn vor Fremdkapitalzinsen oder eine Beteiligung am
Gewinn nach Fremdkapitalzinsen bei vorherigem Abzug einer hypothetischen Dividende auf das Eigenkapital vereinbart werden.

(Nicht nur hinsichtlich der optimalen Kapitalstruktur, auch hinsichtlich
des optimalen Kapitalvolumens können die Vorstandsmitglieder und die
Anteilseigner aufgrund ihrer Zielsetzungen zu anderen Ergebnissen kommen.
Während vor allem der Kleinaktionär wohl ausschließlich an der Rendite
interessiert sein dürfte und vom Vorstand erwartet, daß Mittel nur dann investiert werden, wenn sie eine dem Risiko entsprechende, sich am Markt
herausbildende Mindestrendite erwarten lassen, so kann der Vorstand ver-
sucht sein, aufgrund anderer Zielsetzungen, z.B. Umsatzmaximierung oder
Aufrechterhaltung der Arbeitsplätze, Kapital auch bei geringerer erwarteter Rendite zu investieren.)

Aus all diesen Gründen ist verständlich, daß bei jeder Revision eines Aktiengesetzes um das Entscheidungsrecht hinsichtlich der Finanzierung der
Unternehmung gerungen wird (vgl. Abschnitt 4).

Die *sonstigen Arbeitnehmer* spüren das Risiko eines Konkurses, von Einschränkungen der Produktionstätigkeit infolge finanzieller Schwierigkeiten usw., deshalb stärker als die Anteilseigner, da letztere durch die Zusammenstellung eines Portefeuilles die Risiken einer Unternehmung teilweise kompensieren können. Ein Arbeitnehmer hat dagegen keine oder nur
sehr geringfügige Möglichkeiten zur Diversifikation [ENGELS 1969, S. 93ff.].
Er kann sein Risiko nur durch sehr kostspielige Maßnahmen, wie durch
Teilbeschäftigung bei mehreren Arbeitgebern oder durch mehrfache Aus-
bildung, kompensieren. Ob allerdings Führungskräfte oder sonstige Arbeitnehmer risikoscheuer sind, ist eine ungeklärte Frage.

Nimmt man an, die Entlohnung der Arbeitnehmer hänge nicht vom Gewinn ab, so werden die Arbeitnehmer infolge des geringeren Arbeitsplatz-
risikos eine weitgehende Eigenfinanzierung vorziehen. Kann aber bei stär-
kerer Fremdfinanzierung infolge der erhöhten Anteilseignerrenditen ob der
Körperschaftsteuerersparnis mit einer erhöhten Entlohnung gerechnet
werden, so ergibt sich eine gegenläufige Tendenz zur stärkeren Fremdfinanzierung. (In diesem Fall werden natürlich die Anteilseigner an einer

stärkeren Fremdfinanzierung weniger interessiert sein.) Hinsichtlich der Wirkungen einer Gewinnbeteiligung gilt das für die Führungskräfte Gesagte.

Voraussetzung 1) des Theorems von MODIGLIANI-MILLER enthält auch die Annahme, daß die Anteilseigner Investitionen nur nach den möglichen Zahlungen und deren Risiko, nicht aber nach sonstigen Kriterien beurteilen. Die Anteilseigner werden das Risiko aus der Beteiligung an einer Unternehmung j daher durch den Kauf anderer Wertpapiere, deren Erträge mit denen der Anteile an Unternehmung j nicht vollständig korreliert sind, möglichst kompensieren (vgl. Formel (8)). Das Risiko solcher Anteilseigner ist daher geringer als dasjenige eines *Großaktionärs*, der aus Gründen der Einflußnahme auf eine Gesellschaft einen Großteil seines Kapitals in einer Wertpapierart investiert, und daher auf die Möglichkeit einer Risikokompensation verzichtet. Das Theorem von MODIGLIANI-MILLER gilt daher nicht für Unternehmungen mit solchen Großaktionären. Ein Großaktionär sollte einerseits aus Risikoerwägungen an einer stärkeren Eigenfinanzierung interessiert sein: Er verliert durch einen Konkurs einen Großteil seines Vermögens, der diversifizierende Kleinaktionär nur einen kleinen Teil des Portefeuilles. Andererseits kann der Großaktionär bei sonst ergiebigem Kapitalmarkt unter Kapitalmangel leiden. Wenn der Großaktionär in dieser Situation seinen Anteil an der Unternehmung aufrechterhalten möchte und ein starkes Wachstum der Unternehmung vorteilhaft ist, so kann dies nur durch stärkere Fremdfinanzierung erreicht werden. Dadurch entsteht eine Tendenz zur stärkeren Fremdfinanzierung. (Die Gefahr, daß sich Großaktionäre auf Kosten von Kleinaktionären bereichern, verursacht im übrigen ein Verteilungsrisiko, wie es bei Behandlung der Voraussetzung 2) näher besprochen wurde.)

Ergänzende und vertiefende Literatur zu Abschnitt 1.5:
BARGES 1963.
BAUMOL-MALKIEL 1967.
DRUKARCZYK 1970.
DURAND 1959.
ENGELS 1969, S. 47–58.
GUTENBERG 1969, S. 184–226.
MODIGLIANI-MILLER 1963.
MOXTER 1970.
MUMEY 1969, S. 114–143.
MUMEY-KORKIE 1971.
ROBICHEK-MYERS 1965, S. 20–49.
SOLOMON 1963, S. 69–119.
STAPLETON 1970, S. 185–212.
VAN HORNE 1971, S. 197–240.

Anhang 1:

Ableitung von $\bar{r}_j - r_n = \dfrac{\bar{r}_m - r_n}{\sigma_{r_m}}\, \rho_{jm}\sigma_{r_j}$ aus $\bar{r}_j^i - r_n = \dfrac{\partial \bar{R}^i}{\partial \Phi^i}\, \Phi_j^i / p_j$ (7b)

Es wird zusätzlich zu den bereits getroffenen Annahmen unterstellt, daß alle Investoren gleiche Erwartungen über die möglichen r_j und die ihnen zukommenden Wahrscheinlichkeiten hegen, so daß statt r_j^i r_j geschrieben werden kann. Auch sei für alle Investoren das Risikomaß die Standardabweichung.

Anstelle des allgemeinen Risikomaßes wird zunächst in Formel (7b) das besondere Risikomaß σ^i, die Standardabweichung von R^i, gesetzt. Da

$$\Phi_j^i = \frac{\partial \Phi^i}{\partial x_j^i},$$

kann geschrieben werden:

$$\bar{r}_j - r_n = \frac{\partial \bar{R}^i}{\partial \sigma^i}\, \frac{\partial \sigma^i}{\partial x_j^i}\,\bigg|\; p_j$$

Es soll vorerst der Ausdruck $\dfrac{\partial \bar{R}^i}{\partial \sigma^i}$ umgeformt werden. Dazu wird Abbildung 2 herangezogen.

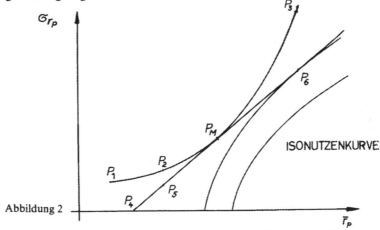

Abbildung 2

Die Kurve $P_1 P_M P_3$ umfaßt alle effizienten Wertpapierportefeuilles unter Ausschluß risikoloser Wertpapiere. Je höher die erwartete Rendite $\bar{r}_p$ eines Portefeuilles ist, desto höher ist das mit diesem Portefeuille verbundene Risiko σ_{r_p}. σ_{r_p} ist die Standardabweichung der Rendite des Portefeuilles. Existierte kein risikoloses Wertpapier, hätte der Investor eines der auf der Kurve $P_1 P_M P_3$ befindlichen Portefeuilles entsprechend seiner Nutzenfunktion zu wählen.

Da ein risikoloses Wertpapier annahmegemäß existiert, kann der Investor sein gesamtes Vermögen in dieser Wertpapierart anlegen und eine Rendite von r_n bei einer Standardabweichung von 0 erzielen (Punkt P_4 in Abbildung 2). Der Investor kann aber auch riskante Wertpapiere mit dem risikolosen Wertpapier kombinieren. Die effizienten Kombinationen zwischen riskanten Wertpapieren und risikolosem Wertpapier liegen auf der von Punkt P_4 ausgehenden Tangente an die Kurve $P_1 P_M P_3$. Das Portefeuille P_5 etwa entsteht, wenn der Investor 35% seiner Mittel in einem Portefeuille von riskanten Wertpapieren der Zusammensetzung P_M, die restlichen 65% in risikolosen Wertpapieren investiert. Die erwartete Rendite des Portefeuilles P_5 ist $0{,}35 \bar{r}_m + 0{,}65 r_n$, die Standardabweichung $0{,}35 \sigma_{r_m}$. Das Portefeuille P_5 ist ersichtlich effizienter als das Portefeuille P_2 aus nur riskanten Wertpapieren, das zwar die gleiche erwartete Rendite, jedoch eine höhere Standardabweichung aufweist. Das Portefeuille P_6 kommt so zustande, daß der Investor Kredite zum risikolosen Zinssatz r_n aufnimmt, um mehr riskante Wertpapiere im Verhältnis P_M zu kaufen. Das Portefeuille P_6 ist ersichtlich effizienter als das ohne Kreditaufnahme zusammengestellte Portefeuille P_3, das die gleiche erwartete Rendite wie P_6, aber bei höherem Risiko, erzielen läßt.

Sämtliche *effizienten Portefeuilles* liegen somit auf der Geraden $P_4 P_M P_6$. Eine wichtige Eigenschaft der effizienten Portefeuilles ist, daß sie sich zwar sehr unterschiedlich aus risikolosen und riskanten Wertpapieren zusammensetzen können; der Teil des Portefeuilles jedoch, der auf riskante Wertpapiere entfällt, ist bei allen Investoren gleich zusammengesetzt und entspricht dem Portefeuille P_M.

Welches der auf der Geraden $P_4 P_M P_6$ liegenden Portefeuilles von einem Investor gewählt wird, hängt von seiner Nutzenfunktion (Risikopräferenz) ab. In Abbildung 2 sind 2 Isonutzenkurven (= Kurven gleich günstiger Kombinationen von $\bar{r}$ und σ_r) für einen beliebigen Investor eingezeichnet. P_6, der Berührungspunkt einer Isonutzenkurve mit der Geraden $P_4 P_M P_6$, determiniert das für diesen Investor günstigste Budget.

Damit alle am Markte angebotenen Wertpapiere untergebracht werden können, müssen sich die Preise der Wertpapiere so einspielen, daß das Wertpapierportefeuille P_M alle riskanten Wertpapiere im Verhältnis $x_1 p_1 : x_2 p_2 : \ldots : x_{n-1} p_{n-1}$ aufweist. Das Portefeuille P_M wird daher *Marktportefeuille* genannt. Weiter wird sich der Zinssatz für risikolose Wertpapiere so einspielen müssen, daß sich Kreditaufnahmen und Anlagen in risikolosen Papieren kompensieren.

Nach diesen Erläuterungen kann nun $\dfrac{\partial \bar{R}^i}{\partial \sigma^i}$ umgeformt werden. Durch

Division von Zähler und Nenner durch $\sum\limits_{j} x^i_j p_j$ erhält man:

$$\frac{\partial \bar{R}^i \Big/ \sum\limits_{j=1}^{n} x^i_j p_j}{\partial \sigma^i \Big/ \sum\limits_{j=1}^{n} x^i_j p_j} = \frac{\partial \bar{r}^i}{\partial \sigma_{r,i}}$$

Nun ist aber $\dfrac{\partial \sigma_{r,i}}{\partial r^i}$, wie aus Abbildung 2 ersichtlich, für alle Investoren gleich und entspricht der Steigung der Kurve $P_4 P_M P_6$. Denn der Berührungspunkt der Kurve $P_4 P_M P_6$ mit den Isonutzenkurven der Investoren bestimmt die optimalen Portefeuilles der Investoren. Die Steigung der Kurve $P_4 P_M P_6$ ist $\dfrac{\sigma_{r_m}}{\bar{r}_m - r_n}$, so daß gilt:

$$\frac{\partial \bar{R}^i}{\partial \sigma^i} = \frac{\partial \bar{r}^i}{\partial \sigma_{r,i}} = \frac{\bar{r}_m - r_n}{\sigma_{r_m}}$$

Nun muß noch gezeigt werden, daß gilt:

$$\frac{\partial \sigma^i}{\partial x^i_j} \bigg| p_j = \rho_{jm} \sigma_{r_j}$$

σ^i läßt sich folgendermaßen aus den Standardabweichungen des Wertes der Wertpapiere j, $j = 1, \ldots, n-1$, errechnen. Wertpapier n ist risikolos.

$$\sigma^i = \sqrt{\sum_{j=1}^{n-1} \sum_{h=1}^{n-1} \sigma_j x^i_j \sigma_h x^i_h \rho_{jn}}$$

σ_j = Standardabweichung des Wertes des Wertpapiers j, bezogen auf $t = 1$. Die Ableitung ergibt:

$$\frac{\partial \sigma^i}{\partial x^i_j} \bigg| p_j = \frac{2 \sum\limits_{h=1}^{n-1} \sigma_j \sigma_h x^i_h \rho_{jh}}{2 \sigma^i p_j} = \frac{\sum\limits_{h=1}^{n-1} \sigma_j \sigma_h x^i_h \rho_{jh}}{\sigma^i p_j}$$

Dieser Ausdruck kann unter Verwendung der Relation $\sigma_{r_j} = \dfrac{\sigma_j}{p_j}$ folgendermaßen umgeformt werden:

$$\frac{\partial \sigma^i}{\partial x^i_j} \bigg| p_j = \frac{\sum\limits_{h=1}^{n-1} \dfrac{\sigma_j}{p_j} \dfrac{\sigma_h}{p_h} x^i_h p_h \rho_{jh}}{\sigma^i} = \frac{\sum\limits_{h=1}^{n-1} \sigma_{r_j} \sigma_{r_h} x^i_h p_h \rho_{jh}}{\sigma^i}$$

Zähler und Nenner des Bruchs werden nun durch $\sum_{h=1}^{n-1} x_h^i p_h$ dividiert:

$$\frac{\partial \sigma^i}{\partial x_j^i}\Bigg|\, p_j = \frac{\sum_{h=1}^{n-1} \sigma_{r_j} \sigma_{r_h} \left[(x_h^i p_h) \Big/ \left(\sum_{h=1}^{n-1} x_h^i p_h \right) \right] \rho_{jh}}{\sigma^i \Big/ \left(\sum_{h=1}^{n-1} x_h^i p_h \right)}$$

Nun ist der Ausdruck $\sigma^i \Big/ \sum_{h=1}^{n-1} x_h^i p_h$ bei einjähriger Betrachtungsperiode gleich σ_{r_m}, der Standardabweichung der Rendite des Marktportefeuilles. Denn σ^i ist ja die Standardabweichung des Wertes jenes Teils des Portefeuilles des Investors i, der in riskanten Papieren und damit im Marktportefeuille investiert ist. Und $\sum_{h=1}^{n-1} x_h^i p_h$ ist der Teil des Vermögens des Investors, der für die Anschaffung des Marktportefeuilles ausgegeben wird. Daher kann geschrieben werden:

$$\frac{\partial \sigma^i}{\partial x_j^i}\Bigg|\, p_j = \frac{\sum_{h=1}^{n-1} \sigma_{r_j} \sigma_{r_h} \left[(x_h^i p_h) \Big/ \left(\sum_{h=1}^{n-1} x_h^i p_h \right) \right] \rho_{jh}}{\sigma_{r_m}}$$

Zur Umformung des Zählers wird von der Kovarianz (Cov) zwischen r_j und r_m ausgegangen:

$$\mathrm{Cov}(r_j, r_m) = \sigma_{r_j} \sigma_{r_m} \rho_{jm} = E[(r_m - \bar{r}_m)(r_j - \bar{r}_j)]$$

Nun gilt:

$$r_m = \sum_{h=1}^{n-1} \frac{x_h p_h}{\sum_{h=1}^{n-1} x_h p_h} \, r_h$$

Eingesetzt in den Ausdruck für die Kovarianz erhält man:

$$\sigma_{r_j} \sigma_{r_m} \rho_{jm} = E\left[\sum_{h=1}^{n-1} \frac{x_h p_h}{\sum_{h=1}^{n-1} x_h p_h} (r_h - \bar{r}_h)(r_j - \bar{r}_j) \right]$$

$$= \sum_{h=1}^{n-1} \frac{x_h p_h}{\sum_{h=1}^{n-1} x_h p_h} \, \mathrm{Cov}(r_j, r_h)$$

$$= \sum_{h=1}^{n-1} \frac{x_h p_h}{\sum_{h=1}^{n-1} x_h p_h} \, \sigma_{r_j} \sigma_{r_h} \rho_{jh}$$

Man gewinnt somit als Resultat:

$$\left.\frac{\partial \sigma^i}{\partial x_j}\right| p_j = \frac{\sigma_{r_i} \sigma_{r_m} \rho_{jm}}{\sigma_{r_m}} = \rho_{jm} \sigma_{r_j}$$

Durch Einsetzen der errechneten Ausdrücke für $\dfrac{\partial \bar{R}_i}{\partial \sigma^i}$ und $\left.\dfrac{\partial \sigma^i}{\partial x_j^i}\right| p_j$ in die Formel:

$$\bar{r}_j - r_n = \frac{\partial \bar{R}_i}{\partial \sigma^i} \left.\frac{\partial \sigma^i}{\partial x_j^i}\right| p_j \tag{7b}$$

erhält man das abzuleitende Resultat:

$$\bar{r}_j - r_n = \frac{\bar{r}_m - r_n}{\sigma_{r_m}} \rho_{jm} \sigma_{r_j}$$

Anhang 2:

Beweis des Theorems von MODIGLIANI-MILLER durch Zurückführung der Formel (9) $\bar{r}_j = \bar{r}_{Ej} + \dfrac{F_j}{K_j}(\bar{r}_{Ej} - \bar{r}_{j'})$ auf Formel (8) $\bar{r}_j - r_n = \dfrac{\bar{r}_m - r_n}{\sigma_{r_m}} \rho_{jm} \sigma_{r_j}$

Die Formel (9), die das Theorem von MODIGLIANI-MILLER wiedergibt, soll durch Umformung der in Anhang 1 abgeleiteten Formel (8) erwiesen werden [HAUGEN-PAPPAS 1971].

Man benötigt zunächst den Ausdruck für ρ_{jm} in Abhängigkeit von r_j und $r_{j'}$:

$$\mathrm{Cov}(r_j, r_m) = E[(r_j - \bar{r}_j)(r_m - \bar{r}_m)]$$

$$= E\left\{\left[\left(\frac{K_j + F_j}{K_j} r_{Ej} - \frac{F_j}{K_j} r_{j'}\right) - \left(\frac{K_j + F_j}{K_j} \bar{r}_{Ej} - \frac{F_j}{K_j} \bar{r}_{j'}\right)\right](r_m - \bar{r}_m)\right\}$$

$$= E\left[\left(\frac{K_j + F_j}{K_j} r_{Ej} - \frac{K_j + F_j}{K_j} \bar{r}_{Ej}\right)(r_m - \bar{r}_m)\right]$$

$$- E\left[\left(\frac{F_j}{K_j} r_{j'} - \frac{F_j}{K_j} \bar{r}_{j'}\right)(r_m - \bar{r}_m)\right]$$

$$= \frac{K_j + F_j}{K_j} \mathrm{Cov}(r_{Ej}, r_m) - \frac{F_j}{K_j} \mathrm{Cov}(r_{j'}, r_m)$$

Da gilt:

$$\mathrm{Cov}(r_j, r_m) = \rho_{jm} \sigma_{r_j} \sigma_{r_m}$$

erhält man als Teilresultat:

$$\rho_{jm} = \frac{\dfrac{K_j + F_j}{K_j}\, \rho_{Ejm}\sigma_{r_{E_J}} - \dfrac{F_j}{K_j}\, \rho_{j'm}\sigma_{r_{j'}}}{\sigma_{r_J}}$$

ρ_{Ejm} ist der Korrelationskoeffizient zwischen r_{Ej} und r_m.

In Formel (8) eingesetzt, ergibt sich:

$$\bar r_j = r_n + \frac{\bar r_m - r_n}{\sigma_{r_m}}\left(\frac{K_j + F_j}{K_j}\, \rho_{Ejm}\,\sigma_{r_{E_J}} - \frac{F_j}{K_j}\, \rho_{j'm}\sigma_{r_{j'}}\right)$$

$$\bar r_j = r_n + \frac{\bar r_m - r_n}{\sigma_{r_m}}\, \rho_{Ejm}\sigma_{r_{E_J}} + \frac{F_j}{K_j}\left(\frac{\bar r_m - r_n}{\sigma_{r_m}}\, \rho_{Ejm}\sigma_{r_{E_J}} - \frac{\bar r_m - r_n}{\sigma_{r_m}}\, \rho_{j'm}\sigma_{r_{j'}}\right)$$

$$(8a)$$

Nun ist aber gemäß Formel (8):

$$\bar r_{Ej} = r_n + \frac{\bar r_m - r_n}{\sigma_{r_m}}\, \rho_{Ejm}\sigma_{r_{E_J}}$$

und

$$\bar r_{j'} = r_n + \frac{\bar r_m - r_n}{\sigma_{r_m}}\, \rho_{j'm}\sigma_{r_{j'}}$$

Wenn diese Ausdrücke für $\bar r_E$ und $\bar r_{j'}$ in Formel (8a) eingesetzt werden, so erhält man Formel (9):

$$\bar r_j = \bar r_{Ej} + \frac{F_j}{K_j}\,(\bar r_{Ej} - \bar r_{j'})$$

$$(9)$$

Damit ist Formel (9) aus Formel (8) abgeleitet, und zwar ohne die Annahme der Existenz von Risikoklassen, eines konstanten erwarteten Jahresgewinns und der Risikolosigkeit von $r_{j'}$.

2. Das Risiko finanzieller Schwierigkeiten und die optimale Kapitalstruktur

In Abschnitt 2 werden grundlegende Probleme der Optimierung des Verhältnisses von Eigen- und Fremdkapital behandelt, ohne zuvor auf einzelne Fremd- und Eigenfinanzierungsformen eingegangen zu sein. Der Grund für den gewählten Aufbau der Arbeit liegt darin, daß die einzelnen Fremdfinanzierungsformen erst adäquat beurteilt werden können, wenn man mit den in Abschnitt 2 erarbeiteten Wirkungen des Risikos finanzieller Schwierigkeiten und der steuerlichen Einflüsse vertraut gemacht wurde. Es wird nach der Besprechung der Kreditformen (Abschnitte 3.2 bis 3.4) erneut auf die Optimierung des Verschuldungsgrads Bezug genommen (Abschnitt 3.5), um die zusätzlichen Erkenntnisse aus der Analyse einzelner Kreditarten und kreditersetzender Maßnahmen verwenden zu können.

2.1 Das Konkursrisiko und die optimale Kapitalstruktur

2.1.1 Das Konkursrisiko und die optimale Kapitalstruktur unter Ausschluß der Eigenfinanzierung zur Abwendung des Konkurses

Falls ein von der Kapitalstruktur abhängiges Risiko finanzieller Schwierigkeiten besteht, ist das Theorem von MODIGLIANI-MILLER nicht mehr aufrechtzuerhalten. In diesem Fall ist das Investitionsprogramm von der Kapitalstruktur nicht unabhängig, weil im Konkursfall weitere Investitionen unterbleiben, weil im Vergleichsfall Einflüsse der Gläubiger oder eines Vergleichsverwalters auf die Investitionspolitik wirksam werden, und weil bei finanziellen Schwierigkeiten, die weder in Konkurs noch Ausgleich resultieren, die Unterlassung geplanter Investitionen oder Notverkäufe notwendig sein können. Eine diesbezügliche Kritik am Theorem von MODIGLIANI-MILLER wurde mehrfach vorgebracht [z. B. ALTMAN 1969, BAXTER 1967, ROBICHEK-MYERS 1965, S. 40 ff., STIGLITZ 1969], sie wurde jedoch bisher nicht zum Anlaß einer gründlichen Analyse der Auswirkungen des Risikos finanzieller Schwierigkeiten auf die optimale Kapitalstruktur genommen. Diesbezügliche Ansätze finden sich allerdings insbesondere bei FRANKE [1971], LAUX [1971] und TINSLEY [1970]. In den Ansätzen von FRANKE und LAUX sind die von den Gläubigern geforderten Zinssätze jedoch nicht aus den Konkurswahrscheinlichkeiten abgeleitet, und es wird auch nicht zum optimalen konkursauslösenden Verhalten der Gläubiger Stellung genommen. TINSLEY wieder stellt nur auf Notverkäufe unter weitgehender Ausschaltung des Konkursrisikos ab.

Im Abschnitt 2.1 wird unter Ausschaltung des Vergleichs und von Änderungen des Investitionsprogramms dem Einfluß des Konkursrisikos auf die optimale Kapitalstruktur nachgegangen. Die Auswirkungen des Vergleichs und von Anpassungen des Investitionsprogramms werden in den Abschnitten 2.2 und 2.3 nachgetragen. Bei der Analyse des Konkursrisikos in Abschnitt 2.1.1 wird davon abgesehen, daß die gegenwärtigen oder potentielle neue Anteilseigner unter bestimmten Voraussetzungen an der Abwendung des Konkurses interessiert und dazu in der Lage sein könnten. Die Eigenfinanzierung als Mittel der Konkursabwendung wird erst in Abschnitt 2.1.2 in die Analyse einbezogen.

Die *Auswirkungen des Konkursrisikos* auf die Kapitalstruktur werden in Abschnitt 2.1.1 in folgenden Stufen untersucht. Vorerst wird der Einfluß des Konkursrisikos auf den Unternehmungswert (für die Anteilseigner) ermittelt, unter der vereinfachenden Annahme, daß die Gläubiger einen vom Konkursrisiko unabhängigen Zinssatz fordern. Negative Einflüsse auf den Unternehmungswert ergeben sich erstens aus den Konkurskosten, zweitens aus dem Unterbleiben zukünftiger rentabler Investitionen. Sodann wird herausgestellt, in welcher Weise der Einfluß des Konkursrisikos auf den Unternehmungswert von der — allerdings durch gesetzliche Vorschriften beschränkten — optimalen Konkurspolitik der Gläubiger abhängt. Im zentralen Abschnitt 2.1.1.3 werden das Konkursrisiko, dessen negative Wirkungen auf den Unternehmungswert mit zunehmender Fremdfinanzierung wachsen, und die steuerlichen Vorteile zunehmender Fremdfinanzierung bei Kapitalgesellschaften einander gegenübergestellt, um auf diese Weise Bestimmungsgründe der optimalen Kapitalstruktur zu finden. Dabei wird angenommen, daß die Gläubiger die von ihnen erwarteten Nachteile aus einem Konkurs im Zinssatz überwälzen. Abschließend wird in Abschnitt 2.1.1.4 die Abhängigkeit des Konkursrisikos von Fristigkeit und Sicherheit der Verbindlichkeiten untersucht, wobei auch die Sonderstellung der Lieferantenkredite herausgearbeitet wird.

Konkursgrund ist gemäß Konkursordnung für alle Unternehmungen, unabhängig von der Rechtsform, die *Zahlungsunfähigkeit*, bei juristischen Personen darüberhinaus die *Überschuldung*. Unter Zahlungsunfähigkeit wird das dauernde Unvermögen des Schuldners verstanden, seine fälligen Verbindlichkeiten zu begleichen. Überschuldung liegt vor, wenn das Vermögen unter Ansatz der Liquidationswerte (Verkehrswerte) die Verbindlichkeiten nicht deckt. Antrag auf Konkurseröffnung kann sowohl der Schuldner als auch jeder (spätere) Konkursgläubiger stellen.

Im Vordergrund der Analysen in Abschnitt 2.1 und 2.2 steht die Überschuldung als Konkursgrund. Es wird jedoch in Teilabschnitten auch davon ausgegangen, daß die Gläubiger, wenn dies z. B. durch Kreditkündigungen möglich und für sie vorteilhaft ist, Konkurs aus Zahlungsunfähigkeit herbeiführen. In die Modelle dieses Abschnitts könnte generell auch die Möglichkeit von Konkursen wegen Zahlungsunfähigkeit eingeführt werden, doch würde dies die Berechnungen komplizieren, ohne neue Erkenntnisse zu bieten. Im Abschnitt 2.3 dagegen (Änderungen des Investitionsprogramms und Liquiditätsreserven als Mittel zur Minderung des Konkursrisikos) wird vornehmlich auf den Konkursgrund Zahlungsunfähigkeit abgestellt, da Konkurs aus Überschuldung kaum durch Anpassungen des Investitionsprogramms und Liquiditätsreserven vermieden werden kann.

2.1.1.1 Die Auswirkungen des Konkursrisikos auf den Unternehmungswert

Es werden das Konkursrisiko und seine Auswirkungen auf den Unternehmungswert in Abhängigkeit von der Kapitalstruktur vorerst in allgemeineren Formulierungen, dann anhand beispielhafter Zahlen untersucht. Dabei wird von einer Unternehmung ausgegangen, die zu $t = 0$ die Kapitalstruktur festlegt und während des Planungshorizonts weder die Zahlung von Dividenden und Zinsen, noch die Rückzahlung bzw. Neuaufnahme von Kapital plant. Die aufgelaufenen Zinsen sowie Dividenden werden erst nach dem Planungshorizont bezahlt. Für eine solche Unternehmung gilt bei Gültigkeit des Theorems von MODIGLIANI-MILLER, daß der erwartete Unternehmungswert zu Ende eines Jahres gleich ist dem Unternehmungswert zu Beginn eines Jahres mal (1 plus Kapitalkostensatz) oder mal (1 plus erwartete Rendite der Unternehmung):

$$\bar{M}_t = M_{t-1}(1 + i) \quad \text{oder} \quad \bar{M}_t = M_{t-1}(1 + \bar{q})$$

$\bar{q}$ ist die erwartete Rendite der Unternehmung, somit die Relation zwischen dem erwarteten Gewinn einer Periode, verstanden als Unternehmungswertsteigerung, und dem Unternehmungswert zu Beginn der Periode. Die Rendite q_t ist nur in Sonderfällen identisch mit dem Verhältnis Buchgewinn plus Zinsen zu Gesamtkapital zu Buchwerten; und die Buchwerte der Vermögensgegenstände werden nur in Sonderfällen M_t entsprechen.

Der Kapitalkostensatz i und damit die von den Kapitalgebern erwartete Rendite der Unternehmung $\bar{q}$ wird als im Zeitablauf konstant angenommen. Es wird auch angenommen, daß die Wahrscheinlichkeitsverteilung von q_t nicht von den in den vorhergehenden Jahren realisierten Renditen abhängt.

M_0 ist jener Unternehmungswert zu $t = 0$, der sich bei Gültigkeit des Theorems von MODIGLIANI-MILLER ergeben würde. Unter Einbeziehung des *Konkursrisikos* ist der *Unternehmungswert*, wie im folgenden zu zeigen sein wird, *geringer*.

Als *Konkurskriterium* wird Überschuldung gewählt. Die Anteilseigner haften also nicht für die Verbindlichkeiten der Gesellschaft. Überschuldung soll zu $t = 0, 1, 2 \ldots$ dann eintreten, wenn der zu $t = 0$ aufgenommene Kredit einschließlich der aufgelaufenen Zinsen den Erlös aus der Liquidation der Unternehmung übersteigt. Der Erlös aus der Liquidation der Unternehmung möge wegen der Konkurskosten und/oder der Differenz zwischen dem Unternehmungswert und den Liquidationspreisen der Vermögensgegenstände um den konstanten Betrag C_K niedriger sein als M_t. (Selbstverständlich könnte C_K auch in Abhängigkeit von M_t oder der Differenz zwischen M_t und den Buchwerten angenommen werden.) Das Konkurskriterium lautet daher unter Annahme kontinuierlicher Verzinsung: Konkurs findet zu t statt, falls zu t erstmals gilt:

$$F_0 e^{kt} \geq M_t - C_K$$
$$F_0 e^{kt} \geq M_0 e^{q_1 + q_2 + \cdots + q_t} - C_K \tag{10}$$

k ist der als konstant angenommene Kreditzinssatz, der auch eine Prämie für das geschätzte Konkursrisiko enthalten kann. Das Konkurskriterium könnte auch in Abhängigkeit von den Buchwerten formuliert werden. Dann benötigte man jedoch eine Prognose der Buchwerte in Abhängigkeit von q_t.

Das Konkurskriterium zu $t = 1$ beträgt:

$$F_0 e^k \geq M_0 e^{q_1} - C_K$$
$$e^{q_1} \leq (F_0/M_0) e^k + C_K/M_0$$
$$q_1 \leq \lg [(F_0/M_0) e^k + (C_K/M_0)]/\lg e = C_1$$

Die Konkurswahrscheinlichkeit zu $t = 1$ beträgt daher:

$$W_1 = \int_{\text{minimales } q_1}^{C_1} f(q_1) \, d q_1 \tag{11a}$$

$f(q_1)$ ist die Dichte von q_1.

Das Konkurskriterium zu $t = 2$ beträgt (falls die Unternehmung zu $t = 1$ überlebt hat):

$$F_0 e^{2k} \geq M_0 e^{q_1 + q_2} - C_K$$
$$q_1 + q_2 \leq \lg [(F_0/M_0) e^{2k} + (C_K/M_0)]/\lg e = C_2$$
$$q_2 \leq C_2 - q_1$$

Die Konkurswahrscheinlichkeit zu $t = 2$, falls die Unternehmung zu $t = 1$ jedenfalls überlebt, ist daher:

$$\int_{\text{minimales } q_1}^{\text{maximales } q_1} \int_{\text{minimales } q_2}^{C_2 - q_1} f(q_1, q_2) \, d q_1 \, d q_2$$

Da zeitliche Unabhängigkeit aller q_t angenommen wird, kann auch geschrieben werden:

$$\int_{\text{minimales } q_1}^{\text{maximales } q_1} f(q_1)\,dq_1 \qquad \int_{\text{minimales } q_2}^{C_2 - q_1} f(q_2)\,dq_2$$

Nun überlebt die Unternehmung zu $t = 1$ nur, wenn $q_1 > C_1$; nur bei Überleben zu $t = 1$ kann zu $t = 2$ Konkurs eintreten. Daher ist die Konkurswahrscheinlichkeit zu $t = 2$ (falls $C_1 >$ minimales q_1):

$$\int_{q_1 = C_1}^{\text{maximales } q_1} f(q_1)\,dq_1 \qquad \int_{\text{minimales } q_2}^{C_2 - q_1} f(q_2)\,dq_2$$

Weiter muß beachtet werden, daß die Wahrscheinlichkeit $f(q_2)$ nur positiv ist, falls die obere Integrationsgrenze des zweiten Integrals größer oder gleich der unteren Integrationsgrenze ist:

$$C_2 - q_1 \geq \text{minimales } q_2$$
$$q_1 \leq C_2 - \text{minimales } q_2$$

Damit also zu $t = 2$ Konkurs eintreten kann, muß q_1 kleiner sein als C_2 minus dem minimalen q_2. Diese Obergrenze für q_1 wird als Obergrenze für das erste Integral verwendet, falls sie kleiner ist als das maximale q_1. W_2 ist somit:

$$W_2 = \int_{q_1 = C_1}^{C_2 - \text{minimales } q_2} f(q_1)\,dq_1 \qquad \int_{\text{minimales } q_2}^{C_2 - q_1} f(q_2)\,dq_2 \qquad (11\,\text{b})$$

Analog ist W_3, W_4 usw. zu errechnen.

Wenn die Konkurswahrscheinlichkeiten zu einzelnen Zeitpunkten feststehen, kann die *Unternehmungswertminderung aus dem Konkursrisiko* ermittelt werden. Sie ergibt sich aus folgender Überlegung. Bei Ausschaltung des Konkursrisikos würde sich in jedem Zeitpunkt ein Unternehmungswert von M_t ergeben, der auf Anteilseigner und Gläubiger aufzuteilen wäre. Im Konkursfall wird statt M_t nur der Liquidationswert der Vermögensgegenstände minus den Konkurskosten realisiert. Man verliert somit C_K. Der Verlust betrifft zum Teil die Anteilseigner, zum Teil — oberflächlich gesehen — auch die Gläubiger. Wenn die Gläubiger jedoch die erwarteten Konkursverluste in den Zinskosten verrechnen, so trifft der gesamte Konkursverlust die Anteilseigner. Von dieser Annahme ausgehend, ist somit der erwartete Verlust aus Konkursen zu $t = 1$, $t = 2$ usw. $C_K W_1$, $C_K W_2$ usw. Die Summe der Barwerte der erwarteten Konkursverluste ergibt die Unternehmungswertminderung infolge des Konkursrisikos.

In diesem speziellen Fall — keine Ausschüttungen an Anteilseigner und Kreditgeber — und bei einem angenommenen Planungshorizont von unendlich wäre der Unternehmungswert für die Anteilseigner infolge des Konkursrisikos Null, da die kumulative Konkurswahrscheinlichkeit mit zunehmendem Planungshorizont gegen 1 geht. Bei endlichem Planungshorizont bzw. geplanten Ausschüttungen vor dem Planungshorizont muß der Unternehmungswert für die Anteilseigner nach Berücksichtigung des Konkursrisikos positiv sein.

Wenn man jedoch annimmt, daß die Gläubiger ihre erwarteten Konkursverluste nicht im Zinssatz verrechnen, somit den gleichen Zinssatz k wie in einer Situation ohne Konkursrisiko fordern, dann verlieren die Anteilseigner in jedem Konkursfall $M_0 e^{q_1 + q_2 + \dots + q_t} - F e^{kt}$.

$M_0 e^{q_1 + q_2 + \dots + q_t}$ wäre der Kapitalwert der Unternehmung zu t, falls kein Konkursrisiko, weder zu t, noch später, existierte. Nach Abzug der Verbindlichkeiten zu t ($F_0 e^{kt}$) erhält man den Kapitalwert der Unternehmung für die Anteilseigner zu t bei Ausschluß des Konkursrisikos. Der Betrag von $M_0 e^{q_1 + q_2 + \dots + q_t} - F_0 e^{kt}$ geht den Anteilseignern durch den Konkurs verloren. Der Betrag kann natürlich auch negativ sein, dann ergibt sich ein „Konkursgewinn". Sämtliche möglichen Konkursverluste abzüglich der Konkursgewinne, jeweils gewichtet mit den ihnen zukommenden Wahrscheinlichkeiten und abgezinst auf $t = 0$, ergeben die *Unternehmungswertminderung* für die Anteilseigner infolge des Konkursrisikos.

Die erwartete Unternehmungswertminderung infolge des Konkursrisikos zu $t = 1$ ist dann:

$$\int\limits_{\text{minimales } q_1}^{C_1} f(q_1)\,(M_0 e^{q_1} - F_0 e^{k})\,dq_1 \tag{12a}$$

Die erwartete Unternehmungswertminderung infolge des Konkursrisikos zu $t = 2$ ist:

$$\int\limits_{q_1 = C_1}^{C_2 - \text{minimales } q_2} \int\limits_{\text{minimales } q_2}^{C_2 - q_1} f(q_1) f(q_2)\,(M_0 e^{q_1 + q_2} - F_0 e^{2k})\,dq_1\,dq_2 \tag{12b}$$

Analog läßt sich die erwartete Unternehmungswertminderung infolge des Konkursrisikos zu $t = 3$, $t = 4$ usw. ermitteln. Die gesamte Unternehmungswertminderung erhält man durch Diskontierung sämtlicher Teilergebnisse auf $t = 0$.

Die bisherigen Ergebnisse werden an einem Beispiel demonstriert:

Beispiel 3: $M_0 = 100$
$$F_0 = 50$$
$$k = 0,10$$

$q_t = q$ sei gleichmäßig zwischen $-0,20$ und $0,50$ verteilt und von t unabhängig. Daher gilt auch:

$$\bar{q} = i = 0,15$$
$$C_K = 10$$

Vorerst werden die Konkurswahrscheinlichkeiten errechnet (vgl. Formeln (11a) und (11b)).

$$C_1 = \lg\,[(F_0/M_0)\,e^k + (C_K/M_0)]/\lg e = -0,4268$$

$$W_1 = 0$$

(Da erst ab einer Rendite von $-0,4283$ im 1. Jahr Konkurs eintreten kann, die ungünstigste Rendite aber $-0,20$ ist, ist ein Konkurs im 1. Jahr ausgeschlossen.)

$$C_2 = \lg\,[(F_0/M_0)\,e^{2k} + (C_K/M_0)]/\lg e = -0,3415$$

$$W_2 = \int_{q_1=-0,20}^{-0,3415+0,20} f(q_1)\,dq_1 \qquad \int_{q_2=-0,20}^{-0,3415-q_1} f(q_2)\,dq_2$$

$$\int_{q_1=-0,20}^{-0,1415} f(q_1)\,dq_1 \left[\,q_2/0,7\,\right]_{-0,20}^{-0,3415-q_1}$$

$f(q_t)$ ist $1/0,7$, da mit einer Wahrscheinlichkeit von 1 die Rendite in einem Bereich von 0,70, daher mit Wahrscheinlichkeit von $1/0,70$ in einem Bereich von 1 streut.

$$= \int_{q_1=-0,20}^{-0,1415} [f(q_1)(-0,3415 - q_1 + 0,20)/0,7]\,dq_1$$

$$= [(-0,1415\,q_1 - q_1^2/2)/0,49]_{-0,20}^{-0,1415}$$

$$= 17/4\,900$$

$$= 0,00347$$

Um W_3, die Konkurswahrscheinlichkeit zu $t = 3$, zu ermitteln, ist zunächst festzustellen, bei welchen Kombinationen der Renditen in den ersten drei Jahren (q_1, q_2, q_3) zu $t = 3$ Konkurs eintreten würde. Gemäß Formel (10) gilt:

$$F_0\,e^{3k} \geq M_0\,e^{q_1+q_2+q_3} - C_K$$

$$q_1 + q_2 + q_3 \leq \lg\,[(F_0/M_0)\,e^{3k} + C_K/M_0]/\lg e = C_3$$

$$C_3 = -0,255$$

Damit zu $t = 3$ Konkurs eintreten kann, darf die Summe der Renditen in den ersten drei Jahren nicht größer als $-0,255$ sein. Dieses Ergebnis involviert, daß $q_1 + q_2$ — soll zu $t = 3$ Konkurs eintreten — nicht größer als C_3 – minimale Rendite in der dritten Periode $= -0,255 - (-0,20) = -0,055$ sein darf. q_2 darf daher nicht größer als $-0,055$ minus q_1 sein. Analog darf q_1 nicht größer als 0,145 sein, da ansonsten zu $t = 3$ das Konkurs-kriterium nicht erfüllt sein kann, selbst wenn in der zweiten und dritten Periode je eine Rendite von $-0,20$ erzielt wird. Damit sind die Obergrenzen der Renditen in den ersten beiden Perioden abgesteckt, die einen Konkurs zu $t = 3$ zulassen, und es ist die Summe der

Renditen der ersten drei Perioden festgelegt, die einen Konkurs zu $t = 3$ auslöst. Die Konkurswahrscheinlichkeit zu $t = 3$ ist somit, falls ein Konkurs zu $t = 1$ und $t = 2$ ausgeschlossen ist:

$$\int_{-0,20}^{0,145} \int_{-0,20}^{-0,055-q_1} \int_{-0,20}^{-0,255-q_1-q_2} f(q_1)f(q_2)f(q_3)\,dq_1\,dq_2\,dq_3$$

Nun muß aber weiter bedacht werden, daß in manchen dieser Fälle zu $t = 3$ kein Konkurs eintreten kann, weil er bereits zu $t = 2$ eingetreten ist. Die Konkurswahrscheinlichkeit zu $t = 3$ erhält man daher, wenn man diese Fälle aus obigem Integral ausscheidet. Die Wahrscheinlichkeit, daß zu $t = 3$ das Konkurskriterium erfüllt wäre, es aber auch bereits zu $t = 2$ erfüllt war, ist (vgl. W_2):

$$\int_{-0,20}^{-0,1415} \int_{-0,20}^{-0,3415-q_1} \int_{-0,20}^{-0,255-q_1-q_2} f(q_1)f(q_2)f(q_3)\,dq_1\,dq_2\,dq_3$$

Nach Abzug dieser Wahrscheinlichkeit von dem obigen Ausdruck ergibt sich W_3 mit:

$$W_3 = \int_{-0,20}^{0,145} \int_{-0,20}^{-0,055-q_1} \int_{-0,20}^{-0,255-q_1-q_2} f(q_1)f(q_2)f(q_3)\,dq_1\,dq_2\,dq_3$$

$$- \int_{-0,20}^{-0,1415} \int_{-0,20}^{-0,3415-q_1} \int_{-0,20}^{-0,255-q_1-q_2} f(q_1)f(q_2)f(q_3)\,dq_1\,dq_2\,dq_3$$

$$= \frac{1}{0,7\cdot 0,7\cdot 0,7}\left[\int_{-0,20}^{0,145} \int_{-0,20}^{-0,055-q_1} \int_{-0,20}^{-0,255-q_1-q_2} dq_1\,dq_2\,dq_3 \right.$$

$$\left. - \int_{-0,20}^{-0,1415} \int_{-0,20}^{-0,3415-q_1} \int_{-0,20}^{-0,255-q_1-q_2} dq_1\,dq_2\,dq_3 \right]$$

$$= \frac{1}{0,343}\,(0,00683928 - 0,000523603)$$

$$= 0,018413$$

Die Wahrscheinlichkeit, daß man bis zu $t = 3$ in Konkurs gerät, ist somit $W_1 + W_2 + W_3$ = 0 + 0,003547 + 0,018413 = 0,021883.

Die erwartete Unternehmungswertminderung für die Anteilseigner aus dem Konkursrisiko zu t ist — falls die Gläubiger die von ihnen zu tragenden Konkursverluste nicht im Zinssatz verrechnen — von der Erwägung ausgehend zu errechnen, daß die Anteilseigner im Konkursfall die Differenz zwischen $M_0 e^{q_1+q_2+\cdots+q_t} - F_0 e^{kt}$ verlieren bzw. (wenn negativ) gewinnen. Die erwartete Unternehmungswertminderung für die Anteilseigner aus dem Risiko des Konkurses zu $t = 2$ ist somit:

$$\int_{q_1=-0,20}^{-0,1415} \int_{q_2=-0,20}^{-0,3415-q_1} f(q_1)f(q_2)(M_0 e^{q_1+q_2} - F_0 e^{2k})\,dq_1\,dq_2$$

$$= \int_{q_1=-0,20}^{-0,1415} \int_{q_2=-0,20}^{-0,3415-q_1} \frac{1}{0,49}\,(100\,e^{q_1+q_2} - 50\,e^{0,20})\,dq_1\,dq_2$$

$$= 0,02647$$

Die erwartete Unternehmungswertminderung für die Anteilseigner aus dem Risiko des Konkurses zu $t = 3$ ist analog:

$$\int_{-0,20}^{0,145} \int_{-0,20}^{-0,055-q_1} \int_{-0,20}^{-0,255-q_1-q_2} \frac{1}{0,343}(100\,e^{q_1+q_2+q_3} - 50\,e^{0,30})\,dq_1\,dq_2\,dq_3$$

$$-\int_{-0,20}^{-0,1415} \int_{-0,20}^{-0,3415-q_1} \int_{-0,20}^{-0,255-q_1-q_2} \frac{1}{0,343}(100\,e^{q_1+q_2+q_3} - 50\,e^{0,30})\,dq_1\,dq_2\,dq_3$$

$$= 0,08519 - (-0,01002)$$

$$= 0,09521$$

Die erwartete Unternehmungswertminderung für die Anteilseigner aus dem Konkursrisiko zu t_1, t_2 und t_3 beträgt daher, auf $t = 0$ bezogen und bei $\bar{r} = 0,20$, $0 + 0,02647(1+\bar{r})^{-2}$ $+ 0,09521(1+\bar{r})^{-3} = 0,0735$. Sie entspricht ungefähr $1,5\,^0/_{00}$ des Unternehmungswertes für die Anteilseigner ohne Berücksichtigung des Konkursrisikos von 50. Je mehr Perioden in den Planungshorizont einbezogen werden, desto größer wird die Unternehmungswertminderung aus dem Konkursrisiko.

Die Unternehmungswertminderung für die Anteilseigner aus dem Konkursrisiko ist größer als der eben berechnete Betrag, wenn die Gläubiger infolge des Konkursrisikos eine Risikoprämie in den Kreditzinsfuß einrechnen (vgl. oben).

Um vor allem die Ermittlung der optimalen Konkurspolitik der Gläubiger mittels dynamischer Programmierung besser darstellen zu können, sei nun noch ein diskretes Beispiel behandelt.

Beispiel 4: $M_0 = 100$
                                       $F_0 = 50$
                                       $k = 0,08$
                                       $C_K = 20$

Die Gläubiger verlangen eine erwartete Rendite $\bar{r}$ von 0,07, sie fordern jedoch infolge des Konkursrisikos einen Zinssatz von 0,08.

$$\bar{q}_t = \bar{q} = 0,12$$

q_t beträgt mit einer Wahrscheinlichkeit von je 0,20: $-0,20$, $-0,10$, $0,10$, $0,30$, $0,50$. n = Planungshorizont = 4 Jahre. Ab diesem Zeitpunkt wird nicht mehr mit einem Konkurs gerechnet.

        Konkurskriterium: $F_0(1 + k)^t \geq M_0(1+q_1)(1+q_2)\ldots(1+q_t) - C_K$

Vorerst wird zur Feststellung der Konkurswahrscheinlichkeit der Ereignisbaum gezeichnet. Äste, bei denen es von vornherein ausgeschlossen ist, daß die Unternehmung bis $t = 4$ in Konkurs geht, werden nicht weiterverfolgt. Die am Beginn dieser Äste stehenden Zahlen sind kursiv gedruckt. Da $F_0(1 + k)^t$ zu $t = 1, 2, 3$ und 4 *54, 58,32, 62,99* und *68,02* beträgt, tritt zu $t = 1, 2, 3$ und 4 Konkurs ein, falls M_t zu diesen Zeitpunkten kleiner ist als 74, 78,32, 82,99 und 88,02. Der Ausdruck für M_t, bei dem Konkurs eintritt, ist fett gedruckt. Trotz Eintritts des Konkurses wird der Ereignisbaum für spätere Auswertungen weiter gezeichnet. Es sei wiederholt: M_t ist der fiktive Unternehmungswert, der sich bei Absenz des Konkursrisikos einstellen würde. Tatsächlich ist etwa im Konkursfall der Unternehmungswert: Null für die Anteilseigner plus Konkurserlös für die Gläubiger.

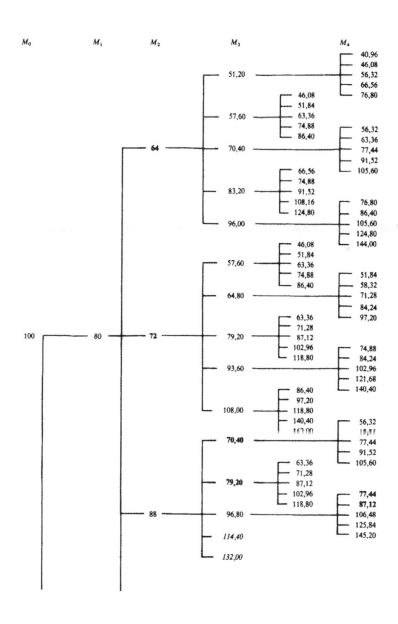

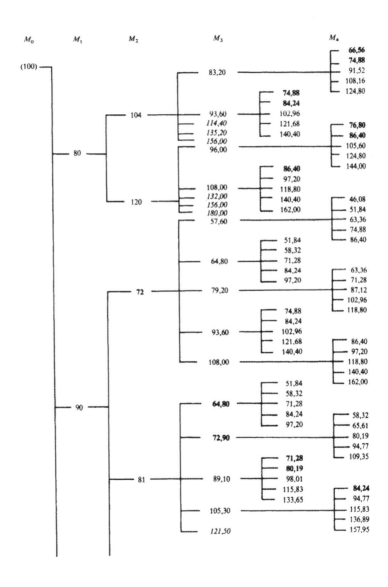

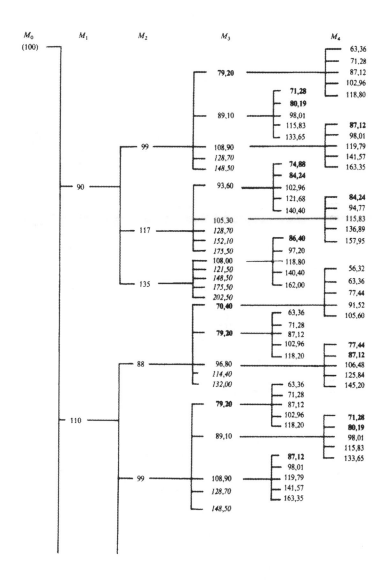

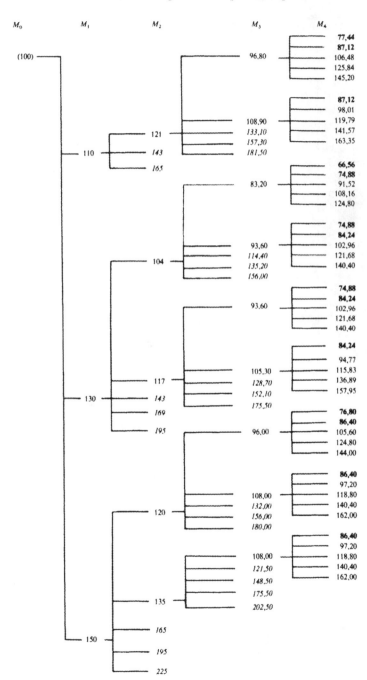

Wie leicht abzuzählen, tritt Konkurs zu $t = 1$ mit $W = 0$, zu $t = 2$ mit $W = 3/25 = 0,12$, zu $t = 3$ mit $W = 8/125 = 0,064$ und zu $t = 4$ mit $W = 38/625 = 0,0608$ ein. Insgesamt besteht eine Wahrscheinlichkeit von $1 - 0,12 - 0,064 - 0,0608 = 0,7552$, daß die Unternehmung nach $t = 4$ noch besteht.

Welches ist die durch das Konkursrisiko verursachte *Minderung im Unternehmungswert*? Um die Minderung des Unternehmungswertes zu errechnen, soll davon ausgegangen werden, daß der Unternehmungswert bei voller Eigenfinanzierung bzw. bei Fremdfinanzierung ohne Risiko der Kreditgeber zu $t = 0$ 100 beträgt. Die Kreditgeber wären bei Ausschaltung des Konkursrisikos (durch z. B. volle Haftung der Anteilseigner) mit einer Rendite von 0,07 zufrieden. Das erwartete Vermögen der Anteilseigner wäre daher zu $t = 4$ $M_0 \cdot 1,12^4 - F_0 \cdot 1,07^4 = 157,35 - 65,54 = 91,81$. (Die Anteilseigner würden daher in diesem Fall eine Rendite $\bar{r}$ von ca. 0,165 erwarten, die sich aus $50(1 + \bar{r})^4 = 91,81$ ergibt.)

Tatsächlich beträgt das erwartete Vermögen zu $t = 4$ (wenn Konkurse ab $t = 4$ ausgeschaltet sind):

$0,2448$ ($= W$ des Konkurses) $\cdot 0 + [(1/625) (3 \cdot 106,48 + 3 \cdot 125,84 + 3 \cdot 145,20 + 2 \cdot 91,52 + 2 \cdot 108,16 + 4 \cdot 124,80 + 4 \cdot 102,96 + 4 \cdot 121,68 + 8 \cdot 140,40 + 2 \cdot 105,60 + 2 \cdot 144 + 4 \cdot 97,20 + 4 \cdot 118,80 + 4 \cdot 162 + 6 \cdot 98,01 + 6 \cdot 115,83 + 3 \cdot 133,65 + 3 \cdot 94,77 + 3 \cdot 136,89 + 3 \cdot 157,95 + 3 \cdot 119,79 + 3 \ 141,57 + 3 \cdot 163,35)]$ ($=$ die im Ereignisbaum bis zu $t = 4$ durchgezeichneten Zweige) $+ [(5/625) \cdot 1,12 (4 \cdot 114,40 + 4 \cdot 132 + 2 \cdot 135,20 + 4 \cdot 156 + 2 \cdot 180 + 3 \cdot 121,50 + 4 \cdot 128,70 + 4 \cdot 148,50 + 2 \cdot 152,10 + 4 \cdot 175,50 + 2 \cdot 202,50 + 133,10 + 157,30 + 181,50)]$ ($=$ die im Ereignisbaum bis zu $t = 3$ durchgezeichneten Zweige, wobei die Werte für ein Jahr aufgezinst werden) $+ [(25/625) \ 1,12^2 (2 \cdot 143 + 2 \cdot 165 + 169 + 2 \cdot 195 + 225)]$ ($=$ die im Ereignisbaum bis zu $t = 2$ durchgezeichneten Zweige, wobei die Werte für zwei Jahre aufgezinst werden) $- [(472/625) \ 68,02]$ (mit einer Wahrscheinlichkeit von $472/625$ sind zu $t = 4$ die Verbindlichkeiten zurückzuzahlen)

$= 10 \cdot 191,03/625 + 5 \cdot 1,12 \cdot 5596,40/625 + 25 \cdot 1,12^2 \cdot 1400/625 - 472 \cdot 68,02/625$
$= 16,31 + 50,14 + 70,25 - 51,37$
$= 85,33$

Der erwartete Unternehmungswert für die Anteilseigner, bezogen auf $t = 4$, sinkt daher infolge des Konkursrisikos um $91,81 - 85,33 = 6,48$. Es ist nun noch zu ermitteln, ob ein Teil dieses Verlustes den Gläubigern zugute kommt, ob der erwartete Konkursverlust der Gläubiger vielleicht geringer ist als die erwartete Einnahme aus dem Aufschlag von 1 %. Bei einem sicheren, zu 7 % verzinslichen Kredit hätten die Gläubiger zu $t = 4$ eine Einnahme von 65,54 erzielt. Die erwartete Einnahme aus dem vorliegenden, unsicheren Kredit mit dem Zinssatz von 8 %, bezogen auf $t = 4$, ist:

$(472/625) 68,02 + (1/25) (64 - 20) 1,07^2 + (2/25) (72 - 20) 1,07^2$
$+ (1/125) [2 (70,40 - 20) 1,07 + 4 (79,20 - 20) 1,07 + (64,80 - 20) 1,07$
$+ (72,90 - 20) 1,07] + (1/625) [(3 \cdot 57,44 + 6 \cdot 67,12 + 2 \cdot 46,56 + 6 \cdot 54,88$
$+ 7 \cdot 64,24 + 2 \cdot 56,80 + 6 \cdot 66,40 + 3 \cdot 51,28 + 3 \cdot 60,19)]$
$= 51,37 + 6,78 + 3,73 + 3,67$
$= 65,55$

Der Ausdruck $(472/625) 68,02$ besagt, daß die Gläubiger mit einer Wahrscheinlichkeit von $472/625$ zu $t = 4$ den vereinbarten Betrag samt 8 % Zinsen (68,02) erhalten. $(1/25)(64 - 20)1,07^2$ steht für den mit $W = 1/25$ eintretenden Fall, daß die Unternehmung zu $t = 2$ bei $M_t = 64$ in Konkurs gerät und die Gläubiger daher $64 - C_K = 64 - 20$ erhalten. Dieser Betrag muß mit der von den Gläubigern erwarteten Rendite von 7 % für 2 Jahre aufgezinst werden usw.

Die Gläubiger erwarten somit aus der Kreditierung an die konkursgefährdete Unternehmung zu $t = 4$, bei einem Zinssatz von 0,08, mit 65,55 etwa den gleichen Betrag, den sie bei sicherer Anlage zu einem Zinssatz von 0,07 zu $t = 4$ erzielen könnten. Konkursverluste tragen somit in dem Beispiel erwartungsgemäß nur die Anteilseigner. Die Unternehmungswertminderung durch das Konkursrisiko kann daher in diesem Fall folgendermaßen grob kontrolliert werden: Sie muß etwa den Konkurskosten von 20 (jeweils aufgezinst auf $t = 4$) mal der Wahrscheinlichkeit des Eintritts eines Konkurses von insgesamt 0,2448 entsprechen.

Es ist aus dem Beispiel klar ersichtlich, daß die aus dem Konkursrisiko erwachsende Minderung des Unternehmungswertes positiv korreliert erstens mit dem Verschuldungsgrad, zweitens den Konkurskosten und drittens mit der Strenge des Konkurskriteriums.

2.1.1.2 Die optimale „Konkurspolitik" der Gläubiger

In diesem Abschnitt wird gezeigt, wie mittels dynamischer Programmierung das optimale Verhalten eines Gläubigers zu ermitteln ist, der jederzeit durch Kreditkündigungen den Konkurs des Schuldners auslösen kann (= optimale „Konkurspolitik"). Die Ergebnisse der angewendeten Methode erlauben auch einige allgemeine Feststellungen zum optimalen konkursauslösenden Verhalten der Gläubiger. Es wird davon ausgegangen, daß sich der vereinbarte Zinssatz k von dem von den Gläubigern erwarteten Zinssatz $\bar{r}$ um eine Prämie für die erwarteten Konkursverluste unterscheidet. Ein Gläubiger wird daher dann einen Konkurs herbeiführen, wenn — bei optimaler künftiger Politik — der bei gegenwärtigem Konkurs erzielbare Betrag größer ist als der bei Nichtkonkurs erwartungsgemäß in späteren Perioden erzielte Betrag, wobei beide Beträge durch Abzinsung (Aufzinsung) auf einen gemeinsamen Zeitpunkt mittels des Zinssatzes $\bar{r}$ gleichnamig gemacht werden. Die optimale Entscheidung zu t hängt davon ab, mit welcher Wahrscheinlichkeit es zu $t + 1 \ldots$ zu einer vollen Rückzahlung der Forderung oder zu einem Konkurs kommen wird, falls der Gläubiger zu t keinen Konkurs herbeiführt. Es liegt damit ein mittels der dynamischen Programmierung lösbares Problem vor. Die Rekursionsformel lautet:

$$f_n(M) = \text{Max} \left\{ KE; \sum_M f_{n-1}(M) W(M)/(1+\bar{r}) \right\} \tag{13}$$

$n = 1, \ldots,$ restliche maximale Laufzeit der Forderung bzw. Planungshorizont
$f_n(M)$ ist der maximale Barwert der Forderung, wenn sich die schuldnerische Unternehmung im Zustand M befindet und die Forderung noch eine Fristigkeit von n Jahren besitzt. Der maximale Barwert ist entweder durch

den Konkurserlös des Gläubigers bei sofortigem Konkurs (KE) oder durch den Barwert der erwarteten künftigen Einnahmen bei Weiterexistenz der Unternehmung gegeben.

Zu jedem Periodenende ist daher zu entscheiden, ob KE oder der bei Nichtkonkurs und zukünftiger optimaler Politik zum nächsten Periodenende der Forderung zuzurechnende Erwartungswert, diskontiert für eine Periode, größer ist.

Die Durchführung dieser dynamischen Programmierungsaufgabe soll an Hand des in Abschnitt 2.1.1.1 gebrachten Beispiels demonstriert werden.

Beispiel 5:

Es ist für die Daten des Beispiels 4 die optimale Konkurspolitik der Gläubiger zu ermitteln. Es wird angenommen, es existiere nur ein Gläubiger und er könne nach Belieben Konkurs herbeiführen. Zu $t = 4$ müsse jedoch Konkurs stattfinden, falls $M_4 < F_0(1,08)^4 + C_K$.

Gesetzliche Regelungen stünden der Politik des Gläubigers nicht im Wege. Der Gläubiger erwarte von seinen Engagements eine Rendite von 0,07, wegen eines eventuellen Konkursrisikos wurde im speziellen Fall ein Zinssatz von 0,08 vereinbart. Die Forderung ist zu $t = 4$ fällig.

1. Rechenschritt: Ermittlung der optimalen Entscheidungen des Gläubigers zu $t = 3$

Zu $t = 3$ wird der Gläubiger nur dann die Herbeiführung eines Konkurses erwägen, wenn $M_3 < 110,03$. Bei $M_3 \geq 110,03$ erhält der Gläubiger zu $t = 4$ mit Sicherheit den vereinbarten Betrag von 68,02, selbst wenn $q_4 = -0,20$. Daher sind alle Zustände M_3 zu untersuchen, bei denen $M_3 < 110,03$. Eingesetzt in die Formel

$$f_1(M) = \text{Max} \left\{ KE; \sum_M f_0(M)W(M)/(1 + \bar{r}) \right\} \qquad (13a)$$

ergibt sich:

$$f_1(M_3 = 51,20) = \text{Max} \{31,20; 0,20(20,96 + 26,08 + 36,32 + 46,56 + 56,80)/1,07\}$$
$$= \text{Max} \{31,20; \underline{34,90}\}$$

Falls zu $t = 3$ M nur 51,20 beträgt, erhält man bei sofortigem Konkurs 31,20. Bei Nichtkonkurs muß annahmegemäß in allen Fällen zu $t = 4$ Konkurs stattfinden, da M_4 bei jeder Entwicklung kleiner als 88,02 (68,02 + C_K) ist. Da der zu $t = 4$ trotz Konkurs erwartete Wert, abgezinst auf $t = 3$, mit 34,90 größer ist als der Erlös bei sofortigem Konkurs, ist ein Zuwarten günstiger.

$$f_1(57,60) = \text{Max} \{37,60; 0,20(26,08 + 31,84 + 43,36 + 54,88 + 66,40)/1,07\}$$
$$= \text{Max} \{37,60; \underline{41,60}\}$$
$$f_1(64,80) = \text{Max} \{44,80; 0,20(31,84 + 38,32 + 51,28 + 64,24 + 68,02)/1,07\}$$
$$= \text{Max} \{44,80; \underline{47,42}\}$$
$$f_1(70,40) = \text{Max} \{50,40; 0,20(36,32 + 43,36 + 57,44 + 2 \cdot 68,02)/1,07\}$$
$$= \text{Max} \{50,40; \underline{51,06}\}$$
$$f_1(72,90) = \text{Max} \{52,90; 0,20(38,32 + 45,61 + 60,19 + 2 \cdot 68,02)/1,07\}$$
$$= \text{Max} \{\underline{52,90}; 52,36\}$$

In dieser Situation ist es erstmals günstiger, zu $t = 3$ Konkurs herbeizuführen.

$f_1(79,20)$ = Max $\{59,20; 0,20(43,36 + 51,28 + 67,12 + 2 \cdot 68,02)/1,07\}$
            = Max $\{\underline{59,20}; 55,66\}$

$f_1(83,20)$ = Max $\{\underline{62,99}; 0,20(46,56 + 54,88 + 3 \cdot 68,02)/1,07\}$
            = Max $\{\underline{62,99}; 57,10\}$

$f_1(89,10)$ = Max $\{\underline{62,99}; 0,20(51,28 + 60,19 + 3 \cdot 68,02)/1,07\}$
            = Max $\{\underline{62,99}; 58,98\}$

$f_1(93,60)$ = Max $\{\underline{62,99}; 0,20(54,88 + 64,24 + 3 \cdot 68,02)/1,07\}$
            = Max $\{\underline{62,99}; 60,41\}$

$f_1(96)$ = Max $\{\underline{62,99}; 0,20(56,80 + 66,40 + 3 \cdot 68,02)/1,07\}$
            = Max $\{\underline{62,99}; 61,17\}$

$f_1(96,80)$ = Max $\{\underline{62,99}; 0,20(57,44 + 67,12 + 3 \cdot 68,02)/1,07\}$
            = Max $\{\underline{62,99}; 61,43\}$

$f_1(105,30)$ = Max $\{\underline{62,99}; 0,20(64,24 + 4 \cdot 68,02)/1,07\}$
            = Max $\{\underline{62,99}; 62,86\}$

$f_1(108)$ = Max $\{\underline{62,99}; 0,20(66,40 + 4 \cdot 68,02)/1,07\}$
            = Max $\{\underline{62,99}; 63,27\}$

$f_1(108,90)$ = Max $\{62,99; \underline{0,20}(67,12 + 4 \cdot 68,02)/1,07\}$
            = Max $\{62,99; \underline{63,40}\}$

Aus diesem ersten Rechenschritt läßt sich bereits folgende generelle Feststellung ableiten: Ist die Konkursquote sehr gering und bestehen Chancen für eine Verbesserung der wirtschaftlichen Situation, so wird der Gläubiger die weitere Existenz der Unternehmung vorziehen. Im obigen Beispiel ist das bei $M_3 \leq 70,40$ der Fall. Diese Feststellung leuchtet von vornherein für jene Situation ein, in der die Konkursquote bei sofortigem Konkurs Null wäre. Eine Weiterexistenz des Betriebes bei geringfügigsten Chancen einer positiven Entwicklung ist in dieser Lage für den Gläubiger günstiger als der Konkurs. — Weiter wird man gegen Konkurs entscheiden, wenn das künftige Konkursrisiko so gering ist, daß es von der in den Zinsfuß eingerechneten Risikoprämie überdeckt wird. Im obigen Beispiel ist dies bei $M_3 \geq 108$ der Fall. Vorteilhaft ist eine Herbeiführung des Konkurses in den dazwischenliegenden Fällen, in denen also ein sofortiger Konkurs eine völlige oder weitgehende Rückzahlung der Forderung ermöglicht, eine Weiterexistenz der Unternehmung jedoch eine gewichtige Gefahr eines verstärkten Forderungsverlusts mit sich brächte.

2. Rechenschritt: Ermittlung der optimalen Entscheidungen des Gläubigers zu $t = 2$

$$f_2(M) = \text{Max} \{KE; \sum_M f_1(M) W(M)/(1 + \bar{r})\} \qquad (13b)$$

Die Zahlen für $f_1(M)$ sind dem ersten Rechenschritt zu entnehmen.

$f_2(64)$ = Max $\{44; 0,20(34,90 + 41,60 + 51,06 + 62,99 + 62,99)/1,07\}$
           = Max $\{44; \underline{47,39}\}$

Bei Weiterexistenz der Unternehmung wird also unterstellt, daß zu $t = 3$ die optimale Politik verfolgt wird, die im ersten Rechenschritt ermittelt wurde. Wenn also zu $t = 3$ z.B. der Zustand $M_3 = 51,20$ eintritt, so erfolgt zu $t = 3$ kein Konkurs und der dieser Politik zugerechnete Barwert auf Basis $t = 3$ ist $f_1(M_3 = 51,20) = 34,90$.

$f_2(72)$ = Max $\{52; 0,20(41,60 + 47,42 + 59,20 + 62,99 + 63,27)/1,07\}$
           = Max $\{52; 51,30\}$

$f_2(81)$ = Max $\{\underline{58,32}; 0,20(47,42 + 52,90 + 2 \cdot 62,99 + 68,02/1,07)/1,07\}$
           = Max $\{\underline{58,32}; 54,18\}$

Der Wert 68,02/1,07 steht für den Fall, daß M_3 121,50 beträgt, somit mit Sicherheit zu $t = 4$ 68,02 erzielt wird. Bezogen auf $t = 3$ ist dieser Entwicklung ein Barwert von 68,02/1,07 zuzurechnen.

$$f_2(88) = \text{Max } \{58,32;\ 0,20\,(51,06 + 59,20 + 62,99 + 2 \cdot 68,02/1,07)/1,07\}$$
$$= \text{Max } \{\underline{58,32};\ 56,15\}$$

$$f_2(99) = \text{Max } \{\overline{58,32};\ 0,20\,(59,20 + 62,99 + 63,40 + 2 \cdot 68,02/1,07)/1,07\}$$
$$= \text{Max } \{58,32;\ \underline{58,45}\}$$

$$f_2(104) = \text{Max } \{58,32;\ \overline{0,20}\,(2 \cdot 62,99 + 3 \cdot 68,02/1,07)/1,07\}$$
$$= \text{Max } \{58,32;\ \underline{59,19}\}$$

$$f_2(117) = \text{Max } \{58,32;\ \overline{0,20}\,(2 \cdot 62,99 + 3 \cdot 68,02/1,07)/1,07\}$$
$$= \text{Max } \{58,32;\ \underline{59,19}\}$$

$$f_2(120) = \text{Max } \{58,32;\ \overline{0,20}\,(62,99 + 63,27 + 3 \cdot 68,02/1,07)/1,07\}$$
$$= \text{Max } \{58,32;\ \underline{59,24}\}$$

$$f_2(121) = \text{Max } \{58,32;\ \overline{0,20}\,(62,99 + 63,40 + 3 \cdot 68,02/1,07)/1,07\}$$
$$= \text{Max } \{58,32;\ \underline{59,27}\}$$

$$f_2(135) = \text{Max } \{58,32;\ \overline{0,20}\,(63,27 + 4 \cdot 68,02/1,07)/1,07\}$$
$$= \text{Max } \{58,32;\ \underline{59,36}\}$$

Falls $M_2 > 135$ ist die vollständige Begleichung der Forderung zu $t = 4$ mit Sicherheit zu erwarten und daher die Herbeiführung des Konkurses zu $t = 2$ nicht optimal.

3. (letzter) Rechenschritt: Ermittlung der optimalen Entscheidungen des Gläubigers zu $t = 1$

$$f_3(M) = \text{Max } \{KE;\ \sum_M f_2(M)\, W(M)/(1 + \bar{r})\} \qquad (13\text{c})$$

$$f_3(80) = \text{Max } \{54;\ 0,20\,(47,39 + 52 + 58,32 + 59,19 + 59,24)/1,07\}$$
$$= \text{Max } \{\underline{54};\ 51,62\}$$

In den Ausdruck $\sum_M f_2(M)\, W(M)$ werden also die im 2. Rechenschritt für den Eintritt der jeweiligen M_2 ermittelten Werte bei optimalen Entscheidungen zu $t = 2$ eingesetzt. Wenn etwa $M_2 = 64$, dann ist $f_2(M) = 47,39$ (kein Konkurs zu $t = 2$).

$$f_3(90) = \text{Max } \{54;\ 0,20\,(52 + 58,32 + 58,45 + 59,19 + 59,36)/1,07\}$$
$$= \text{Max } \{\underline{54};\ 53,70\}$$

$$f_3(110) = \text{Max } \{\overline{54};\ 0,20\,(58,32 + 58,45 + 59,27 + 2 \cdot 68,02/1,07^2)/1,07\}$$
$$= \text{Max } \{54;\ \underline{55,11}\}$$

68,02/1,07^2 steht für die Fälle, in denen zu $t = 2$ ein M_2 von 143 oder 165 erreicht wird und daher die Zahlung von 68,02 zu $t = 4$ mit Sicherheit feststeht.

$$f_3(130) = \text{Max } \{54;\ 0,20\,(2 \cdot 59,19 + 3 \cdot 68,02/1,07^2)/1,07\}$$
$$= \text{Max } \{54;\ \underline{55,44}\}$$

$$f_3(150) = \text{Max } \{54;\ \overline{0,20}\,(59,24 + 59,36 + 3 \cdot 68,02/1,07^2)/1,07\}$$
$$= \text{Max } \{54;\ \underline{55,48}\}$$

Damit steht die optimale „Konkurspolitik" des Gläubigers fest: Falls zu $t = 1$ M_1 80 oder 90 beträgt, wird Konkurs herbeigeführt, andernfalls ist die Weiterexistenz der Unternehmung vorteilhaft. Zu $t = 2$ ist nur dann Konkurs optimal, wenn der Zustand $M_2 = 88$ erreicht wird (die Zustände $M_2 = 72$ und $M_2 = 81$ können bei dieser Politik nicht erreicht werden). Zu $t = 3$ schließlich findet Konkurs statt, wenn $M_3 = 79,20$, $M_3 = 83,20$, $M_3 =$

89,10, $M_3 = 93,60$, $M_3 = 96$, $M_3 = 96,80$ und $M_3 = 105,30$. Ein (geringfügiger) Konkursverlust entsteht für den Gläubiger nur dann, wenn zu $t = 3$ bei $M_3 = 79,20$ Konkurs herbeigeführt wird. Im Hinblick auf die geringfügigen erwarteten Konkursverluste bei dieser Politik ist der Zinsaufschlag von 1% daher zu hoch. Der erwartete Konkursverlust der Anteilseigner ist jedoch bei dieser Konkurspolitik infolge der höheren Konkurswahrscheinlichkeit bedeutend größer als im Beispiel 4.

Im Beispiel 5 wurde die optimale „Konkurspolitik" eines Gläubigers unter der Annahme ermittelt, eine Herbeiführung des Konkurses sei für den Gläubiger jederzeit möglich, und zwar durch Kreditkündigung oder Nichtverlängerung von Krediten. Die optimale Konkurspolitik ist mittels dynamischer Programmierung selbstverständlich auch ermittelbar, wenn die Konkursalternative nur gewählt werden kann, wenn ein bestimmtes Konkurskriterium eingetreten ist.

Es sei noch einmal festgehalten, daß obige Beträge für M_t nicht die tatsächlichen Unternehmungswerte unter Berücksichtigung der Konkursgefahr, sondern die bei Ausschluß des Konkursrisikos (z. B. voller Eigenfinanzierung) sich ergebenden Unternehmungswerte sind.

Die optimale Konkurspolitik der Gläubiger hängt von ihren *Erwartungen* ab. Bis jetzt wurde unterstellt, daß die Gläubiger die gleiche Wahrscheinlichkeitsbeurteilung möglicher Entwicklungen ihren Entscheidungen zugrundelegen wie die Anteilseigner. Dies muß naturgemäß nicht zutreffen. Die Gläubiger können günstigere Erwartungen haben als die Anteilseigner, was letzteren in Form geringerer Zinsforderungen zugutekommen wird, oder sie können ungünstigere Erwartungen haben. Das Konkursrisiko wird insbesondere dann erhöht, wenn die Erwartungen der Gläubiger stärker zustandsabhängig sind als die der Anteilseigner; wenn sich also die Erwartungen der Gläubiger bei Eintritt ungünstiger wirtschaftlicher Situationen stärker mindern als die der Anteilseigner. Zur Quantifizierung des Konkursrisikos wird man naturgemäß von den Erwartungen der Gläubiger ausgehen müssen [LAUX 1971, S. 102f.].

Die gewonnene Schlußfolgerung, daß ein Konkurs für die Gläubiger optimal ist, falls er eine völlige oder weitgehende Rückzahlung der Forderungen gewährleistet, eine Weiterexistenz der Unternehmung jedoch eine gewichtige Gefahr des verstärkten Forderungsverlusts mit sich brächte, bzw. daß ein Konkurs bei sehr geringer Konkursquote und einigen Chancen der Verbesserung der wirtschaftlichen Situation nicht (mehr) optimal ist, ist dann nur mehr mit Einschränkungen gültig, falls Kreditkündigungen bzw. die Herbeiführung eines Konkurses zu einem Zeitpunkt, zu dem eine weitgehende Rückzahlung der Forderungen gewährleistet ist, den Ruf der betreffenden Kreditgeber und damit ihre künftigen Kapital-

anlagemöglichkeiten stark mindern würden [ENGELS 1969, S. 62ff.].
In diesem Fall kann erst bei geringeren erwarteten Konkursquoten die
Herbeiführung eines Konkurses für einen Gläubiger optimal sein.

2.1.1.3 Die Optimierung der Kapitalstruktur unter gleichzeitiger Beachtung des Konkursrisikos und steuerlicher Einflüsse

Es wird davon ausgegangen, daß ohne Konkursrisiko und ohne Existenz
steuerlicher Einflüsse auf die Finanzierungspolitik der Unternehmungswert
M_t nicht von der Kapitalstruktur abhängt. Im Abschnitt 1.5 wurde bereits
hervorgehoben, daß insbesondere eine Doppelbelastung der Gewinne der
Kapitalgesellschaften durch die Körperschaftsteuer der Gesellschaft und
die Einkommensbesteuerung der Anteilseigner die Eigenfinanzierung gegenüber der Fremdfinanzierung verteuert. Voraussetzung ist, daß die Kreditzinsen die Bemessungsgrundlage der Körperschaftsteuer mindern. Es wurde
gezeigt, daß der Unternehmungswert bei Fremdfinanzierung c. p. — unter
Ausschaltung des Konkursrisikos — um $s_k F$ höher liegt als bei Eigenfinanzierung, das heißt mit zunehmender Fremdfinanzierung wächst. In den Abschnitten 2.1.1.1 und 2.1.1.2 ergab sich jedoch, daß der Unternehmungswert
infolge des Konkursrisikos bei steigender Fremdfinanzierung fällt.

In diesem Abschnitt werden die mit zunehmender Fremdfinanzierung
wachsenden steuerlichen Vorteile den mit zunehmender Fremdfinanzierung
wachsenden negativen Auswirkungen des Konkursrisikos gegenübergestellt,
um zu klären, unter welchen Voraussetzungen diese beiden gegenläufigen
Einflüsse einen optimalen Verschuldungsgrad determinieren können. (Eine
diesbezügliche Hypothese wurde schon von ROBICHEK-MYERS aufgestellt
[ROBICHEK-MYERS 1966].) Dabei wird auf eine Einjahresbetrachtung abgestellt, unter der Annahme, daß zu Beginn jedes Jahres der Verschuldungsgrad an das jeweilige Optimum angepaßt werden kann, sofern im
Vorjahr kein Konkurs eingetreten ist. Es wird weiter angenommen, die
Fremdkapitalzinsen können steuerlich in allen Fällen außer im Konkurs-
fall verrechnet werden. Diese Annahme könnte im speziellen Fall durch
Berücksichtigung von Verlustvorträgen bei ungünstiger wirtschaftlicher Ent-
wicklung realitätsnäher gestaltet werden. Es wird mit einem konstanten
Steuersatz s_k gerechnet, in den auch die Vorteile der Abzugsfähigkeit des
Fremdkapitals bei der Berechnung der Vermögensteuer einbezogen wer-
den können.

Es werden vorerst die erwarteten Steuerminderungen infolge der Abzugsfähigkeit der Kreditzinsen quantifiziert. Sie betragen:

$$s_k Mak(W)(1 - W)$$

$a = F/M$ = Verschuldungsgrad

$k(W)$ = Kreditzinssatz in Abhängigkeit von der Konkurswahrscheinlichkeit W, die wieder von a abhängig ist

$1 - W$ = Überlebenswahrscheinlichkeit der Unternehmung; nur im Fall des Überlebens können die Kreditzinsen steuerlich verrechnet werden

Die erwarteten Nachteile aus dem Konkurs für die Anteilseigner sind:

$$V_A(W)\,W + k_p(W)\,Ma$$

$V_A(W)$ ist die erwartete Unternehmungswertminderung für die Anteilseigner, falls Konkurs eintritt. Ein Konkurs kann unternehmungswertmindernd wirken, wenn der Unternehmungswert M_t zum Konkurszeitpunkt bei Ausschaltung des Konkursrisikos höher wäre als das Fremdkapital F_t. Ein Konkurs kann aber auch den Unternehmungswert erhöhen, wenn der Unternehmungswert zum Konkurszeitpunkt bei Ausschaltung des Konkursrisikos niedriger wäre als das Fremdkapital. In diesem Fall bewirkt der Konkurs bei Haftungsausschluß der Anteilseigner — im Vergleich zu einer unbegrenzten Haftung der Anteilseigner — eine Vermögensvermehrung für die Eigentümer. $V_A(W)$ ist der entsprechende Erwartungswert der möglichen Nachteile und Vorteile aus einem Konkurs für die Anteilseigner. Da die Nachteile überwiegen werden, wird $V_A(W)$ positiv sein.

$k_p(W)$ ist die Prämie, die die Gläubiger für die von ihnen erwarteten Konkursnachteile im Kreditzinssatz verrechnen.

Der *optimale Verschuldungsgrad* ist erreicht, wenn die 1. Ableitung der erwarteten Steuerminderung nach a gleich ist der 1. Ableitung der erwarteten Nachteile aus dem Konkursrisiko, bei entsprechendem Verlauf der 2. Ableitung:

$$s_k M \left\{ \left[\frac{\partial k(W)\partial W}{\partial W \partial a}\, a + k(W) \right] (1 - W) - ak(W)\,\frac{\partial W}{\partial a} \right\}$$

$$= \frac{\partial V_A(W)\partial W}{\partial W \partial a}\, W + V_A(W)\,\frac{\partial W}{\partial a} + M \left[\frac{\partial k_p(W)\partial W}{\partial W \partial a}\, a + k_p(W) \right] \quad (14)$$

Diese Gleichung läßt sich am besten für den Fall der Zunahme der Verschuldung um eine Einheit interpretieren. Dann enthält die eckige Klammer auf der linken Seite erstens die Zunahme der Verzinsung des bisherigen Kredits und zweitens die Zinsen für den zusätzlichen Kredit $k(W)$. Der Ausdruck

$-ak(W)\,\dfrac{\partial W}{\partial a}$ impliziert, daß man im Ausmaß der erhöten Konkurswahrscheinlichkeit die steuerliche Abzugsfähigkeit der Kreditzinsen verliert. Analog ist die rechte Seite der Gleichung zu erläutern.

Um den Verlauf der Steuerminderungen und der Nachteile aus dem Konkursrisiko bei zunehmender Verschuldung besser analysieren zu können, wird eine spezielle Funktion für $k(W)$ angenommen:

$$k(W) = r_n + k_p(W) = r_n + \alpha W$$

W, die Konkurswahrscheinlichkeit, sei im relevanten Verschuldungsbereich eine lineare Abhängige von a:

$$W = \beta a$$

α, β = Koeffizienten

$k(W)$ ist daher:

$$k(W) = r_n + \alpha \beta a$$

$V_A(W)$ wird als konstant angenommen.

Aufgrund der vereinfachten Annahmen ergibt sich folgende Umformulierung der Optimumsbedingung:

$$s_k M[(\alpha \beta a + r_n + \alpha \beta a)(1 - \beta a) - a(r_n + \alpha \beta a)\beta] = 0 + V_A \beta + M(\alpha \beta a + \alpha \beta a)$$
$$s_k(r_n - 3\alpha \beta^2 a^2 - 2r_n \beta a + 2\alpha \beta a) - 2\alpha \beta a = V_A \beta / M \qquad (15)$$

Damit ein positiver Verschuldungsgrad optimal ist, muß die Ableitung der linken Seite von Formel (15) bei positivem a negativ sein. An einem Zahlenbeispiel soll die Anwendung von Formel (15) gezeigt werden.

Beispiel 6:

$$s_k = 0,60$$
$$\beta = 0,10 \text{ (Gültigkeitsbereich } 0,10 \leq a \leq 0,60)$$
$$\alpha = 1,2$$
$$r_n = 0,08$$
$$V_A/M = 0,155$$

Die linke Seite der Formel (15) ist bei unterschiedlichem a:

$$\text{bei } a = 0,10: 0,0372$$
$$\text{bei } a = 0,20: 0,0260$$
$$\text{bei } a = 0,30: 0,0144$$
$$\text{bei } a = 0,50: -0,0102$$

Die rechte Seite der Formel (15) beträgt stets 0,015, so daß der optimale Verschuldungsgrad in diesem konstruierten Beispiel etwa $a = 0,30$ beträgt.

Die Überlegungen dieses Abschnitts können auf das Beispiel 4 in Abschnitt 2.1.1.1 angewandt werden, um festzustellen, ob bei dem gegebenen Konkursrisiko und den Nachteilen aus einem Konkurs vollständige Eigenfinanzierung oder die angenommene Fremdfinanzierung von $F_0 = 50$ günstiger ist.

Beispiel 7:

Es soll für Beispiel 4 untersucht werden, ob vollständige Eigenfinanzierung oder die angenommene Fremdfinanzierung von $F_0 = 50$ günstiger ist. Um direkt auf den Beispielergebnissen aufbauen zu können, wird angenommen, die angeführten Renditen sind — soweit positiv — Renditen nach einer Gewinnsteuer zu einem Satz von 0,50. Die Kreditzinsen können nur in einer Gewinnsituation von der Steuerbemessungsgrundlage abgezogen werden. Die Steuerminderungen infolge der Kreditfinanzierung werden direkt an die Anteilseigner ausgeschüttet. (Diese Annahme ist notwendig, um Vergleichbarkeit der Fälle vollständiger Eigenfinanzierung und teilweiser Fremdfinanzierung herzustellen.)

Im Falle der teilweisen Fremdfinanzierung beträgt die erwartete Unternehmungswertminderung für die Anteilseigner infolge des Konkursrisikos, bezogen auf $t = 4$, 6,48 (vgl. Beispiel 4).

Dieser Betrag ist den erwarteten Ausschüttungen aus den Steuerminderungen infolge der Abzugsfähigkeit der Kreditzinsen, ebenfalls bezogen auf $t = 4$, gegenüberzustellen. Sie betragen:

$$0,50[0,60 \cdot 4 \cdot 1,165^3 + 0,60 \cdot 4,32 \cdot 1,165^2 + 0,60 \cdot 4,67 \cdot 1,165(22/25)$$
$$+ 0,60 \cdot 5,03(102/125)] = 6,31$$

Der Betrag von z.B. $0,60 \cdot 4 \cdot 1,165^3$ ergibt sich aus der Erwägung, daß mit einer Wahrscheinlichkeit von 0,60 zu $t = 1$ Gewinn erzielt wird, und in diesem Fall von der Bemessungsgrundlage der Gewinnsteuer der Zinsaufwand von 4 abgezogen werden kann. (Der Zinsfuß von 0,165 ist der gleiche, mit dem die Anteilseigner in Beispiel 4 rechnen.)

In dieser Situation ist somit die volle Eigenfinanzierung günstiger als eine Fremdfinanzierung von 50; es kann aber eine geringere Fremdfinanzierung als 50 noch günstiger sein.

Die Beweisführung dieses Abschnitts beruht auf der Prämisse, daß abgesehen vom Konkursrisiko und steuerlichen Einflüssen jede Kapitalstruktur gleich optimal ist. Sie bezieht sich daher nur auf jene Unternehmungen, denen ein Kapitalmarkt sowohl für Eigen- als auch für Fremdfinanzierung offen steht. Ist das Eigenkapital einer Unternehmung jedoch fixiert, z.B. weil man keine weiteren Gesellschafter aufnehmen möchte, und können daher Erweiterungen nur mittels Fremdkapital finanziert werden, so müßte die Analyse entsprechend angepaßt werden. Zu den Vorteilen der Fremdfinanzierung sind hier nicht nur die Steuerminderungen, sondern auch die erwarteten Mehrgewinne infolge des erweiterten Investitionsprogramms zu zählen. In einer solchen Situation wird daher eine maximale Verschuldung eher vorteilhaft sein als bei variierbarem Eigenkapital. Legt man der Analyse nicht der Doppelbelastung unterliegende Personengesellschaften und Einzelunternehmungen zugrunde, so fällt der Steuervorteil aus der Fremdfinanzierung überhaupt weg, und es verbleiben nur mehr Vorteile aus einem durch Fremdfinanzierung ermöglichten größeren Investitionsvolumen.

Hinsichtlich der Quantifizierung von V_A, dem Verlust der Anteilseigner infolge des Eintritts eines Konkurses, ist bei der Ermittlung des optimalen

Verschuldungsgrades für Personengesellschaften oder Einzelunternehmungen zu beachten, daß sich infolge der unbeschränkten Haftung viel schwerwiegendere Konkursfolgen für die Anteilseigner ergeben.

2.1.1.4 Das Konkursrisiko und die optimale Konkurspolitik der Gläubiger in Abhängigkeit von Fristigkeit, Sicherung und Bevorrechtigung der Verbindlichkeiten und besonderen Gläubigerinteressen

In den vorangegangenen Abschnitten wurde von gleichberechtigten Gläubigern mit ungesicherten Forderungen ausgegangen, die durch Kreditkündigungen bzw. Nichtverlängerung von Krediten jederzeit den Konkurs des Schuldners herbeiführen können, falls dies für sie günstig ist.

Bei *langfristiger*, durch den Gläubiger unkündbarer Verschuldung ist das Konkursrisiko naturgemäß geringer. Der Gläubiger kann hier nicht durch Kreditkündigung zum Eintritt des Konkursgrunds Zahlungsunfähigkeit beitragen. Bei langfristiger Verschuldung ist somit die erwartete Unternehmungswertminderung infolge des Konkursrisikos für die Anteilseigner geringer, der erwartete Konkursverlust der Gläubiger höher als bei kurzfristiger Verschuldung.

Für die Kombination von lang- und kurzfristigen Verbindlichkeiten ist jedoch auch von Interesse, daß der Zinssatz langfristiger Kredite — u.a. wegen des erhöhten Konkursrisikos, vgl. Abschnitt 2.1.1.5 — im Durchschnitt höher ist als der Zinssatz kurzfristiger Verbindlichkeiten. Um gemäß dem in Abschnitt 2.1.1.3 besprochenen Verfahren den optimalen Verschuldungsgrad festzulegen, müßten die Steuerminderungen infolge der Verschuldung den nachteiligen Folgen aus dem Konkursrisiko bei unterschiedlichen Verschuldungsgraden *und* unterschiedlichen Kombinationen von lang- und kurzfristigen Krediten gegenübergestellt werden.

Bei vollständiger *Sicherung* der Kredite in dem Sinne, daß unabhängig von der Entwicklung der Unternehmung keine Kreditverluste eintreten können, existiert kein Risiko eines Konkurses aus Überschuldung. Aber auch Konkurs aus Zahlungsunfähigkeit wird hier überwiegend nur dann eintreten können, wenn die Liquidation auch für die Anteilseigner die beste Alternative ist. Es interessiert daher nur der Fall, daß neben vollständig gesicherten auch ungesicherte oder nicht vollständig gesicherte Kredite bestehen. Nur die letzteren beiden Kreditformen werden konkursauslösend wirken.

Die im Konkursfall nicht durch *Aus-* und *Absonderungsrechte* gesicherten Forderungen zerfallen in *bevorrechtigte* und *nicht bevorrechtigte* Forderungen. *Aussonderungsfähig* sind diejenigen Vermögensteile, die dem Schuldner nicht gehören (unter Eigentumsvorbehalt gekaufte oder gemietete Gegenstände). Ein Recht auf *abgesonderte* Befriedigung wird z. B. durch Pfand-

rechte gewährleistet. Falls der Erlös aus der Pfandverwertung den Schuld-
betrag übersteigt, ist die Differenz der Konkursmasse hinzuzufügen. Im
gegenteiligen Fall verbleibt den Gläubigern eine Konkursforderung. Bevorrechtigte Forderungen sind bestimmte Forderungen der Arbeitnehmer,
des Fiskus usw. Aus den Erörterungen zur optimalen Konkurspolitik der
Gläubiger in Abschnitt 2.1.1.3 kann folgendes ohne weiteres geschlossen werden: Nähert sich eine Unternehmung der Überschuldung, so werden die
Gläubiger nicht bevorrechtigter Forderungen eher an einem Konkurs interessiert sein als die Gläubiger bevorrechtigter Forderungen. Denn erstere verlieren bei einer Fortsetzung der ungünstigen Entwicklung der Unternehmung, letztere noch nicht. Ist die Unternehmung bereits so verschuldet,
daß die bevorrechtigten Forderungen nur mehr knapp überdeckt sind, sind
die Gläubiger nicht bevorrechtigter Forderungen nicht mehr am Konkurs
interessiert (sie können durch die Weiterexistenz der Unternehmung nichts
mehr verlieren, nur gewinnen); die Gläubiger bevorrechtigter Forderungen
werden dagegen trachten, Konkurs herbeizuführen.

Eine besondere Gläubigerstellung nehmen die *Lieferanten* ein. Ihre Entscheidung zwischen Konkurs und Weiterexistenz eines Kunden (Kreditnehmers) hängt nicht nur von den erwarteten Forderungsverlusten, sondern
auch von der Erwägung ab, welche Gewinne bei Weiterexistenz der schuld-
nerischen Unternehmung durch den Verkauf von Waren an diese Unternehmung erzielt werden können [ENGELS 1969, S. 62]. Die Lieferanten werden daher die Vorteile aus der Weiterexistenz der Unternehmung im allgemeinen höher einschätzen als andere Gläubiger, ihre optimale Konkurspolitik wird eine andere sein. Dies zeigt folgendes Beispiel.

Beispiel 8:

Anknüpfend an Beispiel 5 wird die optimale Konkurspolitik der Gläubiger zu $t = 3$
bei $M_3 = 79,20$ untersucht. 20% der Verbindlichkeiten zu $t = 3$ von 62,99 (12,60) seien
Verbindlichkeiten an einen Lieferanten. Der Lieferantenkredit habe eine durchschnittliche
Zielfrist von 3 Monaten, es werden somit von diesem Lieferanten jährlich Waren im Werte
von 50,40 bezogen. Der Bruttogewinn des (unterbeschäftigten) Lieferanten beträgt 15%
vom Verkaufspreis. Um die Annahme, daß das Kreditvolumen jährlich um 8% wächst,
auch in diesem Fall aufrechterhalten zu können, sei unterstellt, daß der Lieferantenkredit
infolge von Preiserhöhungen ebenfalls jährlich um 8% zunimmt.
Für die übrigen Kreditgeber gilt analog Beispiel 5:

$$f_1(79,20) = \text{Max} \{(4/5)59,20; (4/5)0,20(43,36 + 51,28 + 67,12 + 2 \cdot 68,02)/1,07\}$$
$$= \text{Max} \{47,36; 44,53\}$$

Sie würden den Konkurs einer Weiterexistenz der Unternehmung vorziehen.

Für den Lieferanten gilt dagegen, selbst wenn in die Rechnung nur die Gewinne aus den *nächstjährigen Verkäufen* an die schuldnerische Unternehmung einbezogen werden:

$$f_1(79,20) = \text{Max } \{(1/5)59,20; (1/5)0,20(43,36 + 51,28 + 67,12$$
$$+ 2 \cdot 68,02)/1,07 + 0,15 \cdot 50,40\}$$
$$= \text{Max } \{11,84; 11,13 + 7,56\} = \text{Max } \{11,84; \underline{18,69}\}$$

Der Lieferant hat also in dieser Situation Interesse an der Weiterexistenz der Unternehmung. Dieses Interesse würde durch Berücksichtigung auch der Geschäftsbeziehungen zwischen schuldnerischer Unternehmung und Lieferanten in weiteren Jahren vergrößert werden. Es würde sich bei dauernder Überbeschäftigung des Lieferanten und auch bei der Annahme, daß die durch Konkurs eines Kunden ausfallenden Absatzmengen zum Teil durch Mehrbezüge anderer Kunden ausgeglichen werden, entsprechend mindern.

Allerdings ist bezüglich der Lieferantenkredite zu beachten, daß bei Eintritt ungünstiger wirtschaftlicher Situationen sich der Lieferantenkredit durch Zahlungsverzögerungen des Kunden stark erhöhen kann. Eine solche zustandsabhängige Entwicklung der Lieferantenkredite mindert die Vorteile der Lieferanten aus einer Weiterexistenz der Unternehmung und tendiert dazu, ihr optimales Verhalten dem der übrigen Gläubiger anzugleichen. Falls Lieferantenkredite (z. B. durch Eigentumsvorbehalt) gesichert sind, gilt das für gesicherte Kredite Angeführte. Bezüglich der besonderen Stellung der Lieferantengläubiger bei Wahl der Alternative Konkurs oder Ausgleich wird auf Abschnitt 2.2 verwiesen.

2.1.2 Das Konkursrisiko und die optimale Kapitalstruktur unter Einschluß der Eigenfinanzierung zur Abwendung des Konkurses

Grundsätzlich gilt, daß ein Konkurs durch die Einzahlung von Mitteln bisheriger oder neu hinzutretender Anteilseigner verhindert werden kann. In diesem Abschnitt geht es darum zu klären, unter welchen Bedingungen es für bisherige oder neu hinzutretende Anteilseigner von Interesse ist, den drohenden Konkurs einer Unternehmung abzuwenden, und welche Unternehmungswertminderung sich für die bisherigen Anteilseigner daraus ergeben. Dabei wird nach neu hinzutretenden Anteilseignern und bisherigen Anteilseignern differenziert.

2.1.2.1 Eigenfinanzierung durch neu hinzutretende Anteilseigner

Ein Investor wird sich an einer Unternehmung zur Abwendung deren Konkurses beteiligen, wenn diese Investition die vom Investor verlangte, dem Risiko entsprechende Mindestrendite erwarten läßt. Voraussetzung ist, daß es für den Investor nicht günstiger ist, die Unternehmung in Konkurs gehen zu lassen und die Konkursmasse aufzukaufen. Die Einflußgrößen für das optimale Verhalten eines Investors, der erwägt, durch Hinzutritt als

neuer Gesellschafter den drohenden Konkurs abzuwenden, sind ebenso wie
der den bisherigen Anteilseignern entstehende Nachteil im Beispiel 9 herausgearbeitet.

Beispiel 9:

Anknüpfend an Beispiel 4 wird unterstellt, daß sich die Unternehmung zu $t = 3$ im
Zustand $M_3 = 70,40$ befinde. Nach dem Konkurskriterium ($M_3 \leq F_3 + C_K \rightarrow 70,40$
$\leq 62,99 + 20$) müsse Konkurs stattfinden. Ein hinzutretender Anteilseigner müßte mindestens 12,59 einzahlen, um Konkurs abzuwenden. Ob dies für ihn vorteilhaft ist, hängt
von der Beteiligungsquote ab. Wenn er eine Mindestrendite von 0,20 fordert, so ergibt
sich die ihm zu gewährende Mindestbeteiligungsquote aus folgender Beziehung:

$$12,59 = \{0,40 \cdot 0 + [0,20(70,40 \cdot 1,10 + 70,40 \cdot 1,30 + 70,40 \cdot 1,50)$$
$$-0,60 \cdot 50,40 \cdot 1,08]1,20^{-1}\}x$$
$$x = 0,6791$$

Die Einzahlung von 12,59 wird somit zur teilweisen Rückzahlung von Krediten verwendet,
so daß zu $t = 4$ inclusive Zinsen Verbindlichkeiten von $50,40 \cdot 1,08$ bestehen. Weiter ist
vorausgesetzt, daß die Unternehmung zu $t = 4$ mit einer Wahrscheinlichkeit von 0,40 in
Konkurs geht, somit auch der neue Anteilseigner nicht mehr willig (bei beschränkter
Haftung) oder fähig ist, den Konkurs abzuwenden.

Die Beteiligungsquote von 0,6791 für den neuen Anteilseigner bedeutet, daß er für
den eingebrachten Betrag von 12,59 einen Anteil von 0,6791 an dem bei Abstraktion vom
künftigen Konkursrisiko vorhandenen Reinvermögen von ($70,40 + 12,59 - 62,99 = 20$)
erhält. Wenn man also vom Konkursrisiko abstrahiert, würde er für eine Einlage von
12,59 einen Anteil im Werte von 13,58 erhalten. Unter Abstraktion vom Konkursrisiko
verlieren die bisherigen Anteilseigner von ihren Anteilen am Unternehmungswert von
7,41 (= $70,40 - 62,99$) einen Betrag von 0,99. Der Wert der Anteile an der Unternehmung
beträgt für die bisherigen Anteilseigner nunmehr $0,3209 \cdot 20 = 6,42$, wenn man vom künftigen Konkursrisiko absieht. 0,99 ist somit der Verlust, den die bisherigen Anteilseigner
erleiden, wenn die zur Abwendung des Konkurses notwendige Aufnahme eines neuen
Anteilseigners zu obigen Bedingungen gelingt. Je konkurrenzloser die Stellung des neuen
Anteilseigners ist, desto eher wird er in der Lage sein, seine Beteiligungsquote und damit
den Verlust der bisherigen Anteilseigner zu erhöhen. Denn die Alternative für die bisherigen Anteilseigner ist der Konkurs mit einem Nettokonkurserlös von Null und — bei
unbeschränkter Haftung — gewichtigen Folgewirkungen für die Zukunft.

Die bisher besprochenen Gesichtspunkte gelten sowohl für Personen- als
auch für Kapitalgesellschaften und beziehen sich auf den Zutritt eines oder
weniger neuer Gesellschafter. Ein besonderer Fall liegt vor, wenn eine *Aktien-
gesellschaft* zur Abwendung eines Konkurses bzw. von finanziellen Schwierigkeiten zu einer *ordentlichen Kapitalerhöhung* Zuflucht nehmen möchte.
Einerseits weist diese Situation den Vorteil auf, daß die Unternehmung eine
Vielzahl potentieller Investoren anspricht, und damit die Gefahr ausschaltet,
einem oder wenigen Investoren mit starker Verhandlungsposition ausgelie-
fert zu sein. Andererseits ist festzustellen, daß in Perioden finanzieller Schwierigkeiten (ebenso wie in allgemeinen Rezessionsperioden) die Aktienkurse

sehr niedrig sein werden, meist trotz aller Bemühungen der Unternehmung, den Kapitalmarkt von den Erholungschancen der Unternehmung zu überzeugen. Um bei niedrigen Aktienkursen einen bestimmten Betrag durch eine Kapitalerhöhung aufzubringen, muß aber eine größere Anzahl von Aktien emittiert werden als in Perioden höherer Kurse (bei Emission zu Tageskursen) oder es sinkt der Bezugsrechtserlös der bisherigen Anteilseigner. Das heißt also: Bei einer Kapitalerhöhung müssen den neuen Anteilseignern für die gleichen Einzahlungen umso mehr Beteiligungsrechte zugestanden werden, je niedriger der Tageskurs der Aktien ist. Dies soll das folgende Beispiel 10 zeigen, das auch zur Demonstration der Tatsache dient, daß bei Schwankungen der Aktienkurse der *Zeitpunkt einer Kapitalerhöhung* nicht belanglos ist (vgl. Abschnitt 6).

Beispiel 10:

Das Grundkapital einer AG beträgt vor Kapitalerhöhung 100000 und ist in 1000 Aktien zerlegt. Durch eine Kapitalerhöhung soll 50000 aufgebracht werden, wobei davon auszugehen ist, daß die bisherigen Anteilseigner nur im Ausmaß der Bezugsrechtserlöse neue Aktien zeichnen. Der Börsenkurs pro Aktie schwankt erfahrungsgemäß von 200 bis 400. Der Wert einer Aktie wird von der Unternehmungsleitung auf 300 geschätzt, wobei sich diese Bewertung im Zeitablauf kaum ändert. Es soll nun gezeigt werden, daß es für die bisherigen Anteilseigner am *günstigsten* ist, wenn die Kapitalerhöhung zu einem Zeitpunkt erfolgt, zu dem der *Aktienkurs 400* beträgt.

Im Falle des Verkaufs der Aktien zum Tageskurs — unter Ausschluß des Bezugsrechts der Anteilseigner — ist dies von vornherein klar. Herrscht ein Aktienkurs von 400, so brauchen nur 125 neue Aktien emittiert zu werden, um 50000 aufzubringen, bei einem Aktienkurs von 200 sind es 250. Die Beteiligungsquote der bisherigen Anteilseigner beträgt im ersten Fall 8/9, im zweiten Fall nur 4/5.

Im Falle des Verkaufs der Aktien zu 200, aber mit Bezugsrecht der Aktionäre, ergibt sich das gleiche Resultat. Es müssen stets 250 Aktien emittiert werden. Ist der Tageskurs zum Emissionszeitpunkt (nach Ankündigung der Kapitalerhöhung) 400, so wird eine Aktie nach Kapitalerhöhung einen Wert von $(400000 + 50000)/1250 = 360$ haben. Da insgesamt 250 neue Aktien ausgegeben werden, hat jeder Altaktionär das Recht, 1/4 einer neuen Aktie zu kaufen. Das Bezugsrecht ist daher $(360 - 200)/4 = 40$ wert. Jeder Altaktionär verkauft nun soviele seiner Bezugsrechte, daß er mit dem erzielten Erlös die restlichen Bezugsrechte selbst ausnützen kann. Der Anteil der verkauften Bezugsrechte an den gesamten Bezugsrechten (x) ergibt sich aus folgender Relation:

$$40x = [(1 - x)/4]200$$
$$x = 5/9$$

(Der Ausdruck $(1 - x)/4$ impliziert, daß mit je vier der verbleibenden Bezugsrechte neue Aktien zum Bezugskurs von 200 beschafft werden können.)

Die bisherigen Aktionäre erwerben also 4/9 der neuen Aktien, das sind 111,11. Sie sind daher weiterhin mit $1111,11/1250 = 8/9$ an der Unternehmung beteiligt.

Ist der Tageskurs zum Emissionszeitpunkt (nach Ankündigung der Kapitalerhöhung) dagegen 200, werden die Bezugsrechte mit Null notieren und sämtliche neuen Aktien von neuen Anteilseignern übernommen werden. Die alten Anteilseigner sind in diesem Fall nur mehr mit 4/5 an der Unternehmung beteiligt.

2.1.2.2 Eigenfinanzierung durch die bisherigen Anteilseigner

Soweit sich bisherige Anteilseigner im Verhältnis ihrer Beteiligungsquoten an Eigenfinanzierungsmaßnahmen zur Eliminierung einer Überschuldung beteiligen, ist es für sie gleichgültig, welche Beteiligungsquoten für die neuen Beteiligungen im Verhältnis zu den alten Beteiligungen gewährt werden bzw. bei welcher Kurssituation junge Aktien emittiert werden. Es bleibt nur das Problem, ob die Abwendung des Konkurses überhaupt von Vorteil ist.

Es ist einsichtig, daß sich die Abwendung des Konkurses dann nicht lohnt, wenn der Unternehmungswert M_t (ohne Berücksichtigung des Konkursrisikos) bereits niedriger ist als die Summe der Verbindlichkeiten. Hier kann man durch einen Konkurs nur gewinnen. Die gegenteilige Situation liegt vor, wenn der Unternehmungswert (ohne Berücksichtigung des Konkursrisikos) höher ist als die Summe der Verbindlichkeiten, die Unternehmung aber dennoch — unter Zugrundelegung der Liquidationswerte — überschuldet ist. In diesem Fall ist eine Abwendung des Konkurses durch Einzahlungen der Anteilseigner, falls es diesen möglich ist, von Vorteil.

Es ergibt sich somit: Gerade in jenen Fällen, in denen die Gläubiger deshalb an einem Konkurs interessiert sind, weil die Liquidationswerte noch den Großteil der Forderungen decken, und eine weitere ungünstige Entwicklung zu beträchtlichen Forderungsverlusten führen kann, werden die Anteilseigner geneigt sein, durch relativ niedrige Einzahlungen Überschuldung zu vermeiden und die weitere Entwicklung abzuwarten.

2.1.3 Zu den Konkursquoten in der deutschen Wirtschaft

Insolvenzuntersuchungen zeigen, daß die Konkursquoten in der BRD erheblich nach Branchen und Rechtsformen differieren. VON STEIN führt an, daß für rund 0,1% aller Unternehmungen jährlich ein Konkurs- oder Vergleichsverfahren eröffnet wird und eine noch größere Zahl von Unternehmungen ohne Eröffnung eines solchen Verfahrens scheitert. Die jährliche Konkursquote des verarbeitenden Gewerbes war 1969 0,17%. Unter den Branchen des verarbeitenden Gewerbes weisen das Baugewerbe (0,33%), die chemische Industrie (0,45%) und der Maschinenbau (0,35%) besonders hohe Konkursquoten auf. Nach dem Kriterium des Alters der Unternehmung besteht das größte Ausfallrisiko in den ersten 3–5 Jahren des Bestehens von Unternehmungen. Eine Aufgliederung der Konkursquoten nach Rechtsformen zeigt Quoten von 0,02% für Genossenschaften, 0,17% für Aktiengesellschaften und Kommanditgesellschaften auf Aktien, 0,3% für Personengesellschaften und 1,1% für Gesellschaften mit beschränkter Haftung [VON STEIN 1970].

Aufgrund der bisherigen Forschungsergebnisse können noch keine detaillierten Hypothesen zur Erklärung der Konkursquoten in verschiedenen Branchen und für verschiedene Rechtsformen gebildet und getestet werden. Die bisherigen Ausführungen dieser Arbeit bieten jedoch einige Elemente, die in solche Hypothesen eingebaut werden könnten, insbesondere in bezug auf die Relation zwischen Konkursrisiko und Rechtsform. So wurde herausgestellt, daß Geschäftsführer von Kapitalgesellschaften, die nicht gleichzeitig Anteilseigner sind, generell risikoscheuer sein dürften als Anteilseigner. Diese Aussage ist mit den niedrigen Konkursquoten für Genossenschaften und Aktiengesellschaften verträglich, wobei noch die Solidarität innerhalb der Genossenschaftsverbände eine wichtige Rolle für die besonders niedrige Konkursquote bei dieser Rechtsform spielt. Die Konkursquote von Personengesellschaften könnte trotz der schwerwiegenden Folgen eines Konkurses für die Gesellschafter deshalb höher sein als bei Aktiengesellschaften, weil hier für eine relativ hohe Verschuldung zwar nicht steuerliche Gründe sprechen, aber die Unmöglichkeit bzw. Unerwünschtheit von Eigenfinanzierungsmaßnahmen. Die besonders hohe Konkursquote vor allem kleiner Gesellschaften mit beschränkter Haftung läßt sich dadurch erklären, daß hier wie bei Personengesellschaften kein Kapitalmarkt für Eigenkapital existiert, daß aber die Nachteile eines Konkurses für die Anteilseigner nicht so groß sind wie bei Personengesellschaften, und daß — im Gegensatz zu Personengesellschaften — die Fremdfinanzierung durch die Doppelbesteuerung der Gewinne und des Vermögens gefördert wird.

Die angeführten Zahlen über die Konkurshäufigkeit erlauben keine Aussage darüber, ob die Kreditgeber unterschiedliche Konkursverluste bei Kreditgewährungen an Unternehmungen unterschiedlicher Branche oder unterschiedlicher Rechtsform erleiden. Um eine solche Aussage zu treffen, müßte man zusätzlich zu den Konkurshäufigkeiten die von den Kreditgebern jeweils geforderten Zinssätze und die Kreditverluste wissen. Eine höhere Konkurshäufigkeit in einer Branche oder von Unternehmungen einer Rechtsform ist für die Kreditgeber dann vertretbar, falls sie mit höheren Zinssätzen rechnen und/oder die prozentuellen Konkursverluste geringer sind.

2.1.4 Das Konkursrisiko als Motiv für Fusionen, Konzernbildungen und Haftungsgemeinschaften

Als Vorzug von Fusionen und Konzernbildungen wird neben Einsparungen im Fertigungs-, Vertriebs- und Verwaltungsbereich häufig auch die Minderung von Risiken angeführt. Man argumentiert, daß die Vereinigung von Unternehmungen mit unterschiedlichem Produktionsprogramm das Investitionsrisiko pro Einheit Kapital verringere, wenn die zukünftigen Zahlungsströme dieser Unternehmungen nicht vollständig miteinander korrelieren. Diese Risikominderung wird als Hauptbegründung für die Bildung von Conglomerates herangezogen. Conglomerates vereinigen Betriebe unterschiedlicher Branchen in einem Konzern, ohne daß Einsparungen im Fertigungs-, Verwaltungs- und Vertriebsbereich bezweckt werden.

Nun läßt sich, wenn man vom Risiko finanzieller Schwierigkeiten zunächst absieht, durch einen Zusammenschluß von Unternehmungen unterschiedlicher Branchen keine Risikominderung erzielen, die nicht ebenso gut von jedem Investor durch eine entsprechende Zusammenstellung eines Wertpapierportefeuilles erreicht werden kann. Es ist für die Investoren gleich riskant, ob sie je ein Prozent des Grundkapitals dreier selbständiger Aktiengesellschaften oder ein Prozent des Grundkapitals einer durch Fusion dieser drei Unternehmungen entstandenen Gesellschaft in Händen haben. Wenn somit vom Risiko finanzieller Schwierigkeiten abgesehen wird, sind Fusionen und Konzernbildungen *keine* risikomindernden Effekte zuzuschreiben.

Der Zusammenschluß von Unternehmungen kann jedoch zu einer *Verringerung des Risikos finanzieller Schwierigkeiten* führen und insofern das Risiko der Anteilseigner stärker mindern als dies durch die Kombination der Aktien selbständiger Unternehmungen in einem Wertpapierportefeuille möglich ist. Durch den Zusammenschluß können nämlich ansonsten eintretende finanzielle Schwierigkeiten von Teilunternehmungen durch den Einsatz von Mitteln anderer Teilunternehmungen verhindert werden. Anders ausgedrückt erlaubt somit der Zusammenschluß von Unternehmungen eine Erhöhung des Verschuldungsgrads bei gleichem Risiko finanzieller Schwierigkeiten und damit gleichem Kapitalkostensatz [LEWELLEN 1971].

Ein gleicher Effekt wird erzielt, wenn Unternehmungen (Berufsverbände) Haftungsgemeinschaften bilden, so z.B. durch die Gründung einer für Kredite bürgenden Gesellschaft. Wenn solche Haftungsgemeinschaften, wie die Kreditgemeinschaften des gewerblichen Mittelstands, die Unterstützung öffentlicher Institutionen erhalten, wird der risikomindernde Effekt entsprechend verstärkt [vgl. ARNOLD, S. 93 ff.].

Ergänzende und vertiefende Literatur zu Abschnitt 2.1:
ARNOLD 1964.
BAXTER 1967.
ENGELS 1969, S. 56–66.
FRANKE 1971, S. 97–141.
KRÜMMEL 1966.
LAUX 1971, S. 86–89, S. 105–110.
LEWELLEN 1971.
ROBICHEK-MYERS 1966.

2.2 Das Vergleichsrisiko und die optimale Kapitalstruktur

Ein *Vergleich* ist eine vertragliche Vereinbarung eines Schuldners mit seinen Gläubigern (einem Teil der Gläubiger), der eine Reduzierung der Verbindlichkeiten und häufig auch eine Festlegung neuer Zahlungsfristen vorsieht. Jedem Schuldner steht frei, einen *außergerichtlichen Vergleich* zu schließen. Bei einem solchen Vergleich fehlt ein rechtlicher Schutz gegen Konkursanträge und Zwangsvollstreckungsmaßnahmen von nicht am Vergleich teilnehmenden Gläubigern. Ein *gerichtlicher Vergleich* gemäß Vergleichsordnung kann unter den gleichen Voraussetzungen beantragt werden, die auch zum Anlaß eines Antrags auf Konkurseröffnung genommen werden können (Zahlungsunfähigkeit bzw. Überschuldung). Jedoch kann nur der Schuldner einen Antrag auf Eröffnung eines Vergleichsverfahrens stellen. Mit dem Antrag auf Eröffnung eines Vergleichsverfahrens hat der Schuldner einen Vergleichsvorschlag zu unterbreiten, der insbesondere vorsehen muß, daß die Gläubiger mindestens 35% (40%) ihrer Forderungen bei Zahlungsfristen bis zu einem Jahr (bis zu 18 Monaten) erhalten. Aussonderungsberechtigte und absonderungsberechtigte Gläubiger, soweit die Forderungen letzterer durch die Absonderungsgüter befriedigt werden, sowie Gläubiger bevorrechtigter Forderungen nehmen am Vergleich nicht teil. Zur Annahme des Vergleichsvorschlags ist eine Kopfmehrheit der beim Vergleichstermin anwesenden Gläubiger und entweder eine $^3/_4$-Mehrheit der stimmberechtigten Forderungen (bei einer Vergleichsquote von mindestens 50%) oder eine $^4/_5$-Mehrheit der stimmberechtigten Forderungen (andernfalls) notwendig. Der Vergleich muß gerichtlich bestätigt werden. An Kosten erwachsen dem Schuldner insbesondere die Vergütung für den vom Gericht zu bestellenden Vergleichsverwalter und die Vergütung für den häufig gebildeten, nicht zwingend vorgeschriebenen Gläubigerbeirat. — Neben dem Vergleich gemäß Vergleichsordnung besteht der *Zwangsvergleich* gemäß Konkursordnung. Einem solchen Zwangsvergleich, für den keine Mindestsätze vorgeschrieben sind und der vom Konkursgericht bestätigt werden muß, müssen die Mehrheit der im Vergleichstermin anwesenden stimmberechtigten Gläubiger und $^3/_4$ der Gesamtsumme aller stimmberechtigten Forderungen zustimmen.

Auf weitere Modalitäten des Vergleichsverfahrens, so auf die Voraussetzungen, bei deren Vorliegen die teilweise erlassenen Verbindlichkeiten wieder aufleben, soll nicht weiter eingegangen werden.

Bei Vorliegen eines Konkursgrunds hat der Schuldner somit die Wahl, Konkursantrag oder Vergleichsantrag zu stellen. Im folgenden soll zwei Fragen nachgegangen werden: den Bedingungen, bei denen ein Vergleich für die Gläubiger günstiger ist als ein Konkurs, und den Auswirkungen der Möglichkeit eines Vergleichsverfahrens auf den Unternehmungswert für die Anteilseigner.

Die Gläubiger werden einen gerichtlichen Vergleich dann dem Konkurs vorziehen, wenn der Barwert der von ihnen bei Weiterexistenz der Unternehmung und dem vorliegenden Vergleichsvorschlag erwarteten Zahlungen größer ist als der bei Konkurs zu erwartende Anteil am Liquidationserlös. Ob dies der Fall ist, hängt von vielen Umständen ab. Erstens sind die möglichen Auswirkungen des Vergleichsverfahrens auf den Ruf und damit auf die Absatzchancen der Unternehmung zu bedenken. Zweitens mögen die Gläubiger die begründete Hoffnung haben, daß die Beeinflussungen, denen der Schuldner im Vergleichsverfahren durch Vergleichsverwalter und Gläubigerbeirat ausgesetzt ist, einen positiven Einfluß auf die zukünftige Geschäftspolitik des Schuldners bewirken. Beide Einflußgrößen sind somit nicht mit der Prämisse von MODIGLIANI-MILLER vereinbar, daß die Investitionspolitik von der Kapitalstruktur unabhängig ist. Drittens besteht im Falle des Vergleichs eher die Möglichkeit, daß Verwandte und Bekannte des Schuldners Einzahlungen tätigen oder Bürgschaften übernehmen, um dem Schuldner die Einhaltung der Vergleichsbedingungen zu ermöglichen. Dies gilt insbesondere für Personengesellschaften und Einzelunternehmungen. Und viertens spricht für einen Vergleich, daß die Kosten eines Vergleichsverfahrens bedeutend niedriger sind als die Kosten eines Konkursverfahrens (einschließlich der Kosten für die Liquidation des Vermögens).

Ebenso wie im Konkursverfahren nehmen auch im Vergleichsverfahren die Lieferanten einen besonderen Standpunkt ein. Selbst wenn die Vergleichsquote ungünstiger ist als die erwartete Konkursquote, werden sie für einen Vergleich stimmen, wenn damit die weitere Existenz des Schuldners und damit einer Einnahmenquelle gesichert erscheint.

Es soll nun zum zweiten Problem, den Auswirkungen der Vergleichsmöglichkeit auf den Unternehmungswert, Stellung genommen werden. Wenn man davon ausgeht, daß die Quote der Anteilseigner bei einem Konkursverfahren in der Regel Null beträgt und zudem die Gesellschafter, die auch mit ihrem Privatvermögen für die Verbindlichkeiten der Gesellschaft haften, auch in Zukunft der Verfolgung durch die Gläubiger ausgesetzt sind, ist ein Vergleichsverfahren für die Anteilseigner stets günstiger als ein Konkursverfahren. Die Aussicht, ein Konkursverfahren eventuell durch ein Vergleichsverfahren ersetzen zu können, wirkt daher stets unternehmungswerterhöhend. Hier interessiert aber primär eine andere Frage: Kann durch den Schuldnachlaß im Rahmen eines Vergleichsverfahrens der Unternehmungswert für die Anteilseigner pro Geldeinheit eingesetzten Kapitals den bei reiner Eigenfinanzierung — bei den Prämissen von MODIGLIANI-MILLER — sich einstellenden Unternehmungswert erreichen bzw. überschreiten?

Die Fragestellung soll anhand angenommener Zahlen präzisiert werden. Der Unternehmungswert zu t wäre bei vollständiger Eigenfinanzierung 60. Es sind Kredite von 50 vorhanden. Der Unternehmungswert für die Anteilseigner wäre somit bei Gültigkeit des Theorems von MODIGLIANI-MILLER 10. Unter Ansatz der Liquidationspreise der Vermögensgegenstände liege Überschuldung vor. Die Unternehmung habe die Möglichkeit, den Konkurs durch einen Vergleich mit den Gläubigern zu vermeiden. Im Falle des Konkurses wäre der Unternehmungswert für die Anteilseigner 0. Das Problem ist nun, ob bei Abschluß eines Vergleichs der Unternehmungswert für die Anteilseigner den Wert von 10 überschreiten kann. Wenn dies der Fall ist, so hätten die Anteilseigner durch den Vergleich gewonnen, sie hätten letztlich ein höheres Vermögen als bei reiner Eigenfinanzierung. Ob ein Unternehmungswert für die Anteilseigner von über 10 erreichbar ist, hängt erstens von der Vergleichsquote ab, zweitens von den Kosten des Vergleichs und drittens von den negativen Einflüssen der zum Vergleich führenden finanziellen Schwierigkeiten und des Vergleichsverfahrens selbst auf den Ruf der Unternehmung und damit den Absatzmarkt, den Beschaffungsmarkt, den Arbeitsmarkt usw. Es ist durchaus möglich, daß die Vorteile aus dem teilweisen Erlaß der Verbindlichkeiten durch die Nachteile des Eintritts finanzieller Schwierigkeiten und des nachfolgenden Vergleichsverfahrens aufgezehrt werden.

Die Frage nach den Wirkungen des Vergleichsverfahrens auf den Unternehmungswert kann nur durch empirische Erhebungen geklärt werden. Diesbezüglich liegt eine sehr eindrucksvolle Untersuchung von ALTMAN [1969] vor, in der die Aktienkurse von Gesellschaften vor und nach einer „reorganization" (vergleichbar dem Vergleichsverfahren) verglichen wurden. Sie ergab, daß man durch den Kauf von Anteilen von Unternehmungen, die später einem Vergleichsverfahren unterworfen wurden, eine niedrigere Rendite erzielte als durch den Kauf sonstiger Aktien. Da die Notierungen der Papiere über mehrere Jahre verfolgt wurden, wurden kurzfristige, verzerrte Kursausschläge ausgeschaltet. Daraus ergibt sich der eindeutige Schluß, daß die Durchführung des Vergleichsverfahrens im Durchschnitt den Unternehmungswert für die Anteilseigner gemindert hat. Die Folgerung, daß ein Konkurs noch größere Verluste erbracht hätte, wird durch diese Feststellung natürlich nicht eingeschränkt. Die Kosten des Vergleichsverfahrens und die nachteiligen Wirkungen aus den Einbußen an Absatzmöglichkeiten haben somit die Gläubigerverzichte und eventuelle positive Einwirkungen auf die Geschäftsführung im Rahmen des Vergleichsverfahrens übertroffen.

Ergänzende und vertiefende Literatur zu Abschnitt 2.2:
ALTMAN 1969.

2.3 Die Verminderung des Konkursrisikos durch Änderungen des Investitionsprogramms oder durch Liquiditätsreserven und die optimale Kapitalstruktur

Konkurs oder Ausgleich wegen *Zahlungsunfähigkeit* kann häufig dadurch verhindert werden, daß das Investitionsprogramm geändert wird oder von vornherein Liquiditätsreserven gehalten werden. Das Investitionsprogramm kann entweder durch den Aufschub geplanter Investitionen oder durch Notverkäufe vorhandener Vermögensgegenstände angepaßt werden. Beide Maßnahmen, die Änderung des Investitionsprogramms und das Halten von Liquiditätsreserven, verursachen eine Minderung des Unternehmungswertes gegenüber dem Unternehmungswert bei voller Eigenfinanzierung. Diese Unternehmungswertminderung ist mit dem Risiko finanzieller Schwierigkeiten und damit mit dem Ausmaß der Zins- und Rückzahlungsverpflichtungen, das heißt mit dem Ausmaß der Verschuldung, korreliert, wobei der kurzfristigen Verschuldung besondere Bedeutung zukommt. Bereits PREISS [1961] hat das Risiko von Notverkäufen bzw. Änderungen des Investitionsprogramms als Determinante der optimalen Kapitalstruktur untersucht, ohne es allerdings mit den steuerlichen Einflüssen zu konfrontieren. Die Quantifizierung des Risikos von Notverkäufen als Funktion von Liquiditätsreserven und der Kapitalstruktur, und die Gegenüberstellung der erwarteten Kosten von Notverkäufen und/oder Liquiditätsreserven mit den steuerlichen Vorteilen der Fremdfinanzierung ist Problemstellung einer sehr interessanten Arbeit von TINSLEY [1970]. Zu Gunsten eines eleganten Lösungsverfahrens wird jedoch von TINSLEY angenommen, daß durch diese Maßnahmen das Konkursrisiko vollständig ausgeschaltet werden kann bzw. es werden die Folgen eines Konkurses determiniert. Dies ist im allgemeinen deshalb nicht zulässig, da Notverkäufe in einer Periode zumeist einen Anstieg des Konkursrisikos im Hinblick auf den Konkursgrund Überschuldung in den nächsten Perioden bewirken, da der Verlust aus Notverkäufen das Eigenkapital mindert. Daher wird das Lösungsverfahren von TINSLEY nicht übernommen, sondern es wird dem Einfluß von Änderungen im Investitionsprogramm und von Liquiditätsreserven auf das Konkursrisiko, den Unternehmungswert für die Anteilseigner und die optimale Konkurspolitik der Gläubiger anhand konkreter Beispiele unter Einsatz der dynamischen Programmierung analog zu Abschnitt 2.1 nachgegangen. Dabei werden Änderungen der Investitionspolitik und das Halten von Liquiditätsreserven zur Verminderung des Konkursrisikos gesondert untersucht.

2.3.1 Die Verminderung des Konkursrisikos durch Änderungen des Investitionsprogramms und die optimale Kapitalstruktur

Durch das Unterlassen rentabler Investitionen und durch Notverkäufe kann vor allem der Eintritt von Zahlungsunfähigkeit verhindert werden. Eine schon eingetretene oder drohende Überschuldung kann dadurch kaum beseitigt werden.

Die *Anteilseigner* werden an der Abwendung eines Konkurses durch Änderungen des Investitionsprogramms dann interessiert sein, wenn der Gegenwartswert der von ihnen bei Weiterexistenz der Unternehmung erwarteten Zahlungen größer ist als ihr Konkursanteil. Falls die Konkursquote der Anteilseigner infolge hoher Konkurskosten Null wäre, werden sie auch bei den geringsten Chancen einer wirtschaftlichen Erholung der Unternehmung an einer Änderung des Investitionsprogramms interessiert sein. Für die *Gläubiger* kann die Änderung des Investitionsprogramms zur Aufrechterhaltung der Zahlungsfähigkeit und damit Vermeidung eines Konkurses naturgemäß von Nachteil sein. Vor allem gilt dies dann, wenn die Anteilseigner nichts mehr zu verlieren haben und einen Konkurs auch bei sehr geringen Erholungschancen der Unternehmung hinauszögern und damit die Konkursquote der Gläubiger potentiell mindern. In einer solchen Situation ist es für die Gläubiger wichtig, inwieweit sie die Unternehmung an einer solchen Politik hindern können. Sie werden dazu um so eher in der Lage sein, je höher der Anteil der kurzfristigen Verbindlichkeiten an den Gesamtverbindlichkeiten der Unternehmung ist, je eher sie es somit vermögen, durch Kreditkündigungen unüberwindbare finanzielle Schwierigkeiten des Schuldners herbeizuführen.

Folgendes Beispiel demonstriert die Auswirkungen der Möglichkeit von Notverkäufen auf das Konkursrisiko, auf den Unternehmungswert für die Anteilseigner und auf den Wert der Forderungen für die Gläubiger.

Beispiel 11:

M_0 (bei vollständiger Eigenfinanzierung) $= 100$
$F_0 = 50$
$k = 0,08$, Zinszahlungen jährlich zum Jahresende
$\bar{q}_t = \bar{q} = 0,133$
Fristigkeit der Verbindlichkeiten $= 4$ Jahre
$n =$ Planungshorizont $= 4$ Jahre

Ab dem Planungshorizont wird weder mit Konkurs noch mit Notverkäufen gerechnet. Die Gläubiger verlangen eine erwartete Rendite $\bar{r}$ von $0,07$, sie fordern jedoch infolge des Konkursrisikos einen Zinssatz von $0,08$.

q_t kann $-0,20$, $0,20$, $0,40$ betragen, und zwar ist die Wahrscheinlichkeit des Eintritts einer dieser Renditen im ersten Jahr je $0,333$, in den weiteren Jahren jedoch *zustandsabhängig*. Für q_2, q_3 und q_4 gilt, daß im Jahr $t + 1$ mit einer Wahrscheinlichkeit von $0,40$ die gleiche Rendite erzielt wird wie im Jahr t, mit einer Wahrscheinlichkeit von je $0,30$ eine der beiden anderen möglichen Renditen.

Es handelt sich bei der betrachteten Unternehmung um eine Kapitalgesellschaft. Konkurs trete bei Zahlungsunfähigkeit oder Überschuldung ein. Zahlungsunfähigkeit zu Ende des Jahres t liegt vor, falls $q_t = -0,20$ und $M_t < 100$. Zahlungsunfähigkeit kann durch Verkauf eines Vermögensgegenstands mit einem Ertragswert von 9 und einem Liquidationswert von 4 vermieden werden. Durch den Notverkauf wird somit die Zahlung der Kreditzinsen ermöglicht. Die Kosten (Minderung des Unternehmungswertes) durch einen Notverkauf sind daher 5. — Konkurs wegen Überschuldung möge erst eintreten, wenn $M_t < 0,8\,F_t$. Nur zu $t = 4$ tritt Konkurs bereits dann ein, wenn $M_t < F_t \cdot C_K = 10$. In allen anderen Fällen ist zu $t = 4$ eine Rückzahlung der Kredite bei Neuaufnahme anderer Kredite gesichert. Alle Gläubiger der Unternehmung seien gleichberechtigt, ihre Forderungen sind ungesichert.

Im folgenden Ereignisbaum sind von den M_t ab $t = 1$ jeweils die Zinsen von 4 (die hier jährlich bezahlt werden) und gegebenenfalls die Kosten von 5 für einen Notverkauf abgesetzt. Nach Eintritt eines Konkurses wegen Überschuldung, oder wenn feststeht, daß bis $t = 4$ weder Konkurs noch Notverkäufe eintreten können, wird der Ereignisbaum nicht mehr weiter gezeichnet.

M_0 M_1 M_2 M_3 M_4

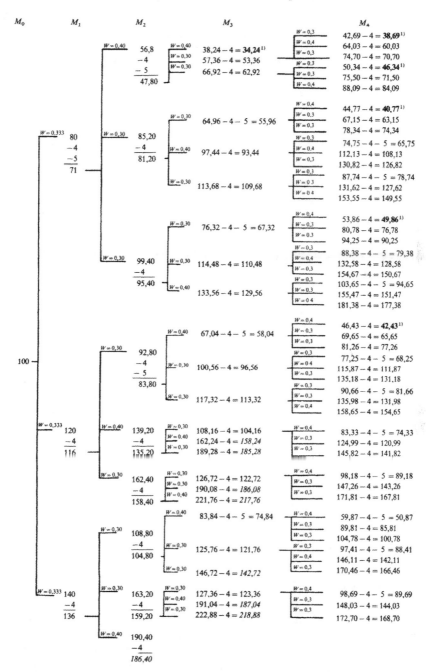

$M_0 = 100$

M_1 ($W = 0,333$):

80 / -4 / -5 / 71

- $W = 0,40$ → M_2: $56,8$ / -4 / -5 / $47,80$
  - $W = 0,40$ → $38,24 - 4 = \mathbf{34,24}^{[1]}$
    - $W = 0,3$: $42,69 - 4 = \mathbf{38,69}^{[1]}$
    - $W = 0,4$: $64,03 - 4 = 60,03$
    - $W = 0,3$: $74,70 - 4 = 70,70$
  - $W = 0,30$ → $57,36 - 4 = 53,36$
    - $W = 0,3$: $50,34 - 4 = \mathbf{46,34}^{[1]}$
    - $W = 0,3$: $75,50 - 4 = 71,50$
    - $W = 0,4$: $88,09 - 4 = 84,09$
  - $W = 0,30$ → $66,92 - 4 = 62,92$

- $W = 0,30$ → M_2: $85,20$ / -4 / $81,20$
  - $W = 0,30$ → $64,96 - 4 - 5 = 55,96$
    - $W = 0,4$: $44,77 - 4 = \mathbf{40,77}^{[1]}$
    - $W = 0,3$: $67,15 - 4 = 63,15$
    - $W = 0,3$: $78,34 - 4 = 74,34$
  - $W = 0,40$ → $97,44 - 4 = 93,44$
    - $W = 0,3$: $74,75 - 4 - 5 = 65,75$
    - $W = 0,4$: $112,13 - 4 = 108,13$
    - $W = 0,3$: $130,82 - 4 = 126,82$
  - $W = 0,30$ → $113,68 - 4 = 109,68$
    - $W = 0,3$: $87,74 - 4 - 5 = 78,74$
    - $W = 0,3$: $131,62 - 4 = 127,62$
    - $W = 0,4$: $153,55 - 4 = 149,55$

- $W = 0,30$ → M_2: $99,40$ / -4 / $95,40$
  - $W = 0,30$ → $76,32 - 4 - 5 = 67,32$
    - $W = 0,4$: $53,86 - 4 = \mathbf{49,86}^{[1]}$
    - $W = 0,3$: $80,78 - 4 = 76,78$
    - $W = 0,3$: $94,25 - 4 = 90,25$
  - $W = 0,30$ → $114,48 - 4 = 110,48$
    - $W = 0,4$: $88,38 - 4 - 5 = 79,38$
    - $W = 0,3$: $132,58 - 4 = 128,58$
    - $W = 0,3$: $154,67 - 4 = 150,67$
  - $W = 0,40$ → $133,56 - 4 = 129,56$
    - $W = 0,3$: $103,65 - 4 - 5 = 94,65$
    - $W = 0,4$: $155,47 - 4 = 151,47$
    - $W = 0,4$: $181,38 - 4 = 177,38$

M_1 ($W = 0,333$):

120 / -4 / 116

- $W = 0,30$ → M_2: $92,80$ / -4 / -5 / $83,80$
  - $W = 0,40$ → $67,04 - 4 - 5 = 58,04$
    - $W = 0,4$: $46,43 - 4 = \mathbf{42,43}^{[1]}$
    - $W = 0,3$: $69,65 - 4 = 65,65$
    - $W = 0,3$: $81,26 - 4 = 77,26$
  - $W = 0,30$ → $100,56 - 4 = 96,56$
    - $W = 0,3$: $77,25 - 4 - 5 = 68,25$
    - $W = 0,4$: $115,87 - 4 = 111,87$
    - $W = 0,3$: $135,18 - 4 = 131,18$
  - $W = 0,30$ → $117,32 - 4 = 113,32$
    - $W = 0,3$: $90,66 - 4 - 5 = 81,66$
    - $W = 0,3$: $135,98 - 4 = 131,98$
    - $W = 0,4$: $158,65 - 4 = 154,65$

- $W = 0,40$ → M_2: $139,20$ / -4 / $135,20$
  - $W = 0,30$ → $108,16 - 4 = 104,16$
  - $W = 0,40$ → $162,24 - 4 = 158,24$
  - $W = 0,30$ → $189,28 - 4 = 185,28$
    - $W = 0,4$: $83,33 - 4 - 5 = 74,33$
    - $W = 0,3$: $124,99 - 4 = 120,99$
    - $W = 0,3$: $145,82 - 4 = 141,82$

- $W = 0,30$ → M_2: $162,40$ / -4 / $158,40$
  - $W = 0,30$ → $126,72 - 4 = 122,72$
  - $W = 0,30$ → $190,08 - 4 = 186,08$
  - $W = 0,40$ → $221,76 - 4 = 217,76$
    - $W = 0,4$: $98,18 - 4 - 5 = 89,18$
    - $W = 0,3$: $147,26 - 4 = 143,26$
    - $W = 0,3$: $171,81 - 4 = 167,81$

M_1 ($W = 0,333$):

140 / -4 / 136

- $W = 0,30$ → M_2: $108,80$ / -4 / $104,80$
  - $W = 0,40$ → $83,84 - 4 - 5 = 74,84$
    - $W = 0,4$: $59,87 - 4 - 5 = 50,87$
    - $W = 0,3$: $89,81 - 4 = 85,81$
    - $W = 0,3$: $104,78 - 4 = 100,78$
  - $W = 0,30$ → $125,76 - 4 = 121,76$
    - $W = 0,3$: $97,41 - 4 - 5 = 88,41$
    - $W = 0,4$: $146,11 - 4 = 142,11$
    - $W = 0,3$: $170,46 - 4 = 166,46$
  - $W = 0,30$ → $146,72 - 4 = 142,72$

- $W = 0,30$ → M_2: $163,20$ / -4 / $159,20$
  - $W = 0,30$ → $127,36 - 4 = 123,36$
  - $W = 0,40$ → $191,04 - 4 = 187,04$
  - $W = 0,30$ → $222,88 - 4 = 218,88$
    - $W = 0,4$: $98,69 - 4 - 5 = 89,69$
    - $W = 0,3$: $148,03 - 4 = 144,03$
    - $W = 0,3$: $172,70 - 4 = 168,70$

- $W = 0,40$ → M_2: $190,40$ / -4 / $186,40$

[1] Bei Notverkauf wurde dennoch Überschuldung und somit Konkurs eintreten, daher wird der Notverkauf nicht vorgenommen

Um den Vorteil der Notverkäufe für die Anteilseigner und den Nachteil der Notverkäufe für die Gläubiger feststellen zu können, soll vorerst ermittelt werden, ob die Gläubiger in den Fällen, in denen Notverkäufe stattgefunden haben, den Konkurs der Unternehmung vorgezogen hätten. Dabei brauchen nur diejenigen Knoten beachtet zu werden, von denen Zweige ausgehen, die zu Gläubigerverlusten führen können. Es braucht somit nur die optimale Politik der Gläubiger für $M_3 = 55,96$, $M_3 = 67,32$, $M_3 = 58,04$, $M_2 = 47,80$, $M_2 = 83,80$ und $M_1 = 71$ untersucht zu werden. Der Knoten für $M_3 = 34,24$ muß nicht analysiert werden, da hier ohnehin Konkurs stattfindet.

Gemäß Formel (13a) ergibt sich:

$$f_1(55,96) = \text{Max } \{50; (0,40 \cdot 34,77 + 0,60 \cdot 54)/1,07\}$$
$$= \text{Max } \{\underline{50}; 43,27\}$$

50 ist der Erlös bei Konkurs zu $t = 3$, da M_3 (ohne Abzug der Kosten des Notverkaufs) 60,96 und die Konkurskosten 10 betragen. 34,77 setzt sich zusammen aus dem Konkurserlös bei Konkurs zu $t = 4$ und den Zinseinnahmen von 4; Konkurs zu $t = 4$ findet mit einer Wahrscheinlichkeit von 0,40 statt. Mit einer Wahrscheinlichkeit von 0,60 ist zu $t = 4$ mit einer vollen Schuldentilgung einschließlich Zinszahlung (54) zu rechnen.

$$f_1(67,32) = \text{Max } \{50; (0,40 \cdot 43,86 + 0,60 \cdot 54)/1,07\}$$
$$= \text{Max } \{50; 46,67\}$$
$$f_1(58,04) = \text{Max } \{\overline{50}; (0,40 \cdot 36,43 + 0,60 \cdot 54)\}$$
$$= \text{Max } \{50; 43,90\}$$
$$f_2(47,80) = \text{Max } \{\overline{42,80}; 4/1,07 + 0,40 \cdot 24,24/1,07 + [0,30(0,30 \cdot 32,69/1,07$$
$$+ 0,70 \cdot 54/1,07) + 0,30(0,30 \cdot 40,34/1,07 + 0,70 \cdot 54/1,07)]/1,07\}$$
$$= \text{Max } \{42,80; 38,35\}$$
$$f_2(83,80) = \text{Max } \{\overline{50}; 4/1,07 + 0,84 \cdot 54/1,07^2 + 0,16 \cdot 36,43/1,07^2\}$$
$$= \text{Max } \{\underline{50}; 48,45\}$$

Die letzte Formulierung leitet sich davon ab, daß man bei Weiterexistenz der Unternehmung mit Sicherheit zu $t = 3$ Zinsen von 4 und zu $t = 4$ mit einer Wahrscheinlichkeit von 0,84 vollständige Schuldentilgung, mit einer Wahrscheinlichkeit von 0,16 ($= 0,4 \cdot 0,4$) nur einen Konkurserlös von 36,43 erhält.

$$f_3(71) = \text{Max } \{50; 4/1,07 + 0,40 \cdot 42,80/1,07 + 0,60 \cdot 4/1,07^2$$
$$+ 0,18 \cdot 50/1,07^2 + 0,42 \cdot 54/1,07^3\}$$
$$= \text{Max } \{\underline{50}; 48,22\}$$

Für die *Gläubiger* wäre es somit am günstigsten, wenn die Unternehmung bei $M_1 = 71$ (ohne Abzug der Kosten aus Notverkauf 76) und bei $M_2 = 83,80$ in Konkurs ginge. Der Forderungsverlust wäre dann Null. Insofern ergeben sich aus der Möglichkeit zu Notverkäufen Nachteile für die Gläubiger. Der Unternehmungswert für die *Anteilseigner* sinkt einerseits durch die Kosten der Notverkäufe, er steigt jedoch durch die Verringerung des Konkursrisikos.

2.3.2 Die Verminderung des Konkursrisikos durch Liquiditätsreserven und die optimale Kapitalstruktur

Das Risiko finanzieller Schwierigkeiten, vor allem das Konkursrisiko und das Risiko der Änderung des Investitionsprogramms, kann durch das Halten von Liquiditätsreserven gemindert werden. Darauf wurde sehr häufig verwiesen, zuletzt in besonders ausführlicher Form von DONALDSON [1969], der die Aufstellung einer „Bilanz der Mobilitätsreserven" empfiehlt, die grob in Liquiditäts- und Kreditreserven, Reduktionen geplanter Auszahlungen und Verkäufe von Anlagegegenständen zu gliedern ist.

Gegenstand dieses Abschnitts ist die Ableitung von Bestimmungsgründen für Höhe und Form der Liquiditätsreserven aus den positiven und negativen Auswirkungen der Liquiditätsreserven. Bei der folgenden Analyse wird davon ausgegangen, daß der optimale Verschuldungsgrad für den Fall der Nichtexistenz von Liquiditätsreserven bekannt ist. Er ergibt sich aus der Konfrontation der steuerlichen Vorteile und der aus dem Konkursrisiko, Vergleichsrisiko und dem Risiko von Änderungen des Investitionsprogramms erwachsenden Nachteile der Fremdfinanzierung. Es ist daher zu behandeln, erstens in welcher Weise die Einfügung von Liquiditätsreserven das Risiko finanzieller Schwierigkeiten und damit den optimalen Verschuldungsgrad beeinflußt, und zweitens wie die optimale Struktur der Liquiditätsreserven ermittelt werden kann.

Es wird auf eine Unternehmung abgestellt, die Liquiditätsreserven durch Aufnahme zusätzlichen Fremdkapitals bildet. Trotz der Zunahme des Verschuldungsgrads infolge des Haltens von Liquiditätsreserven dürfen sich die erwarteten Nachteile aus dem Risiko finanzieller Schwierigkeiten nicht nur nicht erhöhen, sondern sie müssen gemindert werden, wenn Liquiditätsreserven von Vorteil sein sollen. Denn wenn diese Nachteile infolge einer Kreditaufnahme zur Finanzierung von Liquiditätsreserven gleich blieben oder wüchsen, würden Liquiditätsreserven Kosten verursachen, ohne Vorteile zu erbringen. Den Kosten der Liquiditätsreserven muß daher als Vorteil einer Verminderung der erwarteten Nachteile des Risikos finanzieller Schwierigkeiten gegenüberstehen, und dies trotz Erhöhung des Verschuldungsgrads! Die Minderung der erwarteten Nachteile aus dem Risiko finanzieller Schwierigkeiten trotz voller Fremdfinanzierung der Liquiditätsreserven kann zum Anlaß weiterer Fremdfinanzierung genommen werden, um steuerliche Vorteile zu realisieren, oder um bei beschränktem Eigenkapital das Investitionsvolumen zu erhöhen. Liquiditätsreserven sind daher nur von Vorteil, wenn sie *zu mehr als 100% fremdfinanziert werden* können, ohne daß die erwarteten Nachteile aus dem Risiko finanzieller Schwierigkeiten erhöht werden! Aus dieser Argumentation ist zu schließen, daß eine teilweise Eigenfinanzierung von Liquiditätsreserven von vornherein ungünstig ist. Die gleiche Schlußfolgerung ergibt sich auch aus der Arbeit von TINSLEY [1970, bes. S. 55].

In weiterer Folge sollen Liquiditätsreserven und Änderungen des Investitionsprogramms (insbesondere Notverkäufe) zur Überwindung finanzieller Schwierigkeiten simultan betrachtet werden. Eine optimale Kombination dieser beiden Mittel zur Überwindung finanzieller Schwierigkeiten kann durch folgende Erwägungen gefunden werden, wobei davon ausgegangen wird, daß die optimale Kombination jedes Jahr von neuem festgelegt werden kann.

In detaillierter Aufgliederung ergeben sich folgende Vor- und Nachteile aus einer Kreditaufnahme zur Finanzierung einer Liquiditätsreserve von einer Geldeinheit. Erstens werden die Auszahlungen der Unternehmung um k_R erhöht. (Wenn der Kredit Zinskosten von 0,09 verursacht, und die Liquiditätsreserve auf einem Habenkontokorrent zu 0,01 angelegt wird, so ist k_R gleich $0,09 - 0,01 = 0,08$). Zweitens verursacht die Erhöhung des Verschuldungsgrads eine höhere Wahrscheinlichkeit finanzieller Schwierigkeiten. Und drittens erspart die Liquiditätsreserve bei finanziellen Schwierigkeiten Kosten des Notverkaufs.

Beispiel 12:

k_R sei 0,08. Das Risiko finanzieller Schwierigkeiten beträgt bei dem gegebenen Verschuldungsgrad 0,01. Eine Kreditaufnahme von 10 000 würde das Risiko um 0,001 erhöhen. Die Überwindung finanzieller Schwierigkeiten verursacht durchschnittlich Notverkaufskosten von 15 000. Eine finanzielle Reserve von 10 000 würde die Notverkaufskosten um durchschnittlich 4 000 vermindern. Die Kreditaufnahme von 10 000 verursacht somit folgende Vor- und Nachteile:

$$-0,08 \cdot 10\,000 - 0,001 \cdot 15\,000 + 0,011 \cdot 4\,000 = -800 - 15 + 44 = -771$$

Eine Liquiditätsreserve ist daher in diesem Fall nicht von Vorteil.

Das Beispiel zeigt deutlich: Selbst wenn man annimmt, daß die Aufnahme zusätzlichen Fremdkapitals zur Finanzierung von Liquiditätsreserven das Risiko finanzieller Schwierigkeiten nicht erhöht (was unwahrscheinlich ist, denn die Streuung der Investitionserträge bleibt unverändert und die Kosten der Liquiditätsreserven müssen zusätzlich gezahlt werden), so müssen die Vorteile der Liquiditätsreserven und/oder die Wahrscheinlichkeit finanzieller Schwierigkeiten sehr hoch sein, damit es günstiger ist, Liquiditätsreserven zu halten, anstatt das Risiko von Verlusten aus Notverkäufen auf sich zu nehmen. Allerdings ist zusätzlich zu berücksichtigen, daß durch Liquiditätsreserven das Konkursrisiko in bezug auf jene Fälle, in denen Konkurs durch Notverkäufe alleine nicht mehr vermieden werden könnte, möglicherweise gemindert wird.

Eine Einjahresbetrachtung genügt dann nicht, wenn die Entscheidungen zu t diejenige zu $t + 1$ usw. beeinflussen. Dies ist etwa dann der Fall, wenn wohl zu t weitere langfristige Kredite zur Bildung von Liquiditätsreserven aufgenommen werden können, dies jedoch zu $t + 1$ nur dann möglich ist, falls die Unternehmung sich zwischen t und $t + 1$ nicht ungünstig entwickelt hat.

In diesem Fall sind die möglichen Vorteile aus zu *t* aufgenommenen Krediten für die Finanzierung von Liquiditätsreserven nicht nur auf Basis des nächsten Jahres, sondern auf Basis eines längeren Zeitraums zu ermitteln.

Abschließend soll zur *Struktur der Liquiditätsreserven* Stellung genommen werden. Die optimale Struktur der Liquiditätsreserven hängt von der Wahrscheinlichkeitsverteilung der Inanspruchnahme der Liquiditätsreserven ab. Mittel, die mit relativ hoher Wahrscheinlichkeit in der nächsten Zeit benötigt werden, wird man in Form von Kassen- oder jederzeit fälligen Bankbeständen halten, die zwar keine oder geringfügige Zinserträge abwerfen, jedoch bei Inanspruchnahme keine Transaktionskosten verursachen. Mittel, die mit relativ geringer Wahrscheinlichkeit in der nächsten Zeit benötigt werden, wird man dagegen in Form von Festgeldern oder in festverzinslichen Wertpapieren anlegen, da dem dadurch erzielten Zinsertrag nur mit geringer Wahrscheinlichkeit eintretende Transaktionskosten gegenüberstehen. Dieses Problem läßt sich von vornherein nicht für isolierte Teilperioden lösen, da die Ereignisse einer Periode die optimale Lösung für die nächsten Perioden beeinflussen. Werden etwa in der Periode *t* − 1 vorhandene Wertpapiere in dieser Periode nicht benötigt, so wird man keine Veranlassung haben, sie zu Beginn der nächsten Periode zu verkaufen. Sie können ohne Mehrkosten im Falle des Bedarfs ohnehin verkauft werden. Werden die in Periode *t* − 1 vorhandenen Wertpapiere jedoch in dieser Periode benötigt, so bleibt offen, ob es günstig ist, Wertpapiere zu Beginn der Periode *t* nachzukaufen.

Folgendes Beispiel soll die Schwierigkeiten der optimalen Strukturierung der Liquiditätsreserven zeigen.

Beispiel 13:

Die Liquiditätsreserven sollen zu Beginn jeder Periode, d. h. zu jedem Monatsbeginn, mit insgesamt 100 festgelegt werden. Sind die aus der Vorperiode übernommenen Liquiditätsreserven höher als 100, werden sie reduziert, andernfalls aufgefüllt. Die Liquiditätsreserven werden mit einer Wahrscheinlichkeit von 0,45, 0,20, 0,20, 0,10 und 0,05 in einem Ausmaß von 0, 20, 40, 80 und 100 benötigt. Sie können entweder in Form von Kassenmitteln gehalten oder in festverzinslichen Wertpapieren investiert werden. Wertpapierkäufe und -verkäufe verursachen Transaktionskosten von 1 %, der Zinsertrag aus Wertpapieren ist 0,5 % pro Monat. Kursschwankungen sind ausgeschaltet. Welches ist die optimale Strukturierung der Liquiditätsreserven? Die optimale Lösung kann mittels dynamischer Programmierung oder mittels Durchprobieren sämtlicher in Frage kommender Kombinationen gesucht werden. Letztere Möglichkeit führt hier ebenso rasch zum Ziel. Es ist zu beachten, daß die für die *Beschaffung* der Mittel zu zahlenden Zinsen nicht interessieren, da sie in allen Fällen gleich hoch sind.

Folgende Varianten sind zu analysieren:

1. Barmittel von 100
Ertrag: 0

2. Barmittel von 80, Wertpapierinvestitionen von 20

Zinsertrag je Periode	$20 \cdot 0,005$	$= \quad 0,10$
— durchschnittliche Transaktionskosten je Periode	$20 \cdot 0,02 \cdot 0,05$	$= -0,02$
— Zinsen auf die zu Beginn der ersten Periode anfallenden Transaktionskosten zum Satz von z. B. 0,7% pro Monat	$20 \cdot 0,01 \cdot 0,007$	$= -0,0014$

Ertrag	0,0786

Der Zinsertrag wird hier und bei den anderen Alternativen ungenau gerechnet, da angenommen wird, daß Wertpapierverkäufe während der Periode die Zinserträge nicht mindern. Transaktionskosten entstehen mit einer Wahrscheinlichkeit von 0,05, und zwar sowohl für den Verkauf der Wertpapiere, als auch für den erneuten Kauf der Wertpapiere zu Beginn der nächsten Periode. Es wird ja eine für alle Perioden gleiche Lösung gesucht, so daß ein Verkauf von Wertpapieren einen Kauf in der nächsten Periode auslöst. Es muß daher mit Transaktionskosten von 2% gerechnet werden, die mit einer Wahrscheinlichkeit von 0,05 pro Periode auftreten. Die Transaktionskosten zu *Beginn der ersten Periode*, die nur einmal für einen unbestimmten Zeitraum anfallen, werden jeder Periode nur in Form von Zinsen verrechnet.

3. Barmittel von 40, Wertpapierinvestitionen von 60

Zinsertrag je Periode	$60 \cdot 0,005 = \quad 0,30$
— durchschnittliche Transaktionskosten je Periode	$60 \cdot 0,02 \cdot 0,05 + 40 \cdot 0,02 \cdot 0,10 = -0,14$
— Zinskosten auf die zu Beginn der ersten Periode anfallenden Transaktionskosten zum Satz von z. B. 0,7% pro Monat	$60 \cdot 0,01 \cdot 0,007 = -0,0042$

Ertrag	0,1558

4. Barmittel von 20, Wertpapierinvestitionen von 80

Zinsertrag je Periode	$80 \cdot 0,005 = \quad 0,40$
— durchschnittliche Transaktionskosten je Periode	$80 \cdot 0,02 \cdot 0,05 + 60 \cdot 0,02 \cdot 0,10 + 20 \cdot 0,02 \cdot 0,20 = -0,28$
— Zinskosten auf die zu Beginn der ersten Periode anfallenden Transaktionskosten zum Satz von z. B. 0,7% pro Monat	$80 \cdot 0,01 \cdot 0,007 = -0,0056$

Ertrag	0,1144

Am günstigsten ist somit die Aufteilung der Liquiditätsreserven in Barmittel von 40 und Wertpapierinvestitionen von 60. Es wird dadurch bei monatlichen Zinskosten von z. B. $0,007 \cdot 100 = 0,70$ ein Ertrag von 0,1558 erzielt.

Es existieren in der Literatur einige Versuche [z. B. MILLER-ORR 1966, EPPEN-FAMA 1968], bei stochastisch schwankenden Kasseneingängen und -ausgängen jene Kassenbestände festzulegen, die den Kauf oder den Verkauf von Wertpapieren auslösen. Dabei werden meist fixe (vom Transaktionsvolumen unabhängige) Transaktionskosten unterstellt, die schwieriger zu behandeln sind. Die dabei angewendeten Lösungsmethoden sind auf die obige Problemstellung deshalb nicht anwendbar, weil in letzterer im Gegensatz zu den vorliegenden Ansätzen in der Literatur davon ausgegangen wird, daß die Liquiditätsreserven zu Beginn jeder Periode auf ihren optimalen Stand gebracht und optimal strukturiert werden, und optimales Ausmaß und optimale Struktur im Zeitablauf konstant sind.

Das optimale Ausmaß der Liquiditätsreserven ebenso wie die Wahrscheinlichkeitsverteilung der Inanspruchnahme der Liquiditätsreserven und damit die optimale Struktur können jedoch variieren. Auch mag es bei ungünstiger Entwicklung der Unternehmung nicht mehr möglich sein, die Liquiditätsreserven auf ihrem optimalen Stand zu halten. In solchen Fällen kann für die Problemlösung die dynamische Programmierung herangezogen werden.

In Beispiel 13 wurde von festgelegten Liquiditätsreserven von 100 ausgegangen und ermittelt, daß die Kosten dieser Liquiditätsreserven bei einem monatlichen Zinssatz von 0,007 betragen: $0,70 - 0,1558 = 0,5442$. Auf gleiche Weise können die Kosten von Liquiditätsreserven von 80, 120 usw. ermittelt werden. Erst wenn die Kosten unterschiedlicher Liquiditätsreserven (bei jeweils optimaler Struktur) bekannt sind, kann die *optimale Kombination von Liquiditätsreserven, des Risikos von Änderungen des Investitionsprogramms* bei nicht durch Liquiditätsreserven auffangbaren finanziellen Schwierigkeiten (insbesondere von Notverkäufen) und des *Vergleichs- und Konkursrisikos im Zusammenhang mit den steuerlichen Vorteilen der Fremdfinanzierung ermittelt werden.* Nun ist die Optimierung von Umfang und Struktur der Liquiditätsreserven bereits als Investitionsproblem ansprechbar. Es geht ja bei dieser Aufgabe um eine Kapitalverwendung, deren Lösung — über das Risiko von Notverkäufen — auch von den Eigenschaften (Grad der Betriebsnotwendigkeit, Liquidationspreis) der übrigen Investitionsprojekte beeinflußt ist. Es liegt somit hinsichtlich der Strukturierung der Liquiditätsreserven eine enge Verflechtung zwischen Investitions- und Finanzierungsentscheidungen vor.

Ergänzende und vertiefende Literatur zu Abschnitt 2.3:
ALBACH 1970.
DONALDSON 1969.
EPPEN-FAMA 1968.
MILLER-ORR 1966.
PETERSON 1969, S. 202–236.
TINSLEY 1970.
VAN HORNE 1971, S. 406–440.

2.4 Der Kreditzinssatz in Abhängigkeit vom Zinsänderungsrisiko, vom Kündigungsrisiko, von den Transaktionskosten und vom Konkurs- und Vergleichsrisiko

Dieser Abschnitt stellt nicht direkt auf die Optimierung der Kapitalstruktur ab; die in ihm herausgestellten Bestimmungsgründe des Kreditzinssatzes und formulierten Hypothesen über den Zusammenhang zwischen einzelnen Risikoarten und dem Kreditzinssatz bilden jedoch eine Grundlage für die Analyse der Kreditformen und ihrer Kombinationen in Abschnitt 3. Zum Teil baut der Abschnitt 2.4 auf den in Abschnitt 2.1 gewonnenen Erkenntnissen über die Zusammenhänge zwischen Konkursrisiko und Fristigkeit der Verschuldung auf, zum Teil werden hier erst Hypothesen begründet, die in vorangegangenen Abschnitten verwendet wurden.

2.4.1 Der Kreditzinssatz in Abhängigkeit vom Zinsänderungsrisiko

Wie in Abschnitt 1 soll auch hier von der Annahme ausgegangen werden, die Investoren seien überwiegend risikoscheu. Als Risikomaß soll die Varianz des Endwertes (der Rendite) einer Investition herangezogen werden. Ist nun für einen Investor (Gläubiger) die Investition in langfristigen Forderungen oder in kurzfristigen Forderungen risikoreicher? (Unter langfristig soll in dieser Arbeit eine Frist von über einem Jahr verstanden werden; doch gelten die Schlußfolgerungen analog für andere Unterscheidungen zwischen lang- und kurzfristig.) Diese Frage kann nicht unabhängig von der vom Investor gewünschten *Anlagedauer* beantwortet werden. Für einen Investor, der die Forderungen nach einem Jahr verflüssigen möchte, ist die Anlage in festverzinslichen Papieren mit einer Laufzeit von einem Jahr und festem Rückzahlungskurs am sichersten. Eine Anlage in langfristigeren Papieren ist, da der Verkaufskurs nach einem Jahr von dem zu diesem Zeitpunkt geltenden Zinserwartungen abhängt, für diesen Investor riskant. Der Kauf von Papieren mit einer Laufzeit von einem Jahr wäre allerdings für einen Investor riskant, der Geld für z.B. 3 Jahre anlegen möchte. Denn er trägt das Risiko, den bei Einlösung der Anleihe nach einem Jahr erzielten Betrag zu einem zum Entscheidungszeitpunkt nicht feststehenden Zinssatz anlegen zu müssen. Für einen solchen Investor wäre es weniger riskant, Forderungen mit einer Laufzeit von 3 Jahren und fixiertem Zinssatz und Rückzahlungskurs zu kaufen [STÜTZEL 1970, JOHNSON 1967, bes. S. 314].

Diese in der Literatur mehrfach vorgetragenen Extremfälle müssen jedoch um den realistischen Fall ergänzt werden, daß der Investor die Anlagedauer der Mittel nicht mit Sicherheit kennt. Die tatsächliche Anlagedauer der Mittel kann sowohl von privaten Lebensumständen des Investors (Krankheit, Entstehen intensiver Konsumwünsche usw.) als auch von dem Auftreten sehr günstiger alternativer Anlagemöglichkeiten abhängen. Ob in einer solchen Situation eine kurz- oder langfristige Anlage der Mittel für den Investor risikoärmer ist, hängt von der Wahrscheinlichkeitsverteilung der Investitionsdauer ab. Wie in diesem Fall die risikoärmere von 2 alternativen Anlagen ermittelt werden kann, soll das folgende Beispiel 14 zeigen.

Beispiel 14:

Ein Investor stehe vor dem Problem, 100 Geldeinheiten in kurzfristigen Titeln (Laufzeit ein Jahr) oder in längerfristigen Titeln (Laufzeit zwei Jahre) anzulegen. Der im nächsten Jahr herrschende Zinssatz für kurzfristige Titel wird 0,06 betragen, der für das zweite Jahr erwartete Zinssatz für kurzfristige Titel wird mit einer Wahrscheinlichkeit von je 0,50 0,04 oder 0,08 sein. Der Zinssatz für Wertpapiere mit einer Laufzeit von zwei Jahren entspricht dem während dieser Zeit erwarteten durchschnittlichen Zinssatz für kurzfristige Anlagen, ist somit ebenfalls 0,06. Der Investor rechnet damit, die Mittel mit einer Wahrscheinlichkeit von je 0,50 nach einem Jahr oder nach zwei Jahren zu benötigen. Er wird sie nach einem Jahr benötigen, wenn etwa sein Arzt einen Kuraufenthalt für dringend notwendig erachtet. In diesem Fall wird die Konsumpräferenzrate des Investors 0,20 betragen. (Eine Annahme dieser Art ist notwendig, um beide Alternativen durch Bezug auf einen einheitlichen Zeitpunkt, im Beispiel $t = 2$, vergleichbar zu machen.) Um die Rechnung zu vereinfachen, wird angenommen, daß die zu $t = 1$ in allen Fällen erzielten Zinsen von 6 entnommen werden; sie werden nicht weiter beachtet.

Erwartungswert des Endwertes zu $t = 2$ und Varianz des Endwertes bei *kurzfristiger Anlage:*

Mit einer Wahrscheinlichkeit von 0,50 wird der Investor die zu $t = 1$ erhaltenen 100 Geldeinheiten reinvestieren. Er wird daher mit einer Wahrscheinlichkeit von je 0,25 zu $t = 2$ ein Vermögen von $100 + 8$ oder $100 + 4$ besitzen. Mit einer Wahrscheinlichkeit von 0,50 wird der Investor die zu $t = 1$ erhaltenen 100 Geldeinheiten für Konsumzwecke verwenden. Aufgezinst mit der Konsumpräferenzrate von 0,20 ergibt sich ein auf $t = 2$ bezogener Wert von $100 + 20$. Der auf $t = 2$ bezogene Erwartungswert dieser Investition ist daher $0,25(100 + 8) + 0,25(100 + 4) + 0,50(100 + 20) = 113$. Die Varianz des auf $t = 2$ bezogenen Wertes ist 51.

Erwartungswert des Endwertes zu $t = 2$ und Varianz des Endwertes bei *langfristiger Anlage:*

Mit einer Wahrscheinlichkeit von 0,50 wird der Investor die zu $t = 0$ gekauften Papiere bis $t = 2$ behalten und zu diesem Zeitpunkt 106 Geldeinheiten erzielen. Mit der gleichen Wahrscheinlichkeit wird er diese Papiere zu $t = 1$ verkaufen. Der dabei erzielte Erlös hängt aber von dem zu diesem Zeitpunkt herrschenden Zinssatz für kurzfristige Anlagen ab. Ist der Zinssatz 0,08, so erhält der Investor bei Verkauf des Papiers zu $t = 1$ einen Betrag von $106/1,08 = 98,148$. Herrscht ein Zinssatz von 0,04, so ist der Erlös $106/1,04 = 101,923$. Mit einer Wahrscheinlichkeit von je 0,25 ist der dieser Investition zum Zeitpunkt $t = 2$ zuzurechnende Wert $101,923 \cdot 1,20 = 122,3076$ oder $98,148 \cdot 1,20 = 117,7776$. Der zu $t = 2$ erwartete Wert dieser Investition ist auch in diesem Falle 113. Die Varianz aber beläuft sich auf 58, ist somit etwas höher. Das Ergebnis hängt, wie klar ersichtlich ist, von der Annahme über die Konsumpräferenzrate und von den angenommenen Verkaufswahrscheinlichkeiten zu $t = 1$ ab.

Im Beispiel 14 wurde unterstellt, daß die Investoren zu jedem Termin die Papiere entweder verkaufen oder zur Gänze behalten. In einer solchen Situation kann für den Investor nur der Kauf entweder langfristiger oder kurzfristiger Titel von Vorteil sein. Häufig kann man aber davon ausgehen, daß für jeden Zeitpunkt eine Wahrscheinlichkeitsverteilung dafür existiert, welche Mittel der Investor für Konsumzwecke benötigen wird. In diesem Falle kann eine Kombination von Wertpapieren unterschiedlicher Fristigkeit (bei gleicher erwarteter Rendite) optimal sein.

Wenn lang- und kurzfristige Forderungspapiere eine gleiche erwartete Rendite erzielen lassen, wird sich je nach den oben geschilderten Gegebenheiten die gesamte Nachfrage nach festverzinslichen Papieren auf bestimmte Art und Weise auf Wertpapiere mit unterschiedlicher Fristigkeit verteilen. Es ist aber durchaus möglich, daß die Emittenten von festverzinslichen Wertpapieren eine andere Kombination von Fristigkeiten präferieren als die Nachfrager. Vieles spricht dafür, daß Industrieunternehmungen die Emission langfristiger Titel — die das Risiko finanzieller Schwierigkeiten mindern —, private Investoren den Kauf kurzfristiger Titel bei gleichen erwarteten Zinssätzen präferieren. In einer solchen Situation ergäbe sich am Kapitalmarkt ein Ungleichgewicht, das dadurch vermieden werden kann, daß die für langfristige Wertpapiere gebotenen Zinssätze im Durchschnitt höher sind als die Zinssätze für kurzfristige Anlagen. Dann unterscheiden sich Wertpapiere verschiedener Fristigkeit für den Investor nicht nur durch ihr Risiko — in Abhängigkeit von den Verkaufswahrscheinlichkeiten—, sondern auch durch die erwartete Rendite. Verschiedene Mischungen kurz- und langfristiger Titel erbringen entsprechend unterschiedliche Kombinationen von Risiko und erwarteter Rendite, aus denen die gemäß der Nutzenfunktion des Investors optimale zu wählen ist. Die Zinssätze für lang- und kurzfristige Kredite lassen sich daher, unter Ausschluß des Konkursrisikos und der Transaktionskosten, in Anlehnung besonders an VAN HORNE und JOHNSON durch Elemente sowohl der *expectations theory* als auch der *Theorie der Risikoaversion* erklären [VAN HORNE 1970, bes. S. 98; JOHNSON 1967, bes. S. 314]. Die expectations theory postuliert, daß der Zinsfuß langfristiger Titel gleich ist dem erwarteten Zinsfuß kurzfristiger Titel während der Laufzeit der langfristigen Titel. Die Risikoaversion bewirkt einen Zuschlag zum Zinssatz für langfristige Titel unter der Annahme, daß die den Verkaufswahrscheinlichkeiten der Investoren im allgemeinen adäquate Investitionsdauer kürzer ist als die Laufzeit der langfristigen Titel und daher die Investoren bei Kauf langfristiger Titel ein größeres Zinsänderungsrisiko tragen als bei Kauf kurzfristiger Forderungspapiere [VAN HORNE 1970, bes. S. 73, S. 81].

2.4.2 Der Kreditzinssatz in Abhängigkeit vom Kündigungsrisiko

Das Zinsänderungsrisiko erhält eine besondere Ausprägung, wenn ein langfristiger Kredit seitens des Gläubigers oder des Schuldners einseitig kündbar ist. Es soll im folgenden nur die wichtigere Kündigungsmöglichkeit des Schuldners untersucht werden. Der Schuldner wird eine Kündigung erwägen, wenn der Marktzinssatz unter den vereinbarten Zinssatz (bezogen auf den Rückzahlungskurs) gesunken ist. Durch Kündigung der bestehenden Kredite und Neuaufnahme von Krediten kann die Zinsbelastung gemindert werden. Kündbare Forderungstitel werden allerdings nur abgesetzt werden können, wenn die Gläubiger für das Risiko der vorzeitigen Kündigung und die damit verbundenen Zinsverluste ein entsprechendes Entgelt im vereinbarten Zinsfuß erhalten.

Beispiel 15:

Zu $t = 0$ wird eine Anleihe mit einer Laufzeit von 10 Jahren und einer einmaligen Kündigungsmöglichkeit durch den Emittenten zu $t = 5$ ausgegeben. Ausgabe- und Rückzahlungskurs ist 100%. Der für die nächsten fünf Jahre erwartete durchschnittliche Zinssatz kurzfristiger Kredite ist 0,08. Man rechnet, daß zu $t = 5$ für den Zeitraum von $t = 5$ bis $t = 10$ durchschnittliche Zinssätze für Kredite mit einjähriger Laufzeit von 0,07, 0,08 und 0,09 mit einer Wahrscheinlichkeit von je 0,33 erwartet werden. Im ersten Fall würde der Emittent die Anleihe mit Sicherheit kündigen. Mit welchem Zinsfuß ist die Anleihe auszustatten, damit sie einer unkündbaren Anleihe mit einem Zinsfuß von 0,08 mindestens entspricht?

Für die Käufer der kündbaren Anleihe, die eine erwartete Rendite von 0,08 fordern, ist folgender Ansatz aufzustellen, der davon ausgeht, daß bis $t = 5$ mit Sicherheit und ab $t = 5$ mit einer Wahrscheinlichkeit von 0,67 Zinsen in Höhe eines Satzes von x, mit einer Wahrscheinlichkeit von 0,33 ab $t = 5$ Zinsen in Höhe des Satzes von 0,07 erzielt werden:

$$
\begin{aligned}
100 =\ & 100x(1{,}08^{-1} + 1{,}08^{-2} + \ldots + 1{,}08^{-5}) \\
& + 0{,}67 \cdot 100x(1{,}08^{-6} + 1{,}08^{-7} + \ldots + 1{,}08^{-10}) \\
& + 0{,}33 \cdot 7(1{,}08^{-6} + 1{,}08^{-7} + \ldots + 1{,}08^{-10}) \\
& + 100 \cdot 1{,}08^{-10}
\end{aligned}
$$

$$100 = 399{,}71x + 0{,}67 \cdot 271{,}74x + 0{,}33 \cdot 7 \cdot 2{,}7174 + 100 \cdot 0{,}4632$$

$$100 = 581{,}78x + 52{,}60$$

$$x = 0{,}08148$$

Die kündbare Anleihe muß somit mit einem Mindestzinsfuß von 0,08148 ausgestattet sein, damit sie einer unkündbaren Anleihe mit einer Laufzeit von 10 Jahren und einem Zinsfuß von 0,08 — bei Risikoindifferenz — vergleichbar ist.

Wenn der Emittent einer Anleihe, die mit einem Zinsfuß von 0,08148 ausgestattet ist, zu $t = 5$ nicht nur bei einem zu diesem Zeitpunkt herrschenden Zinssatz von 0,07, sondern auch bei einem Zinssatz von 0,08 kündigen würde, müßte ein höherer Zinsfuß als 0,08148 festgelegt werden. Je geringer die Wahrscheinlichkeit ist, daß der Emittent bei einer bestimmten Differenz von Marktzinsfuß und Anleihezinsfuß von seinem Kündigungsrecht Gebrauch macht, desto ungünstiger kann die Ausstattung der Anleihe sein. Der Emittent wird infolge der Transaktionskosten und der Auswirkungen auf den Ruf der Unternehmung erst bei ins Gewicht fallenden Differenzen zwischen Marktzinsfuß und Anleihezinsfuß eine Kündigung ins Auge fassen.

Bis jetzt wurde davon ausgegangen, daß Ausgabekurs und Rückzahlungskurs eines Kredits gleich sind. Das Kündigungsrisiko wird aber um so geringer, je höher die positive Differenz zwischen Rückzahlungskurs und Ausgabekurs ist. Anleihe A mit einem Ausgabekurs von 100, einem Rückzahlungskurs von 100, einem Zinsfuß von 0,08 und einer Laufzeit von 10
Jahren weist ohne Beachtung der Kündigungsmöglichkeit die gleiche Rendite auf wie eine Anleihe mit einem Ausgabekurs von 100, einem Rückzahlungskurs von 107,24, einem Zinsfuß von 0,075 und einer Laufzeit von 10
Jahren. Das Kündigungsrisiko der zweiten Anleihe ist jedoch bedeutend geringer. Eine Kündigung einer solchen Anleihe ist erst von Vorteil, wenn der
Marktzinsfuß so stark sinkt, daß der Kurs der Anleihe auf über 107,24 zu
wachsen droht [WILDHAGEN 1967, bes. S. 311 f.]!

WILDHAGEN stellt fest, daß der deutsche Kapitalmarkt hinsichtlich der
Berücksichtigung von Kündigungsklauseln von Anleihen sehr unvollkommen ist. Weder werden den Wert von Anleihen beeinträchtigende Kündigungsklauseln von den Anleihekäufern ausreichend berücksichtigt, noch nehmen die Emittenten diese Unvollkommenheit zum Anlaß, vor allem zu Zeiten hohen Zinsniveaus Anleihen möglichst ohne Ausgabe- bzw. Rückzahlungsagio zu emittieren, um von den Kündigungsmöglichkeiten maximal zu
profitieren [WILDHAGEN 1967, bes. S. 205 ff.].

2.4.3 Der Kreditzinssatz in Abhängigkeit von den Transaktionskosten

Kreditsuchende Unternehmungen werden die Wahl zwischen Kreditformen nicht nur von Risikoerwägungen, gegenwärtigen Zinssätzen und Erwartungen bezüglich der Entwicklung der Zinssätze abhängig machen, sondern
auch von den Transaktionskosten. Je höher c.p. die Transaktionskosten
einer Kreditform sind, desto niedriger muß die Zinsbelastung sein, damit
diese Kreditform in Konkurrenz zu anderen Kreditarten treten kann. So
müssen etwa Anleihen infolge der hohen Transaktionskosten niedrigere
Zinskosten als Schuldscheindarlehen oder Bankkredite aufweisen. Dieser
Gesichtspunkt wird in späteren Abschnitten häufig angeschnitten werden.

2.4.4 Der Kreditzinssatz in Abhängigkeit vom Konkurs- und Vergleichsrisiko

Es ist anzunehmen, daß die Gläubiger die erwarteten Konkursverluste
(plus einer eventuellen Prämie für die dadurch entstehende Streuung der
Zahlungen) im geforderten Zinsfuß berücksichtigen. In Abschnitt 2.1 wurde
herausgestellt, daß die Gläubiger langfristiger Verbindlichkeiten geringere
Möglichkeiten haben, einen Konkurs zu dem für sie optimalen Zeitpunkt
herbeizuführen. Daraus ist zu schließen, daß die von ihnen im Zinsfuß verrechneten Prämien für das Konkursrisiko höher sein werden als die im

Zinsfuß für kurzfristige Kredite enthaltenen Prämien. Diese Hypothese wurde durch die empirische Arbeit von JOHNSON zum Teil bestätigt. Sie führte zum Ergebnis, daß die durchschnittlichen jährlichen Verluste der Anleihegläubiger aus Konkurs und Vergleich bei *Anleihen potenter Unternehmungen* mit der Laufzeit der Anleihen wachsen [JOHNSON 1967, bes. S. 326]. Es ergab sich jedoch keine eindeutige Bestätigung dafür, daß dieser Effekt die Struktur der Zinssätze beeinflußt hätte [JOHNSON 1967, bes. S. 344].

Für *Anleihen von minder potenten Unternehmungen* liegt jedoch genau die gegenteilige Hypothese nahe. Bei solchen Unternehmungen besteht nämlich die Gefahr, daß gerade die bedeutsame finanzielle Inanspruchnahme zum Rückzahlungszeitpunkt einer Anleihe konkursauslösend ist. Der erwartete *jährliche* Konkursverlust ist daher um so geringer, je größer die Fristigkeit der Anleihe, je ferner also das mögliche Konkursdatum ist: Eine zu $t = 5$ fällige Anleihe möge mit einer Wahrscheinlichkeit von 0,20 durch einen zu $t = 5$ erfolgenden Konkurs des Schuldners uneinbringlich werden. Die Konkurswahrscheinlichkeit zu $t = 1$ bis $t = 4$ ist minimal. Die Konkurswahrscheinlichkeit zu $t = 5$ wird von $t = 0$ bis $t = 4$ als konstant eingeschätzt. Dann ist der erwartete jährliche Konkursverlust zu $t = 0$ etwa 4%, der zu $t = 4$ jedoch etwa 20%! Die Zinssätze müßten demnach um so niedrigere Prämien für das Konkursrisiko enthalten, je längerfristig die Anleihe ist. Auch diese Hypothese wurde von JOHNSON überprüft und bestätigt gefunden [JOHNSON 1967, S. 326].

JOHNSON, der hinsichtlich des Zinsänderungsrisikos die in Abschnitt 2.4.1. vertretene Auffassung teilt und sie empirisch bestätigt findet, kommt somit zu folgendem Ergebnis: „Therefore, in a liquidity preference market, an upward-sloping term structure (= höhere Zinssätze für längerfristige Anlagen [der Verf.]) would be the result of financial illiquidity as well as interest rate illiquidity (= Zinsänderungsrisiko [der Verf.]) " [JOHNSON 1967, S. 332].

JOHNSON verweist aber noch auf einen diffizileren Zusammenhang zwischen Zinsstruktur und Konkursrisiko. Die Erwartungen hinsichtlich des Konkursrisikos können optimistisch oder pessimistisch sein: Optimistische Erwartungen bestehen dann, wenn man der Meinung ist, die Konkurswahrscheinlichkeit der Unternehmung werde im Zeitablauf abnehmen. Optimistische Erwartungen werden daher die Tendenz hemmen, daß die Zinsen in Abhängigkeit von der Fristigkeit steigen (denn die erwarteten jährlichen Konkursverluste werden dann c. p. um so höher sein, je kurzfristiger ein Kredit ist). Die verschiedenen Zinsstrukturen, die aus der Einbeziehung positiver und negativer Erwartungen hinsichtlich der Entwicklung des Konkursrisikos im Zeitablauf entstehen können, werden von JOHNSON eingehend untersucht [JOHNSON 1967, bes. S. 321, 341ff.].

Außerdem bringt JOHNSON zum Ausdruck, daß sich Änderungen der Einschätzung des Konkursrisikos einer Unternehmung bei langfristigen Papieren (bei denen die erwarteten jährlichen Konkursverluste höher sind) stärker auswirken werden als bei kurzfristigen Titeln [JOHNSON 1967, bes. S. 320]. SOLDOFSKY-MILLER verweisen nun darauf, daß die Einschätzung des Konkursrisikos nicht unabhängig ist von Zinsänderungen: Zinssatzerhöhungen sind in Aufschwungszeiten zu verzeichnen, also in Perioden, in denen man das Konkursrisiko eher niedriger einschätzen wird. Zinssatzerhöhungen in Aufschwungsperioden bewirken somit einerseits eine Kurssenkung festverzinslicher Wertpapiere, andererseits ergibt sich aus einer verringerten Einschätzung des Konkursrisikos die Tendenz zu einer Kurssteigerung. Es liegt somit eine negative Korrelation zwischen Zinssatzänderungen infolge von Änderungen des Konkursrisikos und infolge von Änderungen im Knappheitsgrad finanzieller Mittel vor. SOLDOFSKY-MILLER erklären durch diese Hypothese das Teilergebnis ihrer empirischen Erhebung, daß nämlich „U.S. Treasury Bonds", die praktisch kein Konkursrisiko aufweisen, eine höhere Standardabweichung der Renditen haben als „high-quality corporate bonds" [SOLDOFSKY-MILLER 1969, bes. S. 444]!

Im übrigen erbrachte die empirische Arbeit von SOLDOFSKY-MILLER eine eindeutige positive Korrelation zwischen durchschnittlicher — als geometrisches Mittel errechneter — Rendite und dem Risiko — gemessen durch die Standardabweichung der Rendite — langfristiger Titel. Interessant ist auch das Ergebniss, daß die jährlichen Renditen von Anleihen mit denen von Aktien im Hinblick auf die konjunkturelle Entwicklung *negativ* korreliert sind. In Aufschwungsperioden steigen die Zinssätze und Anleihen haben wegen der resultierenden Kursminderungen oft negative Renditen, während Aktien sehr hohe positive Renditen aufweisen, und umgekehrt [SOLDOFSKY-MILLER 1969, bes. S. 445].

Ergänzende und vertiefende Literatur zu Abschnitt 2.4:
JOHNSON 1967.
SOLDOFSKY-MILLER 1969.
STÜTZEL 1970.
VAN HORNE 1970.
WILDHAGEN 1967.

3. Die Strukturierung des Fremdkapitals

Im Abschnitt 2 wurden die steuerlichen Regelungen und das Risiko finanzieller Schwierigkeiten als Einflußgrößen des optimalen Verschuldungsgrads analysiert, ohne auf die besonderen Formen der Fremdfinanzierung und besondere Finanzierungsanlässe einzugehen. Lediglich die Unterscheidung zwischen lang- und kurzfristigen Krediten und die gesonderte Behandlung von Lieferantenkrediten war hinsichtlich mancher Problemstellungen unumgänglich. In diesem Kapitel wird nach grundsätzlichen Bemerkungen über das Verhalten der Kreditgeber und aus diesem Verhalten resultierende Finanzierungsusancen in Abschnitt 3.1 ein Überblick über die Sicherungsformen und die ihnen entsprechenden Kreditformen in Abschnitt 3.2 und über sonstige Kreditformen einschließlich kreditersetzender Maßnahmen (Leasing, Factoring, Rückstellungen) in Abschnitt 3.3 gegeben. Abschnitt 3.4 enthält eine Analyse der besonderen Probleme der Strukturierung des Fremdkapitals bei stochastisch und saisonal schwankendem Kapitalbedarf. In Abschnitt 3.5 wird zusammenfassend das Kreditpotential der Unternehmung in Abhängigkeit von der Struktur des Vermögens der Unternehmung und von der Kreditfristigkeit behandelt, um abschließend die Ergebnisse der Abschnitte 2 und 3 über das optimale Fremdkapitalvolumen und die optimale Fremdkapitalstruktur zusammenzustellen.

3.1 Grundsätzliche Erwägungen zum Verhalten der Kreditgeber

Es wird erstens auf die Frage eingegangen, inwieweit die Gläubiger die Kreditentscheidungen an dem erwarteten Ertragswert der Unternehmung, an der Wahrscheinlichkeitsverteilung der Entwicklung des Ertragswertes der Unternehmung, an den Buchwerten der Vermögensgegenstände oder an den Liquidationswerten der Vermögensgegenstände ausrichten (sollten). Zweitens soll zum Sicherungsbedürfnis der Gläubiger Stellung genommen werden.

In Abschnitt 2 wurde abgeleitet, daß die von den Gläubigern erwartete Rendite abhängt von der Wahrscheinlichkeit, mit der die kreditnehmende Unternehmung in finanzielle Schwierigkeiten gerät, und den in diesen Fällen sich ergebenden Vergleichs- und Konkursquoten. Wenn von Sicherungsmöglichkeiten zunächst abgesehen wird, so kann die *Wahrscheinlichkeit finanzieller Schwierigkeiten* weder an den Buchwerten, noch an den Liquidationswerten, noch an dem erwarteten Ertragswert der Unternehmung gemessen werden. Ausschließlich die Wahrscheinlichkeitsverteilung der künftigen Ertragswertentwicklung im Zusammenhang mit dem Verschuldungsgrad und der Fähigkeit der Unternehmungsleitung, Zahlungsfähigkeit aufrechtzuerhalten, gibt Hinweise auf die Wahrscheinlichkeit unüberwindbarer finanzieller Schwierigkeiten. Die in der betriebswirtschaftlichen Literatur häufig formulierte Forderung, die Kreditgeber mögen sich bei Kreditentscheidungen an dem (erwarteten) Ertragswert der Unternehmung orientieren, ist daher völlig unbegründet. Sie übersieht, daß die Gläubiger nicht an den Chancen der Unternehmung, sondern nur an den Risiken von Fehlentwicklungen „beteiligt" sind und daher für sie nur von Interesse sein kann, mit welcher

Wahrscheinlichkeit Fehlentwicklungen eintreten, die zum Verlust von Forderungen führen können. Nur der mögliche Kreditverluste signalisierende Teil der Wahrscheinlichkeitsverteilung der Entwicklung des Ertragswertes einer Unternehmung ist für die Kreditgeber von Interesse. Es verwundert daher nicht, daß Kreditgeber bei Behandlung von Kreditansuchen in steigendem Ausmaß zu prognostizieren versuchen, inwieweit bei Eintritt ungünstiger wirtschaftlicher Verhältnisse Rückzahlung und Zinsendienst des zu gewährenden Kredits gewährleistet sind. Daraus ist auch erklärbar, daß der maximale Verschuldungsgrad (gemessen am Buchwert des Vermögens) von Unternehmungen mit im Verhältnis zu den Buchwerten niedrigen Ertragswerten (energieerzeugende Unternehmen, Wohnbauunternehmen) viel größer sein kann als derjenige von Unternehmungen mit im Verhältnis zu den Buchwerten zeitweise sehr hohen Ertragswerten (chemische Industrie). Das Risiko einer Minderung der Ertragswerte im Zeitablauf ist im letzteren Fall bedeutend höher.

Die Wahrscheinlichkeit der Minderung des Ertragswertes einer Unternehmung beeinflußt aber nicht nur das maximale Kreditvolumen, sondern auch die Kreditbedingungen. Bei Gewährung langfristiger Kredite und bedeutsamem Risiko der Ertragswertminderung im Zeitablauf werden Gläubiger an einer ratenweisen Kreditrückzahlung interessiert sein, um das Risiko von Forderungsverlusten gegebenenfalls zu mindern. Ist eine positive Entwicklung des Ertragswertes der Unternehmung zu verzeichnen, so kann darauf mit der Gewährung zusätzlicher Kredite oder einer Änderung der Kreditbedingungen reagiert werden. Die Vereinbarung von ratenweisen Kreditrückzahlungen ermöglicht es dem Kreditgeber zudem, bei finanziellen Schwierigkeiten der Unternehmung eher Konkurs herbeizuführen.

Die Kreditgeber sind aber nicht nur an der Wahrscheinlichkeit finanzieller Schwierigkeiten interessiert, sondern auch daran, mit welchen Zahlungen sie im Falle des Konkurses oder Vergleichs der Unternehmung rechnen können. Für die Quantifizierung der Konkursquote sind weder Ertragswerte noch Buchwerte von Bedeutung, sondern allein die Liquidationswerte der Vermögensgegenstände, die sich bei den in Frage kommenden Konkursterminen im Eigentum der Unternehmung befinden. Die Liquidationswerte sind zwar keineswegs sichere Ansätze, sie hängen von der wirtschaftlichen Entwicklung, z. B. dem technischen Fortschritt, und davon ab, ob im Konkursfall eine Gesamtveräußerung des Vermögens oder nur Einzelveräußerungen der Vermögensgegenstände gelingt. Eine Zusammenstellung der Vermögensgegenstände der Unternehmung zu erwarteten Liquidationspreisen würde dennoch eine bessere Informationsgrundlage für die Gläubiger abgeben als ein nach gegenwärtig herrschenden Bewertungsregeln erstellter Jahresabschluß oder eine Ertragswerte ausweisende Bilanz. Die gegenwärtigen Bewertungsregeln erlauben es gerade Unternehmungen mit ungünstiger wirtschaftlicher Entwicklung durch den Ansatz relativ langer Abschreibungsdauern Gegenstände des Anlagevermögens mit weit über den Liquidationswerten liegenden Ansätzen zu bewerten.

Die Analyse zeigt, daß nicht nur die in der neueren betriebswirtschaftlichen Literatur häufig erhobene Forderung, die Kreditgeber mögen sich am erwarteten Ertragswert der Unternehmung orientieren, sondern auch die in der älteren betriebswirtschaftlichen Literatur formulierten *Finanzierungsregeln* an den Interessen der Gläubiger vorbeigehen. Man unterscheidet horizontale und vertikale Finanzierungsregeln. *Horizontale Finanzierungsregeln* fordern bestimmte Zusammenhänge zwischen Vermögens- und Kapitalstruktur bezüglich der Fristigkeit der Vermögensgegenstände und Kapitalteile: Langfristig gebundenes Vermögen ist durch eigene Mittel (bei strenger Auffassung) oder durch eigene Mittel plus langfristige Kredite (bei weniger strenger Auffassung) zu decken, kurzfristig gebundenes Vermögen kann durch kurzfristige Kredite finanziert werden. Zum langfristig gebundenen Vermögen werden das Anlagevermögen, oft auch die langfristig gebundenen Bestände des Umlaufvermögens gezählt. Letztere werden etwa in der „banker's rule" mit 50% des Umlaufvermögens festgesetzt. Im „acid test" werden alle Umlaufvermögensbestände außer den liquiden Mitteln, den Wechseln und den Debitoren zum langfristig gebundenen Vermögen gerechnet.

Die Regeln der „fristenkongruenten" Finanzierung orientieren sich weder an den Interessen der Anteilseigner noch an jenen der Kreditgeber. Kostenunterschiede zwischen eigenen Mitteln, lang- und kurzfristigen Krediten und steuerliche Einflußgrößen werden ebenso unvollkommen beachtet wie das Risiko finanzieller Schwierigkeiten, das ja nicht nur von der Art der Finanzierung, sondern auch vom Investitionsrisiko abhängt.

Vertikale Finanzierungsregeln normieren das Verhältnis Eigen- zu Fremdkapital (z. B. 2:1 oder 1:1), ohne die Vermögensstruktur zu beachten. Diese Regeln sind obigen Einwänden noch stärker ausgesetzt als die horizontalen Grundsätze. Zu wenig an den speziellen Risiken der Unternehmung sind auch Regeln ausgerichtet, die formulieren, daß die Zinsaufwendungen einen bestimmten Prozentsatz des erwarteten oder in den letzten Jahren erzielten Jahresgewinns oder die Verbindlichkeiten ein bestimmtes Vielfaches des durchschnittlichen Cash-flow nicht übersteigen dürfen.

Als Bestimmungsgründe für das Verhalten der Kreditgeber wurden somit das Risiko finanzieller Schwierigkeiten der kreditnehmenden Unternehmung und die im Konkurs- und Vergleichsfall realisierbaren Quoten festgestellt.

Bei der Quantifizierung dieser Bestimmungsgründe muß jeder Gläubiger einer nicht vollständig gesicherten Forderung im Auge behalten, daß seine Position durch drei Gruppen von Maßnahmen verschlechtert werden kann: erstens durch Vermögensverschleuderung seitens der Unternehmungsleitung, um den Eintritt der ansonsten drohenden Zahlungsunfähigkeit hinauszuzögern; zweitens durch Versuche, Vermögen den Gläubigern zu entziehen und in die Hände der Gesellschafter gelangen zu lassen; und drittens durch weitere Kreditaufnahmen, die die Konkurs- bzw. Vergleichswahrscheinlichkeit erhöhen und/oder die Quoten der bisherigen Gläubiger im Konkurs- bzw. Vergleichsfall mindern, vor allem wenn diese Kredite bevorrechtigt sind. Die Gläubiger werden daher bestrebt sein, sich vor derartigen Minderungen des Forderungswertes zu schützen, sei es durch die Vereinbarung einer Negativklausel (siehe unten) oder von Mitspracherechten, sei es durch *Kreditsicherungen* [vgl. dazu KRÜMMEL 1964, S. 179; SWOBODA 1972].

In diesem Zusammenhang ist daran zu erinnern, daß das Theorem von MODIGLIANI-MILLER u. a. nur gilt, wenn die Transaktionskosten der Eigen- und Fremdfinanzierung gleich sind. Insofern durch die Kosten der Sicherung die Transaktionskosten der Fremdfinanzierung höher werden als diejenigen der Eigenfinanzierung, ergibt sich eine Tendenz zur Förderung der Eigenfinanzierung.

Anzumerken ist ferner, daß Kosten der Sicherung bei Beschränkung auf nur einen Gläubiger — eine Hausbank — bei nicht zu hoher Verschuldung gespart werden können, jedoch der Nachteil der größeren Abhängigkeit von diesem Gläubiger akzeptiert werden muß. Was hinsichtlich der Kosten für Sicherstellungen ausgeführt wurde, gilt analog für die Nachteile aus vertraglichen Einschränkungen des Entscheidungsspielraums der Unternehmung oder für eine Risikoprämie, die der Gläubiger wegen der Möglichkeit der Bevorzugung anderer Gläubiger oder einer Erhöhung des Verschuldungsgrades im Zinsfuß verrechnet.

Auf neuere Untersuchungen über die Möglichkeiten, Bonitätsprüfungen auf finanzwirtschaftliche *Kennzahlen* abzustützen, sei hier nur hingewiesen [z. B. ALTMAN 1968, BEAVER 1968, JOHNSON 1970, WEIBEL 1970].

Ergänzende und vertiefende Literatur zu Abschnitt 3.1:
GUTENBERG 1969, S. 272–296.
HÄRLE 1961.
OETTLE 1966, S. 197–236.
SCHACHT 1971.
SCHNEIDER 1970, S. 459–473.

3.2 Formen der Kreditsicherung und ihnen entsprechende Kreditformen

In diesem Abschnitt wird ein Überblick über die Möglichkeiten gegeben, die den Gläubigern zur Eliminierung oder zur Einschränkung des Kreditrisikos zur Verfügung stehen. Die den Sicherungsmöglichkeiten direkt entsprechenden Kreditformen werden mitbehandelt. Der Abschnitt baut auf der umfangreichen, die Finanzierungsformen beschreibenden Literatur auf, deren wichtigste in Anschluß an diesen Abschnitt angegeben ist. Details und weitere Literaturhinweise sind diesen Publikationen zu entnehmen. Sonderformen der Export- und Importfinanzierung werden nicht behandelt. Auf die Problematik eines allgemeinen Sicherungsguts und auf besondere Sicherungsanforderungen spezieller Kreditgeber wird im Anschluß an die Beschreibung der Sicherungsformen eingegangen.

3.2.1 Einschränkungen der Dispositionsmöglichkeiten des Schuldners

Zu den vielfältigen möglichen vertraglichen Vereinbarungen zwischen Gläubigern und Schuldnern zählen insbesondere das Verbot der Veräußerung wichtiger Teile des Anlagevermögens ohne Zustimmung des Gläubigers und die *Negativklausel*. Durch sie verpflichtet sich der Schuldner gegenüber einem Gläubiger, keinem anderen Gläubiger Sicherheiten zu gewähren, ohne die Forderung des ersteren Gläubigers in gleicher Weise sicherzustellen. Weiter kann die Aufrechterhaltung eines Mindest-Eigenkapitalanteils am Gesamtkapital oder die Befolgung irgendeiner anderen Finanzierungsregel vereinbart werden.

3.2.2 Kautionswechsel

Durch die Akzeptierung eines oft undatierten Schuldwechsels (Kautionswechsel, Depotwechsel) unterwirft sich der Schuldner den Vorschriften des Wechselgesetzes und erhöht somit für den Gläubiger die Wahrscheinlichkeit, die Forderung im Falle finanzieller Schwierigkeiten des Schuldners rasch und vollständig einzutreiben. Kautionswechsel sind insofern keine erstklassige Sicherstellung, als kein Dritter für die Einlösung des Wechsels haftet und wechselrechtlich gesicherte Forderungen im Konkurs- und Vergleichsfall nicht bevorrechtigt sind.

3.2.3 Der Eigentumsvorbehalt

Der Lieferant von beweglichen Gegenständen des Anlagevermögens, Rohstoffen, Handelswaren kann seine Forderung durch Vereinbarung eines Eigentumsvorbehaltes bis zur völligen Bezahlung des Kaufpreises sichern.

Unter Eigentumsvorbehalt verkaufte Gegenstände sind im Konkurs- und Vergleichsfall aussonderungsberechtigt. Der Eigentumsvorbehalt erlischt grundsätzlich bei Verarbeitung oder Weiterverkauf der betreffenden Gegenstände, es sei denn, es wird ein sogenannter *verlängerter Eigentumsvorbehalt* vereinbart. Der verlängerte Eigentumsvorbehalt sieht vor, daß für den Fall der Veräußerung des betreffenden Gegenstands die entstehende Kaufpreisforderung als an den Lieferanten abgetreten gilt, oder daß für den Fall der Weiterverarbeitung des Gegenstands das Eigentum an dem entstehenden Produkt auf den Lieferanten übergeht. Selbst der verlängerte Eigentumsvorbehalt gewährleistet keine vollständige Sicherung der Lieferantenkredite, wenn nicht sichergestellt werden kann, daß die Lieferantenkredite tatsächlich aus dem Verkaufserlös der mit Eigentumsvorbehalt gekauften Gegenstände getilgt werden.

Durch Eigentumsvorbehalt werden *Lieferungskredite* gesichert. Lieferungskredite sind die wichtigste Form des Lieferantenkredits. (Eine weitere Ausprägung des Lieferantenkredits, der Ausstattungskredit, soll hier nicht weiter verfolgt werden. Ausstattungskredite sind Kredite der Lieferanten von Rohstoffen oder Handelswaren an ihre Kunden zur Anschaffung von Gegenständen des Anlagevermögens, z. B. Kredite von Mineralölfirmen an Tankstelleneigner zur Anschaffung von Tankstelleneinrichtungen.) Lieferungskredite sind insofern verzinslich, als bei Barzahlung der Lieferantenrechnungen zumeist ein Skonto gewährt wird. Die Klausel: 2% Skonto bei Zahlung innerhalb einer Woche, netto Kassa bei Zahlung innerhalb von vier Wochen, entspricht einem Zinssatz von 0,0204 (der tatsächliche Kreditbetrag ist nur 98%) für drei Wochen oder einem Jahreszinssatz von 0,354. Wenn der Lieferant trotz dieser Klausel spätere Zahlungstermine akzeptiert, ist der Jahreszinssatz entsprechend geringer. Lieferungskredite haben aber gegenüber Bankkrediten den Vorteil, daß Kreditwürdigkeitsprüfungen und teure Sicherstellungen und damit Transaktionskosten entfallen, und daß sie keine Hinzurechnungsposten bei der Gewerbesteuer bilden. Vor allem aber ist zu bedenken, daß die Lieferanten im Falle finanzieller Schwierigkeiten, wie in den Abschnitten 2.1 und 2.2 gezeigt, eher mit den Interessen des Schuldners konform gehen als andere Gläubiger. Lieferantenkredite sind daher für die Unternehmungen nicht so riskant wie andere kurzfristige Kredite. Die Bilanzen der Unternehmungen demonstrieren, daß den Lieferantenkrediten trotz der hohen Zinskosten große Bedeutung zukommt.

3.2.4 Pfandrechte

Die Verpfändung eines unbeweglichen oder beweglichen Gegenstands gibt dem Kreditgeber die Möglichkeit, im Falle der Uneinbringlichkeit der Forderung das Pfand im Rahmen der gesetzlichen Vorschriften zu verwerten und sich aus dem Verwertungserlös schadlos zu halten. Verpfändete Güter sind im Konkursfall Absonderungsgüter.

Hinsichtlich der Formen der *Grundpfandrechte*, so insbesondere der Unterscheidung in Hypotheken und Grundschulden und der vielfältigen Formen der Hypotheken, sei auf die Literatur verwiesen [bes. HAGENMÜLLER 1970, S. 37ff., STIER 1970, S. 49ff., VORMBAUM 1971, S. 172ff.]. Die kreditnehmende Unternehmung wird trachten, Grundpfandrechte in einer Weise zu gewähren, die eine möglichst vollständige Auslastung des Sicherungspotentials der Grundstücke auch bei Wertänderungen der Grundstücke gewährleistet, und die es erlaubt, bei Gläubigerwechsel — etwa durch Kreditrückzahlungen und Neuaufnahme von Krediten — Grundpfandrechte ohne hohe Transaktionskosten auf andere Gläubiger zu übertragen. Das letztere Erfordernis erfüllen insbesondere *Eigentümerbriefgrundschulden:* Der Eigentümer läßt eine Grundschuld in Form von Grundschuldbriefen auf seinen Namen ausstellen. Die Briefe können sodann an die Gläubiger zu Sicherungszwecken übertragen werden. Es empfiehlt sich, das Nominale der Briefe entsprechend den geplanten Tilgungsraten der Kredite festzusetzen. Bei Tilgungen kann dann ein der Tilgungsquote entsprechender Grundschuldbrief vom Gläubiger an den Schuldner rückübertragen und von diesem für weitere Sicherstellungen verwendet werden. Voraussetzung ist die Vereinbarung eines *Gleichrangrahmens* mit dem (den) ursprünglichen Gläubiger(n), der die Obergrenze bestimmt, bis zu der das jeweilige Grundstück zu einer gleichrangigen Sicherung herangezogen werden darf. Um Wertänderungen des Grundpfands durch Preisänderungen oder Investitionen, die zu Bestandteilen des Grundstücks werden, berücksichtigen zu können, ist die Vereinbarung eines gleitenden Gleichrangrahmens von Nutzen. Der Gleichrangrahmen wird hier einvernehmlich bzw. durch Sachverständigengutachten an die jeweilige Wertentwicklung angepaßt.

Die *Beleihungswerte und -grenzen von Grundstücken* hängen vom Kreditgeber ab. Im allgemeinen wird der Grundstückswert aus den Marktpreisen (unter Berücksichtigung der Erschließung, der Verkehrsverhältnisse usw.) und der Gebäudewert durch Schätzung des Sachwertes bzw. Reproduktionswertes und Ertragswertes, und Bildung des arithmetischen Mittels zwischen beiden Werten ermittelt. Die Ermittlung eines Ertragswertes ist aber nur möglich, wenn Gebäuden isoliert Erträge zugerechnet werden können, wie z.B. bei Mietgebäuden. Forderungen in der Literatur, die Kreditgeber mögen die Beleihungswerte betrieblich genutzter Grundstücke stärker an den Ertragswerten ausrichten [STIER 1970, S. 139f.] gehen daher fehl. Auch in den wenigen Fällen, wo für ein betrieblich genutztes Grundstück ein isolierter Ertragswert errechnet werden kann, ist er für den Kreditgeber bedeutungslos, es sei denn, er entspricht dem Liquidationswert. —

Der Sachwert wird durch das Indexverfahren oder durch das Abschlagsverfahren ermittelt. Bei einer Variante des Indexverfahrens wird die Anzahl der Kubikmeter umbauten Raums mit den für die betreffende Gebäudeart relevanten Baukosten eines Basisjahres bewertet und dieser Wert wird mittels eines den Kreditinstituten von der Aufsichtsbehörde genehmigten Index (der im Vergleich zum tatsächlichen Baukostenindex relativ niedrig ist) aktualisiert; es gibt aber noch andere Varianten. Beim Abschlagsverfahren wird von den tatsächlichen Herstellungskosten ein Abschlag von z.B. 25% vorgenommen. Letzteres Verfahren kommt vor allem für neue Gebäude in Betracht. — Von dem errechneten Sachwert bzw. Mittelwert zwischen Sach- und Ertragswert für neuwertige Gebäude werden die der bisherigen Nutzungsdauer entsprechenden Abschreibungen abgesetzt.

Die Beleihungsgrenze ist nun ein bestimmter Prozentsatz des so ermittelten Grundstücks- und Gebäudewertes, der für betrieblich genutzte Grundstücke im allgemeinen 50–60% nicht überschreitet, häufig auch bedeutend niedriger liegt [vgl. VORMBAUM, S. 217–221, vgl. Abschnitt 3.2.10]. Je höher die Beleihungsgrenze ist, desto größer wird das Kreditrisiko und desto eher wird der Kreditgeber versuchen, den ungedeckten Teil des Kreditrisikos durch einen höheren Zinssatz zu kompensieren.

Wegen der hohen Transaktionskosten werden zumeist nur langfristige Kredite wie Anleihen und Schuldscheindarlehen, oder kurzfristige Kredite, deren ständige Erneuerung beabsichtigt wird, wie z.B. Kontokorrentkredite, durch Grundpfandrechte gesichert. Auf diese Kreditformen, die grundsätzlich auch anders gesichert werden können, wird in Abschnitt 3.3 eingegangen. Langfristige, durch Grundpfandrechte gesicherte Kredite, die nicht zu den Anleihen und Schuldscheindarlehen zählen, werden als *Hypothekarkredite* bezeichnet.

Zur Kreditsicherung können auch *Pfandrechte an beweglichen Vermögensgegenständen* herangezogen werden. Da die Verpfändung eine Übergabe der betreffenden Gegenstände an den Kreditgeber voraussetzt, bieten sich hauptsächlich Wertpapiere, daneben auch Waren als Pfandobjekte an. Die Beleihungsgrenzen von Wertpapieren sind unterschiedlich. Sparkassen dürfen mündelsichere Inhaberschuldverschreibungen (Pfandbriefe) bis zu 80%, sonstige Inhaberschuldverschreibungen und an einer deutschen Börse gehandelte Aktien bis zu 60% beleihen. Die Beleihungsgrenzen privater Bankinstitute sind meist höher [HAGENMÜLLER 1970, S. 102f.].

Durch Verpfändung beweglicher Gegenstände gesicherte Kredite heißen *Lombardkredite*. Echte Lombardkredite sind — nicht nur formell — kurzfristig und lauten über einen bestimmten Betrag, der in einer Summe ausge-

zahlt wird [HAGENMÜLLER 1970, S. 101 f.]. Dadurch unterscheiden sie sich
etwa vom Kontokorrentkredit (vgl. Abschnitt 3.3.1). Unechte Lombardkredite sind sonstige, durch die Verpfändung beweglicher Gegenstände gesicherte Kredite, wie z. B. durch Effektenlombard gesicherte Kontokorrentkredite.

Dem Lombardkredit ähnlich sind die sogenannten *Pensionsgeschäfte*.
Ein Pensionsgeschäft liegt vor, wenn eine Unternehmung Vermögensgegenstände, zumeist Wertpapiere, einem Bankinstitut veräußert und gleichzeitig
die Verpflichtung zum Rückkauf zu einem festgesetzten Preis und Termin
übernimmt. Die Differenz zwischen Rückkaufpreis und Kaufpreis umfaßt
die vom Bankinstitut geforderten Zinsen. Pensionsgeschäfte entsprechen
Lombardkrediten mit einer Beleihungsgrenze von 100% und sind somit für
den Käufer (Kreditgeber) risikoreicher als Lombardkredite. Pensionsgeschäfte werden daher seitens der Banken nur für außergewöhnlich potente
Kunden durchgeführt und haben meist weniger eine Kreditgewährung als
die Beeinflussung des Bilanzbildes (z. B. Verschleierung von Beteiligungs-
verhältnissen) zum Zweck.

3.2.5 Die Sicherungsübereignung

Bei der Sicherungsübereignung erwirbt der Kreditgeber das Eigentum
an den der Kreditsicherung dienenden (beweglichen) Gegenständen, überläßt
diese Gegenstände jedoch im Rahmen eines Besitzkonstituts (Mietvertrag,
Verwahrungsvertrag usw.) dem Kreditnehmer zur Benutzung. Die Sicherungsübereignung begründet im Konkursfall ein Absonderungsrecht. Die
Sicherungsübereignung ermöglicht es somit dem Schuldner im Gegensatz
zum Pfandrecht, die betreffenden Gegenstände als Produktionsfaktoren einzusetzen. Daher ist der Kreditgeber nach allgemeiner Auffassung bei einer
Sicherungsübereignung — trotz Erwerb des Eigentums — c. p. weniger gesichert als bei einer Verpfändung; er hängt in starkem Maß vom Wohlver-
halten des Kreditnehmers ab. Bei Veräußerung eines sicherungsübereigneten
Gegenstandes seitens des Kreditnehmers an einen gutgläubigen Dritten hat
der Kreditgeber keinen Herausgabeanspruch an den Dritten. — Es existieren keine gesonderten Rechtsvorschriften für die Sicherungsübereignung,
sie ist nach den Regelungen des BGB über das Eigentum, die Leihe usw.
durchzuführen. Allerdings kann auf einige höchstrichterliche Entscheidungen zurückgegriffen werden.

Sicherungsübereignet werden Maschinen, Gegenstände der Betriebs- und
Geschäftsausstattung und in manchen Fällen auch Waren. Für die Wirk-
samkeit einer Sicherungsübereignung ist eine eindeutige vertragliche Kennzeichnung der übereigneten Gegenstände erforderlich. Dies ist insbesondere

bei Warenlagern mit hoher Umschlagshäufigkeit schwierig. Hier hat sich
in der Praxis der sogenannte Raumsicherungsvertrag (Bassinvertrag) heraus-
gebildet, der zum Inhalt hat, daß alle in einem bestimmten Raum sich befindlichen Gegenstände als übereignet gelten. Bei der Sicherungsübereignung
von Waren muß sich der Kreditgeber selbstverständlich mit dem Verkauf der
Waren bzw. ihrer Abfassung für Produktionszwecke einverstanden erklären.
— Die Beleihungsgrenzen für sicherungsübereignete Gegenstände sind sehr
unterschiedlich, sie hängen wesentlich von den voraussichtlichen Liquidationspreisen der Gegenstände ab.

Es existiert keine Kreditform, deren Bezeichnung sich aus der Sicherungs-
übereignung ableitet. Durch Sicherungsübereignung werden langfristige
Bankkredite (z. B. von Investitionskreditinstituten), selten Anleihen oder
Schuldscheindarlehen gesichert.

3.2.6 Die Indossierung von Besitzwechseln

Zur Sicherung von Verbindlichkeiten können dem Kreditgeber auch Besitzwechsel indossiert werden, aus deren Eingang die Verbindlichkeiten (teilweise) rückgezahlt werden können. Der Kreditgeber ist hier nicht nur durch
die wechselrechtliche Haftung des Kreditnehmers, sondern primär durch
das Zahlungsversprechen des Wechselschuldners und eventuell durch die
Unterschriften weiterer Indossanten gesichert.

Häufig wird die Indossierung eines Besitzwechsels an eine Bank direkt mit
einer Kreditgewährung seitens der Bank verbunden. Ein solcher Kredit
heißt *Wechseldiskont- oder Diskontkredit*. Der Kreditgeber schreibt dem
Kreditnehmer das Wechselnominale abzüglich Zinsen für die Restlaufzeit
des Wechsels und abzüglich Inkassospesen gut, zur Sicherstellung dient der
Wechsel mit dem wechselrechtlich gesicherten Zahlungsversprechen des
Akzeptanten und der Haftung des Kreditnehmers. Nach herrschender, nicht
unbestrittener Meinung liegt hier allerdings keine Kreditgewährung, sondern
ein Ankauf des Besitzwechsels seitens des „Kreditgebers" vor. Die übliche
Buchungstechnik folgt dieser Anschauung, indem der Besitzwechsel nach
Diskontierung ausgebucht und die Haftung in der Bilanz nur unter dem
Strich vermerkt wird. Wirtschaftlich gesehen stellt die Diskontierung des
Wechsels jedoch eine Kreditierung verbunden mit einem Inkassoauftrag dar,
und zwar infolge der Haftung des Kreditnehmers.

3.2.7 Die sicherungsweise Abtretung von Forderungen

Die sicherungsweise Abtretung einer Forderung (= Zession) verschafft
dem Kreditgeber die Rechtsstellung eines Gläubigers und ist daher für diesen
günstiger als die ebenfalls mögliche Verpfändung einer Forderung. Man un-

terscheidet *stille Zessionen* und *offene Zessionen*. Stille Zessionen werden dem Schuldner nicht angezeigt. Sie werden von den Kreditnehmern den offenen Zessionen im allgemeinen aus der Erwägung vorgezogen, daß Abtretungsanzeigen dem Ruf der Unternehmung schaden könnten. Die stille Zession hat allerdings für den Kreditgeber den Nachteil, daß der Schuldner mit befreiender Wirkung auch direkt an den Kreditnehmer zahlen kann. Dies kann durch einen Vermerk auf der Faktura, nur an ein bestimmtes Bankinstitut zu zahlen, oder auch durch die Angabe nur eines Bankkontos auf der Faktura weitgehend verhindert werden. Zur besseren Sicherstellung lassen sich Kreditgeber bei stiller Zession häufig Blanko-Abtretungsanzeigen übergeben, die sie erforderlichenfalls aussenden können.

Da die Abtretung sicherungshalber erfolgt, bleibt die Forderung des Kreditgebers an den Kreditnehmer ebenso wie die Forderung des Kreditnehmers an seine Schuldner bestehen (im Gegensatz zum Forderungsverkauf beim Factoring, vgl. Abschnitt 3.3.4).

Das Volumen abtretbarer Forderungen wird durch die wenig bedeutsamen gesetzlichen Abtretungsverbote, vor allem aber durch *vertragliche Abtretungsverbote* eingeschränkt. Letztere werden in den Geschäftsbedingungen großer Industrieunternehmungen, aber auch öffentlicher Verwaltungen häufig ausgesprochen. Auch ist vom Kreditgeber zu beachten, ob Forderungen nicht schon anderweitig abgetreten sind. Diesbezüglich ist vor allem der verlängerte Eigentumsvorbehalt von Interesse (vgl. Abschnitt 3.2.3). Da gemäß dem von der Rechtsprechung herausgearbeiteten Grundsatz der Priorität von mehreren Abtretungen einer Forderung nur die zeitlich erste wirksam ist, geht die Forderungsabtretung im Rahmen eines verlängerten Eigentumsvorbehalts der Forderungsabtretung nach Entstehen der Forderung vor. Denn der verlängerte Eigentumsvorbehalt sieht vor, daß für den Fall der Veräußerung des betreffenden Gegenstands die entstehende Kaufpreisforderung als an den Lieferanten abgetreten gilt. Der verlängerte Eigentumsvorbehalt kann jedoch durch eine sogenannte *Globalzession* unwirksam gemacht werden. In einem Globalzessionsvertrag wird vereinbart, daß sämtliche Forderungen der Unternehmung an namentlich oder örtlich bestimmte Kunden, die bestehen oder in einem bestimmten Zeitraum entstehen werden, an den Kreditgeber abgetreten sind. Soweit der Globalzessionsvertrag *vor* Vereinbarung des verlängerten Eigentumsvorbehalts abgeschlossen wird, geht die Zession aufgrund des Globalzessionsvertrags der Zession aufgrund des verlängerten Eigentumsvorbehalts vor [zu Einschränkungen dieser Rechtsauffassung vgl. HEIDLAND 1970]. Neben Einzel- und Globalzessionen existieren *Mantelzessionen*. Gemäß Mantelzessionsvertrag hat der Kreditnehmer laufend Forderungen in Höhe eines vom jeweiligen Kreditvolumen abhängigen Gesamtbetrags an den Kreditgeber abzutreten. Da die Forderungen einzeln nach Ihrer Entstehung abgetreten werden, geht der verlängerte Eigentumsvorbehalt den Zessionen im Rahmen eines Mantelvertrags vor.

Technisch erfolgt die Abtretung von Einzelforderungen und von Forderungen im Rahmen eines Mantelzessionsvertrags durch Übersendung von Rechnungskopien und/oder Debitorenlisten. Bei der Globalzession ist der Kreditgeber bereits zum Zeitpunkt der Entstehung der Forderung Berechtigter dieser Forderung. Dennoch erfolgt auch hier zur Information des Kreditgebers zumeist eine Übersendung von Rechnungskopien oder Debitorenlisten.

Die Beleihungsgrenze der Forderungen wird zumeist mit 70–80% vereinbart. Dazu kommt bei Mantelzessionen ein Zuschlag für die sukzessive Abnahme der Forderungsbestände durch Zahlungen, weil ja der Bestand an zedierten Forderungen nicht täglich exakt angepaßt werden kann. Bei Globalzessionen muß beachtet werden, daß die Forderungen an den betreffenden Kundenkreis schwanken können. Der Kundenkreis muß daher so vereinbart sein, daß auch in Perioden geringer Forderungsausstände das Kreditvolumen entsprechend der festgelegten Beleihungsgrenze gedeckt ist. Durch die Globalzession ist daher im Durchschnitt ein größerer Forderungsbestand gebunden als durch die Mantelzession.

Einzelzessionen sind nur zur Sicherung tatsächlich kurzfristiger Kredite üblich. Solche Kredite heißen *Zessionskredite*. Falls formell kurzfristige, aber jeweils zu erneuernde Kredite durch Forderungsabtretungen gesichert werden sollen (z. B. Kontokorrentkredite), werden in der Regel Mantel- oder Globalzessionsverträge abgeschlossen. Zessionen sind als Kreditsicherung für langfristige Kredite kaum geeignet, da bei schwerwiegenden finanziellen Schwierigkeiten der Forderungszugang und damit das Sicherungsausmaß stark abnehmen kann. Es ist zwar möglich, für solche Fälle ein Kündigungsrecht des Gläubigers vertraglich zu vereinbaren, doch wird die Kündigung häufig nicht so rechtzeitig erfolgen können, daß Kreditverluste vermieden werden.

3.2.8 Bürgschaften und Akzepte

Man unterscheidet Ausfallbürgschaften und selbstschuldnerische Bürgschaften. Bei letzteren steht den Bürgen die Einrede der Vorausklage des Schuldners nicht zu. Daher wird die selbstschuldnerische Bürgschaft von den Kreditgebern bevorzugt. In folgenden Fällen sind Bürgschaften als Mittel der Kreditsicherung von Bedeutung, wenn von Bürgschaften aus verwandtschaftlichen oder freundschaftlichen Gründen abgesehen wird.

Durch Bürgschaften von Anteilseignern für Verbindlichkeiten von Kapitalgesellschaften wird die beschränkte Anteilseignerhaftung insoweit aufgehoben und das Verschuldungspotential der Gesellschaft ebenso wie das Anteilseignerrisiko erhöht.

Manche Kreditgeber machen sich aufgrund ihrer starken Stellung oder ihrer weiten räumlichen Entfernung (z.B. ausländische Kunden, die an eine Unternehmung Anzahlungen leisten) nicht die Mühe einer Kreditwürdigkeitsprüfung bzw. einer Bestellung und Verwaltung von Sicherheiten. Sie fordern statt dessen Bürgschaften von erstklassigen Unternehmungen, vor allem von Kreditinstituten. So können Stundungskredite der Zollverwaltung, Frachtenstundungen der Deutschen Bundesbahn und Stundungen von Prozeßschulden durch Bankbürgschaften erreicht werden. Allerdings wird man in vielen Fällen jene Sicherheiten, auf die der eigentliche Kreditgeber zugunsten von Bürgschaften verzichtet, nun den Bürgen gewähren müssen. Das Sicherungspotential der Unternehmung wird somit durch solche Bürgschaften ebenso in Anspruch genommen wie durch gesicherte Kredite. Man bezeichnet daher solche Bankbürgschaften auch als Avalkredite oder Kreditleihe.

Wie schon aus Abschnitt 2.1.4 hervorgeht, kann das Kreditrisiko der Gläubiger und das Risiko finanzieller Schwierigkeiten der Unternehmungen durch Zusammenschluß zu *Kreditgarantiegemeinschaften*, die für die Verbindlichkeiten ihrer Mitglieder bürgen, verringert werden. Wenn solche Kreditgarantiegemeinschaften durch Rückbürgschaften öffentlicher Stellen unterstützt werden, werden ihre risikomindernden Effekte erhöht. Analoges gilt für gegenseitige Bürgschaften von Konzerngesellschaften.

Bürgschaften können auch wechselmäßig verbrieft sein, sei es, indem der Bürge den Wechsel als Schuldner zeichnet, oder ihn als Wechselbürge unterschreibt. Im ersten Fall spricht man von einem *Akzeptkredit* im zweiten Fall von einem *Wechselavalkredit*. Beide „Kreditformen" bedingen somit nicht, daß die Unternehmung direkt vom Akzeptanten oder Bürgen finanzielle Mittel erhält. Der etwa von einem Bankinstitut akzeptierte Wechsel kann aber bei diesem Bankinstitut oder einem anderen Kreditgeber diskontiert werden. Akzeptkredite sind im Rahmen dieses Buchs nicht von Interesse, weil sie nur erstklassigen, wenig verschuldeten Firmen gewährt werden, ohne daß dafür Sicherheiten gefordert werden. Für Bankbürgschaften oder Akzepte sind Provisionen zu entrichten, die risikoabhängig sind.

3.2.9 Die Problematik eines allgemeinen Sicherungsguts

Zuweilen wird erwogen [so von STIER 1970, S. 180ff.], alle Sicherheiten einer Unternehmung in einem von einem Treuhänder verwalteten Sicherungsgut zu vereinigen und alle Gläubiger mittels dieses Sicherungsguts anteilsmäßig zu sichern. STIER denkt dabei hauptsächlich an die Einbringung von Grundschulden, Sicherungsübereignungen und Pfandrechten an beweglichen Sachen. Forderungszessionen sollten nur zwischenzeitliche Bestandteile des Sicherungsguts sein, so bei neu gegründeten Betrieben. Ein allgemeines Sicherungsgut hätte den Vorteil, daß geringe Transaktionskosten entstehen, da Anpassungen im Falle eines Gläubigerwechsels oder infolge von Änderungen der Schuldbeträge entfallen. Weiter brauchen sich die Gläubiger nicht gegen die Bevorrechtigung anderer Gläubiger zu sichern. Gegen ein allgemeines Sicherungsgut spricht, daß unterschiedliche Gläubiger z.B. aufgrund von gesetzlichen Vorschriften ein unterschiedlich hohes Forderungsrisiko auf sich zu nehmen bereit sind (siehe Abschnitt 3.2.10). Man müßte die Zusammensetzung des Sicherungsguts und die Beleihungsgrenzen so festsetzen, daß sie den Anforderungen des vorsichtigsten Gläubigers gerade noch entsprechen, der für eine Kredithergabe gewonnen werden soll. Eine Kombination von Verbindlichkeiten mit unterschiedlichen Kreditrisiken und damit auch unterschiedlichen vereinbarten Zinssätzen wäre dann nicht mehr möglich.

Ansätze eines allgemeinen Sicherungsgutes liegen vor, wenn — durch Schaffung eines Gleichrangrahmens und Ausstellung von Grundschuldbriefen — mehrere Gläubiger gleichrangig hypothekarisch sichergestellt werden, oder wenn einige Gläubiger mit einem Schuldner einen gemeinsamen Sicherungsübereignungsvertrag unter Einschaltung eines Treuhänders abschließen.

3.2.10 Anforderungen unterschiedlicher Gläubigergruppen an die Kreditsicherung

Bei Finanzierungsentscheidungen ist dem Umstand Rechnung zu tragen, daß potentielle Gläubiger unterschiedliche Ansprüche an die Sicherung von Krediten stellen, die zum Teil gesetzlich oder durch Aufsichtsbehörden festgelegt sind. Insoweit Sicherungsanforderungen gesetzlich oder durch Aufsichtsbehörden festgelegt sind, besteht keine Substitutionsmöglichkeit zwischen Kreditsicherung und Höhe des Zinssatzes.

Wichtige potentielle Gläubiger für Industrieanleihen und -schuldscheindarlehen sind *Versicherungsgesellschaften*. Öffentliche Versicherungen, wie die Rentenversicherungen, Krankenversicherungen usw., dürfen ihre Vermögensgegenstände nur mündelsicher anlegen. Industrieanleihen sind in der Regel nur mündelsicher, wenn eine öffentliche Bürgschaft oder Garantie vorliegt. Öffentliche Versicherungen kommen daher praktisch nicht als Gläubiger privater Unternehmungen in Frage.

Private Lebensversicherungen und *Sachversicherungen* sind verpflichtet, Deckungsrückstellungen und ein diesen Rückstellungen entsprechendes Sondervermögen, den sogenannten Deckungsstock, zu bilden. Die Mittel des Deckungsstocks sind nach den Vorschriften des §68 Versicherungsaufsichtsgesetz anzulegen. § 68 erlaubt grundsätzlich die gleichen Anlagen, wie sie auch den öffentlichen Versicherungen gestattet sind, bestimmt aber in Abs. 3 Satz 2: „Die Aufsichtsbehörde kann gestatten, daß die Bestände des Deckungsstocks auch anders angelegt werden." Die Aufsichtsbehörde, das Bundesaufsichtsamt für das Versicherungs- und Bausparwesen (BVA), macht von dieser Genehmigung in bezug auf Industrieanleihen und -schuldscheindarlehen in großem Umfang Gebrauch. Allerdings muß eine Anleihe bzw. ein Schuldscheindarlehen bestimmte Mindesteigenschaften aufweisen, damit *Deckungsstockfähigkeit* zuerkannt wird. So wird verlangt, daß das Eigenkapital und das langfristige Fremdkapital des Schuldners mindestens dem Anlagevermögen entsprechen, daß das Verhältnis des Fremdkapitals zum Eigenkapital nicht 2:1 übersteigen soll, daß die Laufzeit des Kredits nicht länger als 15 Jahre betragen soll und daß erstklassige Sicherungen gewährt werden. Bezüglich der Sicherungen wird zumeist grundbücherliche Sicherung gefordert, wobei der Kredit 30–40% des Beleihungswertes nicht übersteigen darf. Hinsichtlich der Errechnung des Beleihungswertes werden bestimmte Anforderungen gestellt (vgl. Abschnitt 3.1), die in den Rundschreiben und Geschäftsberichten des BAV beschrieben sind. Zum Beleihungswert des der Kreditsicherung dienenden Grundvermögens zählt auch der Wert der Bestandteile und des Zubehörs. — Die Negativklausel wurde als ausreichende Sicherung nur bei Versorgungsunternehmungen, an denen die öffentliche Hand mit über 50% beteiligt ist, und bei außerordentlich potenten sonstigen Unternehmungen akzeptiert [REINBOTH 1965, S. 68f., S. 114ff., STAEHLE 1965, S. 159ff., STIER 1970, S. 89ff., VORMBAUM 1971, S. 224f.]. Im letzteren Fall wurde die Befolgung zusätzlicher Finanzierungsregeln gefordert, so z.B. im Chemiebereich der Regel, daß die Gesamtverbindlichkeiten der Unternehmung nicht das 3,5fache des durchschnittlichen Cash-flow der letzten Geschäftsjahre übersteigen dürfen [vgl. BISCHOFF 1972, S. 165ff.].

Auch verschiedene Formen von Kreditinstituten können unterschiedliche Sicherungsanforderungen stellen. Private Bankinstitute haben häufig höhere Beleihungsgrenzen für Wertpapierlombardkredite als Sparkassen. Investitionskreditbanken werden im allgemeinen geringere Ansprüche an die Besicherung von Investitionskrediten, jedoch höhere Zinsforderungen stellen als andere Kreditinstitute.

Ergänzende und vertiefende Literatur zu Abschnitt 3.2:
FINANZIERUNGSHANDBUCH 1970.
HAGENMÜLLER 1970, S. 15–161.
HANDBUCH DER UNTERNEHMENSFINANZIERUNG 1971.
STIER 1970.
VORMBAUM 1971, S. 154–222.

3.3 Einige weitere Kreditformen und kreditersetzende Instrumente

In Abschnitt 3.2 wurden diejenigen Kreditformen mitbesprochen, die mit einer bestimmten Sicherungsform fest verbunden sind (Hypothekarkredit, Lombardkredit, Wechselkredit, Akzeptkredit, Lieferantenkredit usw.). In diesem Abschnitt werden Kreditformen behandelt, die sehr unterschiedlich gesichert werden können (Kontokorrentkredit, Anleihen und Schuldscheindarlehen) und es werden die häufig als Alternative zu Krediten erwogenen kreditersetzenden Instrumente besprochen. Dazu sind nicht nur das echte Factoring und das Leasing (die Miete von Anlagen) zu rechnen, sondern auch Kundenanzahlungen, Rückstellungen, insbesondere Pensionsrückstellungen, und durch Bewertungswahlrechte verursachte „zinslose Steuerkredite".

3.3.1 Der Kontokorrentkredit

Der Kontokorrentkredit ist ein formell kurzfristiger, meist laufend prolongierter Buchkredit, über den der Kreditnehmer bis zu einem bestimmten Höchstbetrag beliebig verfügen kann. Der Saldo des Kredits schwankt entsprechend den Verfügungen des Kreditnehmers und den Einzahlungen auf das Kontokorrentkonto. Über ein Kontokorrentkonto wird zumeist ein Teil des Zahlungsverkehrs des Kreditnehmers abgewickelt.

Ein Kontokorrentkredit kann hypothekarisch, durch Wertpapierverpfändung, durch Zessionen, durch Sicherungsübereignung usw. gesichert sein. Zudem geben die allgemeinen Geschäftsbedingungen den Kreditinstituten die Möglichkeit, bei nicht termingemäßer Rückzahlung des Kontokorrentkredits alle Vermögensgegenstände des Kreditnehmers (Wertpapiere, Schecks, Konnossemente, Lagerscheine usw.), in deren Verfügungsmacht das Kreditinstitut gelangt ist oder gelangen wird, als Pfand zu behalten, soweit dies gesetzlich zulässig ist.

Die Kosten des Kontokorrentkredits bestehen aus den eigentlichen Zinskosten (berechnet vom jeweiligen Kreditsaldo), aus der Kreditprovision (berechnet vom Kreditrahmen, vom Höchstsaldo in einem bestimmten Zeit-

raum oder vom jeweiligen Saldo), aus der Umsatzprovision (berechnet vom
Umsatz der Kontoseite mit dem größeren Umsatz oder vom jeweiligen Saldo)
und der Überziehungsprovision (Zusatzzinsen für den das Limit übersteigenden Kreditbetrag). Dazu treten noch Barauslagen. Falls die Kreditprovision vom jeweiligen Saldo berechnet wird, kann sie mit dem eigentlichen
Zinssatz zu einem Satz zusammengezogen werden. Dies ist immer häufiger
der Fall. Bei der Beurteilung der Kosten des Kontokorrentkredits ist zu beachten, daß die Kosten nicht nur für die Kreditgewährung, sondern auch für
die Zahlungsabwicklung anfallen. Wie in Abschnitt 3.4 herausgestellt wird,
bietet sich der Kontokorrentkredit vor allem für die Deckung saisonal und/
oder stochastisch schwankenden Kapitalbedarfs an.

3.3.2 Anleihen und Schuldscheindarlehen im Vergleich

Anleihen und Schuldscheindarlehen sind die wichtigsten Formen langfristiger Fremdfinanzierung industrieller Unternehmungen. Da diese beiden
Finanzierungsinstrumente für diejenigen Unternehmungen, die infolge ihrer
Unternehmungsgröße emissionsfähig sind, weitgehend gegeneinander substituierbar sind, ist ein detaillierterer Vergleich ihrer Eigenschaften
von Interesse. Der Vergleich soll zeigen, welche Vielzahl von Einflußgrößen bei der Wahl zwischen zwei Finanzierungsinstrumenten oder
ihrer optimalen Kombination zu beachten sind. *Anleihen* sind in Teilschuldverschreibungen (zumeist Inhaberpapiere) verbriefte Forderungen,
die in der Regel an der Börse gehandelt werden. *Schuldscheindarlehen* im
juristischen Sinn sind Darlehen, bei denen der Kreditbetrag gegen Aushändigung eines Schuldscheins ausgefolgt wird, der nur der Beweissicherung
dient. Ein Schuldscheindarlehen kann daher nur durch Zession auf einen
Dritten übertragen werden. Wenn jedoch in der Finanzierungsliteratur und
-praxis von Schuldscheindarlehen gesprochen wird, meint man im allgemeinen Kredite gegen Schuldschein, die von Nichtbanken-Kapitalsammelstellen
(bes. Versicherungsgesellschaften) gewährt werden. Dabei wird auf die Ausstellung eines Schuldscheins sogar in manchen Fällen verzichtet [STAEHLE
1965, S. 19]. Von Banken gewährte Kredite gegen Schuldschein bezeichnet
man nur dann als Schuldscheindarlehen, wenn das Bankinstitut die Möglichkeit (die Absicht) hat, das Darlehen ganz oder teilweise an Nichtbanken-
Kapitalsammelstellen zu verkaufen, oder wenn eine Bank neben Versicherungsgesellschaften und eventuell anderen Banken einen Teil eines Darlehens übernimmt [REINBOTH 1965, S. 28]. Zudem treten Banken neben
Finanzierungsmaklern häufig als Vermittler von Schuldscheindarlehen auf.

Hinsichtlich der *Fristigkeit* ist festzustellen, daß Anleihen generell
langfristig sind. Als Höchstgrenze für die Laufzeit einer Industrieanleihe wird meist 25 Jahre angegeben. Schuldscheindarlehen sind im allge-

meinen ebenfalls langfristig. Die Laufzeit eines deckungsstockfähigen Schuldscheindarlehens darf jedoch in der Regel 15 Jahre nicht überschreiten (ebenso wie diejenige einer deckungsstockfähigen Anleihe). Schuldscheindarlehen auf Revolving-Basis, bei denen ein Finanzierungsmakler jeweils kurzfristige Schuldscheindarlehen vermittelt, jedoch trachtet, diese nach Möglichkeit zu verlängern bzw. durch neue kurzfristige Darlehen zu ersetzen, damit der kreditnehmenden Unternehmung langfristiges Kapital zur Verfügung steht, sollen hier nicht näher behandelt werden. Solche Schuldscheindarlehen sind gegenwärtig praktisch unbedeutend.

Bezüglich der *Darlehenshöhe* kann festgestellt werden, daß die *Untergrenze* eines Schuldscheindarlehens bedeutend niedriger ist als die einer Anleihe. Die üblichen Mindestbeträge eines Schuldscheindarlehens liegen bei DM 500 000,—, es existieren aber auch Schuldscheindarlehen von DM 100 000,— [vgl. KRAUSE 1971, S. 661]. Damit ist der Kreis der Unternehmungen, die Schuldscheindarlehen aufnehmen können, größer als der der emissionsfähigen Unternehmungen. Da die Ausgabe von Anleihen infolge der bedeutenden fixen Transaktionskosten nur bei sehr hohem Nominale in Frage kommt, haben im allgemeinen nur sehr große Kapitalgesellschaften Zugang zum Obligationenmarkt. Als Mindestnominale von Anleihen wird DM 5 000 000,— genannt [KRAUSE 1971, S. 662]. Schuldscheindarlehen können dagegen auch mittlere Unternehmungen beliebiger Rechtsform erhalten, falls sie die Anforderungen des BAV (siehe Abschnitt 3.2.10) erfüllen. — Ein *Höchstbetrag* für Schuldscheindarlehen besteht nicht; da die Gläubiger jedoch auf Risikostreuung achten, sind Großdarlehen oft schwer unterzubringen. Schuldscheindarlehen können daher den zum Teil aus anderen Mitteln gespeisten Obligationenmarkt nicht zur Gänze ersetzen. Wenn der Kapitalbedarf eines Darlehensnehmers so groß ist, daß er von einer Kapitalsammelstelle unter dem Aspekt der Diversifikation nicht mehr gedeckt werden kann, können Konsortialschuldscheindarlehen von mehreren Kapitalsammelstellen gewährt werden. Bei Konsortialschuldscheindarlehen wird die Vermittlung eines Kreditinstituts oder eines Finanzierungsmaklers bedeutsamer sein als bei einem Einzelschuldscheindarlehen. [Zu den diesbezüglichen Formen des Schuldscheindarlehens vgl. STAEHLE 1965, S. 33–46.]

Hinsichtlich der *Emissionsvoraussetzungen* ist anzuführen, daß für Anleiheemissionen eine Genehmigung des Bundeswirtschaftsministers und eine solche vom zentralen Kapitalmarktausschuß vorliegen muß. Das Bundeswirtschaftsministerium gewährt die Genehmigung bei zufriedenstellender Bonität der Obligation (wobei die Kriterien nicht so streng sind wie diejenigen des BAV) und wenn die Anleihe den Kapitalmarkt nicht überbeansprucht. Der zentrale Kapitalmarktausschuß erteilt zwar nur Empfehlungen bezüglich des Emissionstermins, die jedoch von den Emissionskonsortien im

Rahmen einer „freiwilligen Selbstkontrolle" befolgt werden. Die Emission von Schuldscheindarlehen dagegen bedarf keiner Genehmigung. Jedoch muß eine Überprüfung der Kreditwürdigkeit der Unternehmung durch das BAV zur Erteilung der Deckungsstockfähigkeit erfolgen, bevor das Darlehen gewährt wird. In Ausnahmefällen sind allerdings auch nachträgliche Genehmigungen der Deckungsstockfähigkeit möglich [vgl. REINBOTH 1965, S. 137]. Bei Anleihen ist die Zuerkennung der Deckungsstockfähigkeit nicht erforderlich, wird aber zumeist angestrebt.

Hinsichtlich der *Kreditsicherstellung* wurden die Anforderungen des BAV bereits in Abschnitt 3.2.10 behandelt. Da im allgemeinen Wert darauf gelegt wird, daß auch Anleihen als deckungsstockfähig erklärt werden, sind die Sicherungsansprüche bei Anleihen und Schuldscheindarlehen zumeist identisch. Daher braucht dieser Punkt nicht weiter verfolgt zu werden.

Die laufenden *Zinskosten* eines Schuldscheindarlehens sind im allgemeinen um etwa 0,25% höher als die laufenden Zinskosten einer Obligation. Damit soll der Umstand ausgeglichen werden, daß Schuldscheindarlehen von den Kapitalsammelstellen schwieriger veräußert werden können als Anleihestücke.

Dagegen sind die *laufenden Nebenkosten* einer Anleihe bedeutend höher als diejenigen eines Schuldscheindarlehens. Ein Schuldscheindarlehen verursacht zumeist nur eine Treuhändergebühr (für die Verwaltung der Sicherheiten) von etwa $1\,^0/_{00}$ pro Jahr des noch nicht getilgten Kreditbetrags [REINBOTH 1965, S. 142]. Eine Anleihe dagegen verursacht laufende Verwaltungskosten nicht nur für den Treuhänder, sondern auch in Form von Couponeinlösungsprovisionen, Auslosungskosten, Kurspflegekosten usw. Diese Kosten werden von STAEHLE in einer detaillierten Rechnung für einen repräsentativen Beispielfall auf etwa $3,43\,^0/_{00}$ pro Jahr des jeweils noch nicht getilgten Kredits geschätzt [STAEHLE 1965, S. 114 ff.]. Man sieht, die Ersparnisse an laufenden Verwaltungskosten, die mit einem Schuldscheindarlehen verbunden sind, kompensieren bereits zum Großteil die höheren Zinskosten eines Schuldscheindarlehens gegenüber einer Anleihe.

Die *einmaligen Emissionskosten* einer Anleihe sind ebenfalls höher als diejenigen eines Schuldscheindarlehens. STAEHLE errechnet für eine Anleihe mit einem Nominale von DM 20000000,– einmalige Emissionskosten von 4,25% des Emissionsbetrags. Sie setzen sich aus der Übernahmeprovision für das Bankenkonsortium (2,5%), den Besicherungskosten (0,56%), der Börseneinführungsprovision (0,5%) und diversen Druck- und Veröffentlichungskosten zusammen. (Die von STAEHLE zusätzlich angeführte Kapitalverkehrssteuer von 2,5% ist auf Obligationenemissionen nicht mehr anwendbar.) Die einmaligen Transaktionskosten für die Aufnahme eines Schuldscheindarlehens sind nach STAEHLE dagegen nur 1,08%, sie bestehen aus den mit etwa 0,5% anzunehmenden Kosten des vermittelnden Kreditinstituts bzw. Finanzierungsmaklers und den in gleicher Höhe wie bei der Anleihesicherung anfallenden Kosten der Besicherung neben geringfügigen sonstigen Kosten. Die höheren Emissionskosten einer Anleihe fallen dann um so weniger ins Gewicht, je stärker die Laufzeit der Anleihe die Laufzeit eines Schuldscheindarlehens übersteigt [STAEHLE 1965, S. 113 ff.].

Ein zusammenfassender Vergleich der Auswirkungen von laufenden Zinskosten, laufenden Nebenkosten und einmaligen Emissionskosten auf die Kosten von Anleihen und Schuldscheindarlehen erfolgt in Beispiel 16.

Beispiel 16:

Eine Anleihe von 20 000 000 verursacht einmalige Emissionskosten von 4,25% und laufende Verwaltungskosten von 0,343%. Der Zinssatz ist 6% vom Nominale. Der Ausgabekurs entspricht dem Rückzahlungskurs. Die Laufzeit der Anleihe ist a) 15, b) 20 Jahre. Ein Schuldscheindarlehen von 20 000 000 verursacht einmalige Emissionskosten von 1,08% und laufende Verwaltungskosten von 0,1%. Der Zinssatz ist 6,25%. Die Laufzeit des Darlehens ist 15 Jahre. Die Rückzahlung der Anleihe und des Schuldscheindarlehens hätte zur Gänze zum Ende der Laufzeit zu erfolgen. Welche Kreditform ist — von sonstigen Einflußgrößen abgesehen — in den Fällen a) und b) günstiger?

a) Vom Anleihebetrag erhält die Unternehmung nach Abzug der Emissionskosten von 4,25% 19 150 000. Die jährliche Belastung durch Zinsen und Verwaltungskosten beträgt 1 200 000 + 68 600 = 1 268 600; dies sind 6,62% von 19 150 000. Falls die einmaligen Transaktionskosten gleichmäßig verteilt werden, ergibt sich eine durchschnittliche Zinsbelastung von 6,62% + 850 000/(19 150 000 · 15) = 6,92%.

Vom Schuldscheinbetrag erhält die Unternehmung nach Abzug der Transaktionskosten von 1,08% 19 784 000. Die jährliche Belastung durch Zinsen und Verwaltungskosten beträgt 1 270 000. Dies sind 6,42% von 19 784 000. Falls die einmaligen Transaktionskosten gleichmäßig (ohne genaue zinsmäßige Verrechnung) auf 15 Jahre verteilt werden, ergibt sich eine durchschnittliche Zinsbelastung von 6,42% + 216 000/(19 784 000 · 15) = 6,49%.

Falls die Anleihe eine Frist von 20 Jahren aufweist, verteilen sich die einmaligen Emissionskosten von 850 000 auf 20 Jahre. Der Effektivzinssatz der Anleihe sinkt dann auf 6,84%. Das Schuldscheindarlehen bleibt dennoch günstiger. (Allerdings ist hier ein Vergleich problematisch, da Verbindlichkeiten mit unterschiedlicher Laufzeit das Risiko finanzieller Schwierigkeiten unterschiedlich beeinflussen (vgl. dazu Abschnitt 2.1.1.4).)

Schuldscheindarlehen sind in bezug auf den *Zeitpunkt der Kreditaufnahme* elastischer als Anleihen. Insbesondere bei der Finanzierung großer Bauvorhaben kann ein dem Baufortschritt entsprechender Abruf von Teilbeträgen mit den Gläubigern von Schuldscheindarlehen vereinbart werden, was bei Anleihen nur in grober (und teurer) Weise durch Zerlegung in Tranchen möglich ist.

Anleihen haben gegenüber Schuldscheindarlehen überdies ein größeres *Emissionsrisiko*. Ein Mißerfolg einer Anleiheplazierung wegen zu ungünstiger Konditionen kann infolge der verlorenen hohen Emissionskosten bzw. der Kosten einer Konvertierung der Anleihe sehr kostspielig sein. Um ein derartiges Emissionsrisiko zu vermeiden, ist man geneigt, etwas günstigere Bedingungen als zum Zeitpunkt der Vorbereitung der Emission unbedingt erforderlich zu bieten. Beim Schuldscheindarlehen dagegen ist es möglich, in den Kreditverhandlungen das zum gegebenen Zeitpunkt mögliche Optimum zu erreichen.

Ein letzter, an der Emission anknüpfender Gesichtspunkt, der bei der Entscheidung zwischen Anleihe und Schuldscheindarlehen gelegentlich eine Rolle spielt, ist die höhere *Publizität*, die mit der Ausgabe einer Anleihe verbunden ist, und die erwünscht oder nicht erwünscht sein kann.

Die *Rückzahlung von Anleihen* wie die von Schuldscheindarlehen erfolgt nach einer tilgungsfreien Zeit zumeist in Raten; dabei wird jedoch eine Anleihe in der Regel ausgelost, während beim Schuldscheindarlehen die Forderungen aller Gläubiger, wenn es sich nicht ohnehin um Einzeldarlehen handelt, gleichmäßig getilgt werden. Das Auslosungsverfahren schafft für die Gläubiger Ungewißheit über die tatsächliche Fristigkeit ihrer Forderungen und damit ein Verteilungsrisiko, das tendenziell kapitalkostenerhöhend wirkt (vgl. Abschnitt 1.5).

Hinsichtlich der *Tilgungsmodalitäten* ist weiter festzustellen, daß bei Anleihen häufig zusätzliche Tilgungen bzw. freihändige Rückkäufe möglich sind; zudem können Anleihen regelmäßig nach Ablauf eines Teils der Laufzeit gekündigt werden. Eine Kündigung bzw. eine zusätzliche Tilgung ist von Vorteil, wenn die Unternehmung Kredite für die restliche Laufzeit der gekündigten Anleihen zu geringeren Zinskosten erhalten kann (vgl. Abschnitt 2.4.2). Allerdings muß der Zinsgewinn die Kosten einer Kündigung bzw. Konversion einer Anleihe überdecken. Bei Schuldscheindarlehen sind vorzeitige Kündigungen bzw. außerplanmäßige Tilgungen seltener vereinbart. Schuldscheindarlehen sind daher diesbezüglich gegenüber Anleihen vielfach von Nachteil. Wenn allerdings Schuldscheindarlehen nach Ablauf einer bestimmten Frist gekündigt werden können, so ist die Konversion eines Schuldscheindarlehens billiger als diejenige einer Anleihe.

Falls der Kreditnehmer in *finanzielle Schwierigkeiten* gerät, genießt der Gläubiger von Schuldscheindarlehen den Vorteil, Maßnahmen zur Sicherung rascher durchsetzen zu können. Ein Treuhänder von Anleihegläubigern darf dagegen wichtige Handlungen erst nach Zustimmung der Mehrheit der Obligationäre vornehmen. Aus dieser Sicht sind für den Kreditnehmer Anleihen günstiger, da sie die Wahrscheinlichkeit der Überwindung finanzieller Schwierigkeiten erhöhen.

Die Unternehmung könnte aber auch daran interessiert sein, bei liquiditätsmäßiger Anspannung vorgesehene Tilgungen zu verschieben. In dieser Situation sind Schuldscheindarlehen wesentlich flexibler als Anleihen, da nur mit einem oder wenigen Gläubigern verhandelt werden muß.

3.3.3 Das Leasing im Vergleich zu durch Sicherungsübereignung gesicherten Krediten

Unter Leasing versteht man allgemein die Miete von Anlagegegenständen. Es wird Finance Leasing und Operate Leasing unterschieden. Beim Finance Leasing sind die Mietraten in der Grundvertragszeit, während der dem Mieter kein Kündigungsrecht zusteht, so festgelegt, daß sie dem Vermieter die Anschaffungskosten des Gegenstandes (eventuell minus Restwert), die Zinskosten und sonstigen Kosten refundieren. Das Investitionsrisiko trägt somit der Mieter. Ist die Grundvertragszeit niedriger als die erwartete wirtschaftliche Nutzungsdauer, so werden häufig Kaufoptionen für einen Preis oder Verlängerungsmöglichkeiten gegen Mieten vorgesehen, die die am Markte erzielbaren Preise oder Mieten für den betreffenden Gegenstand bedeutend unterschreiten. Beim Operate Leasing dagegen ist der Vertrag so gestaltet, daß der Mieter den Gegenstand zu einem Zeitpunkt zurückgeben kann, bis zu dem wesentliche Teile der Anschaffungskosten des Projekts plus Zinsen und Nebenkosten in den Mietraten noch nicht abgedeckt sind. Der Vermieter trägt somit zumindest einen Teil des Investitionsrisikos. Operate Leasing wird häufig von den Herstellerfirmen oder ihnen angeschlossenen Leasinggesellschaften betrieben. Im folgenden wird ausschließlich das Finance Leasing behandelt.

Insbesondere das *Finance Leasing* wird wegen der Alternative Miete oder Kauf unter Aufnahme eines Kredits häufig als Finanzierungsmaßnahme bezeichnet, obwohl dies durch viele Finanzierungsbegriffe nicht gedeckt ist. So könnte z. B. bei einem monetären Finanzierungsbegriff (unter Finanzierung wird hier die Beschaffung von finanziellen Mitteln verstanden) das Leasing nicht zu den Finanzierungsmaßnahmen gezählt werden.

Um das Leasing zu charakterisieren, wird untersucht, wie sich die in die Leasingraten eingerechneten Zinsen (samt Nebengebühren) zu den Zinsen für durch Sicherungsübereignung gesicherte Kredite einschließlich der steuerlichen Auswirkungen verhalten, und inwieweit Leasinggeber ein größeres Risiko auf sich nehmen als Kreditgeber.

Ein Vergleich der in die Mietraten eingerechneten Zinsen mit den üblichen Kreditzinsen ergibt, daß das Leasing im allgemeinen spürbar teurer ist als eine Kreditaufnahme. Bei der Errechnung der in die Mietraten eingerechneten Zinsen ist zu berücksichtigen, inwieweit die Mietraten auch Wartungskosten enthalten (wenn der Vermieter die Wartung kostenlos oder zu günstigen Tarifen übernimmt), welche zusätzlichen Kosten dem Mieter für Versicherungen usw. entstehen, und ob der Liquidationspreis des Mietgegenstands nach Ablauf der Mietdauer zur Gänze oder anteilig dem Vermieter oder Mieter zufällt. Die in die Mietraten eingerechneten Zinsen lassen sich dann nur in Grenzen errechnen, wenn die vereinbarte Grundmietzeit kürzer als die wirtschaftliche Nutzungsdauer des Gegenstands ist und deshalb eine Kaufoption oder eine Verlängerungsmöglichkeit gegen relativ niedrige Mietzahlungen vorgesehen ist. Dann hängt die tatsächliche Zinsbelastung davon ab, ob man die Kaufoption und in welcher Weise man die Verlängerungsmöglichkeit wahrnimmt. Aber auch bei unterschiedlichen Annahmen hinsichtlich der Ausnutzung von Kaufoption oder Verlängerungsmöglichkeit wird sich zeigen, daß Leasingraten im allgemeinen bedeutend höhere Zinsen enthalten als für einen Kredit gezahlt werden müßten.

Könnte das Leasing *steuerliche Vorzüge* haben, die die Mehrkosten gegenüber einer Kreditierung zum Teil kompensieren? Häufig wird darauf verwiesen, daß die Vereinbarung einer niedrigen Grundvertragszeit es ermöglicht, in den ersten Jahren Mietraten vom steuerpflichtigen Gewinn abzusetzen, die die Abschreibungen und Zinskosten im Falle eines Kaufs gegen Kredit übersteigen. Ob darin ein Vorteil liegt, hängt von den zulässigen Abschreibungen des Vermieters ab. Falls der Vermieter nämlich den Anlagegegenstand nicht während der kurzen Grundvertragszeit, sondern während der geschätzten wirtschaftlichen Nutzungsdauer beim Mieter abschreiben darf, stehen den hohen Mietaufwendungen beim Mieter in der Grundvertragszeit hohe Mieterträge beim Vermieter gegenüber. Die Steuerersparnisse des Mieters werden somit durch Mehrsteuern beim Vermieter kompensiert. Niedrige Grundvertragszeiten sind nur dann von Vorteil für das Leasing, wenn der Abschreibungszeitraum beim Vermieter mit der Grundvertragszeit zusammenfällt, oder wenn unterschiedliche Steuersätze für Mieter und Vermieter gegeben sind. Zudem sind solche Gestaltungsmöglichkeiten durch das Urteil des BFH vom 26. 1. 1970 und den dieses Urteil interpretierenden „Leasingerlaß" des Bundesministers der Finanzen vom 19. 4. 1971 weitgehend eingeschränkt worden. Die Bestimmungen dieses Erlasses sind in folgender einem Aufsatz von Rau entnommenen Tabelle zuzusammengefaßt [Rau 1971, S. 12]. Die Tabelle zeigt, daß Mietverträge, bei denen die Gefahr besteht, daß die Mietraten bedeutend größer sind als die zulässigen Abschreibungsquoten und Zinskosten bei Kauf des Gegenstands, in der Regel als Mietkaufverträge angesehen werden. Die gemieten Gegenstände sind somit vom Mieter zu aktivieren. Der Mieter kann dann nur Abschreibungen und (errechnete) Zinsaufwendungen von der Bemessungsgrundlage der Körperschaft- bzw. Einkommensteuer absetzen, nicht jedoch die Mietraten.

Grundtyp des Leasing-Vertrags	Der Leasing-Gegenstand ist zuzurechnen	
	dem Leasing-Geber	dem Leasing-Nehmer
1. Leasing-Vertrag ohne Optionsrecht	wenn Grundmietzeit zwischen 40 und 90 v. H der betriebsgewöhnlichen Nutzungsdauer des Leasing-Gegenstands liegt	wenn Grundmietzeit weniger als 40 v. H. oder mehr als 90 v. H. der betriebsgewöhnlichen Nutzungsdauer des Leasing-Gegenstands beträgt
2. Leasing-Vertrag mit Kaufoption	wenn Grundmietzeit zwischen 40 und 90 v. H. der betriebsgewöhnlichen Nutzungsdauer liegt und der Kaufpreis bei Ausübung des Optionsrechts mindestens dem linearen Buchwert oder dem niedrigeren gemeinen Wert des Leasing-Gegenstands entspricht	wenn Grundmietzeit weniger als 40 v. H. oder mehr als 90 v. II. der betriebsgewöhnlichen Nutzungsdauer des Leasing-Gegenstands beträgt oder bei Grundmietzeit zwischen 40 und 90 v. H. der betriebsgewöhnlichen Nutzungsdauer der Kaufpreis bei Ausübung des Optionsrechts niedriger ist als der lineare Buchwert oder der niedrigere gemeine Wert des Leasing-Gegenstands
3. Leasing-Vertrag mit Mietverlängerungsoption	wenn Grundmietzeit zwischen 40 und 90 v. H. der betriebsgewöhnlichen Nutzungsdauer des Leasing-Gegenstands liegt und die Anschlußmiete den Wertverzehr des Leasing-Gegenstands deckt, der sich auf der Basis des linearen Buchwerts oder des niedrigeren gemeinen Werts und der Restnutzungsdauer des Leasing-Gegenstands ergibt	wenn Grundmietzeit weniger als 40 v. H. oder mehr als 90 v. H. der betriebsgewöhnlichen Nutzungsdauer des Leasing-Gegenstands beträgt oder bei Grundmietzeit zwischen 40 und 90 für die ersten beiden Jahre nach chen Nutzungsdauer die Anschlußmiete den Wertverzehr des Leasing-Gegenstands nicht deckt, der sich auf der Basis des linearen Buchwerts oder des niedrigeren gemeinen Werts und der Restnutzungsdauer des Leasing-Gegenstands ergibt

Häufig wird behauptet, daß das Leasing in jenen Ländern geringere Chancen habe, in denen durch steuerliche Sonderabschreibungen im Anschaffungsjahr die Abschreibungen in der Regel höher sein werden als mögliche Mietraten. Hier liegt jedoch ein Fehlschluß vor, da ja auch der Leasinggeber diese Abschreibungsmöglichkeiten genießt und dies in der Festsetzung der Mietraten berücksichtigen kann. Das Leasing kann in dieser Sicht nur dann gegenüber dem Kauf unter Kreditaufnahme von Vorteil (Nachteil) sein, wenn infolge unterschiedlichen Standorts dem Leasinggeber andere Abschreibungsmöglichkeiten oder Investitionsprämien offenstehen als dem Leasingnehmer. Wenn somit bei einer bestimmten Vertragsgestaltung das wirtschaftliche Eigentum an den vermieteten Gütern dem Leasinggeber zugerechnet wird, so ist es von Vorteil, wenn der Leasinggeber sich an einem Standort mit günstigen Abschreibungsmöglichkeiten und/oder Investitionsprämien befindet.

Im Hinblick auf die Gewerbesteuer ist das Leasing im allgemeinen gegenüber dem Kauf gegen Kredit bevorzugt. Die Leasinggegenstände bzw. -raten müssen meist nicht zur Bemessungsgrundlage der Gewerbekapital- bzw. Gewerbeertragsteuer des Mieters gerechnet werden. Falls dies infolge des Überschreitens der Höchstgrenzen dennoch der Fall ist, werden die Gewerbesteuerbemessungsgrundlagen des Vermieters entsprechend gemindert. Langfristige Kredite bzw. Zinsen für langfristige Kredite dagegen sind der Bemessungsgrundlage der Gewerbekapital- bzw. Gewerbeertragsteuer des Kreditnehmers hinzuzurechnen. (In Einzelfällen braucht sich bei einer Umdeutung eines Mietvertrags in einen Mietkaufvertrag daraus kein Nachteil zu ergeben: Vgl. dazu den Erlaß des Finanzministeriums Niedersachsen vom 21. 9. 1971, Der Betrieb 1971, S. 1842f..)

Auch bei Berücksichtigung der steuerlichen Einflüsse sind die in die Leasingraten eingerechneten Zinskosten somit im allgemeinen höher als die Zinsen eines durch Sicherungsübereignung gesicherten Kredits. Leasing kann daher nur dann vorteilhafter sein als ein durch Sicherungsübereignung gesicherter Kredit, falls der Leasinggeber ein *höheres Kreditrisiko* übernimmt als der Kreditgeber und daher der maximale Verschuldungsgrad der Unternehmung (zumindest bezüglich der langfristigen Verschuldung) durch Leasing gesteigert werden kann. Diesbezüglich wird häufig argumentiert, daß dies schon daraus ersichtlich ist, daß die Beleihungsgrenze bei einer Sicherungsübereignung nur 50–60% beträgt, während das Leasing einer Vollkreditierung entspricht. Dazu ist zunächst festzustellen, daß das Leasing in seltenen Fällen tatsächlich eine Vollkreditierung darstellt; zumeist sind nämlich die erste Jahresmiete oder eine Anzahl von Monatsmieten und die Abschlußgebühr im voraus zu entrichten. Außerdem ist zu beachten, daß der vom Leasinggeber bei kurzen Grundvertragszeiten gewährte „Kredit" häufig früher rückgezahlt werden muß als ein Kredit gegen Sicherungsübereignung. Der ausstehende Kreditbetrag kann somit bei einem Kredit gegen Sicherungsübereignung nach einiger Zeit größer sein als bei einem Leasingvertrag [BÜSCHGEN 1971, S. 136ff.].

Selbst wenn die Beleihungsgrenzen beim Leasing durchschnittlich höher sind als bei durch Sicherungsübereignung gesicherten Krediten, ist damit noch nicht sichergestellt, daß die Leasinggeber in allen Fällen ein größeres Risiko als die Kreditgeber übernehmen. Sie übernehmen dann kein größeres

Risiko, wenn sie mit hochverschuldeten Unternehmungen, die keinen Kredit gegen Sicherungsübereignung eines anzuschaffenden Gegenstands mehr erhalten, keinen Leasingvertrag — ohne die Vereinbarung zusätzlicher Sicherheiten — mehr abschließen. Die von Vertretern von Leasinggesellschaften häufig vertretene Meinung, daß Unternehmungen, die keine Kredite mehr erhielten, auch von Leasinggesellschaften nicht mehr akzeptiert würden, spricht gegen die These, daß Leasinggesellschaften ein höheres Kreditrisiko als die Kreditgeber übernehmen. — Eine einwandfreie Untersuchung über das tatsächliche Verhalten von Leasinggesellschaften liegt jedoch nicht vor.

Jedenfalls läßt sich aber feststellen, daß Leasingverträge das Sicherungspotential der Unternehmung weniger beanspruchen als durch Sicherungsübereignung gesicherte Kredite, falls die Beleihungsgrenzen beim Leasing höher sind. Das Potential für die Aufnahme von zusätzlichen voll gesicherten Krediten wird daher durch das Leasing in geringerem Ausmaß verringert als durch durch Sicherungsübereignung gesicherte Kredite, auch wenn die Kreditgeber Leasingverpflichtungen — wie wohl anzunehmen ist — bei ihren Kreditwürdigkeitsprüfungen als Verbindlichkeiten, aber eben als Verbindlichkeiten mit relativ geringem Sicherungsgrad, behandeln. Das maximale Kreditvolumen dürfte somit durch Leasing zumindest dann erhöht werden, wenn das Leasing gegenüber Krediten gegen Sicherungsübereignung mit höheren Beleihungsgrenzen verbunden ist, und wenn *vorerst* Leasingverträge und dann Kreditverträge unter voller Ausnutzung der verbleibenden Sicherheiten abgeschlossen werden. — Das Leasing wird jedoch den maximalen Verschuldungsgrad nicht in einem so großen Ausmaß erhöhen können, wie dies LOITLSBERGER [1971] annimmt.

Bis jetzt wurde davon ausgegangen, daß Leasingverträge allen beteiligten Personen zur Kenntnis gebracht werden. Nach herrschender Meinung sind Leasingverpflichtungen in der Regel nicht als Verbindlichkeiten zu bilanzieren. Dadurch mögen in Einzelfällen Kreditgeber, Organe der Gesellschaft oder Anteilseigner über das Bestehen solcher Verpflichtungen unvollkommen informiert werden; oder es können Richtlinien von Gesellschaftsorganen oder Vereinbarungen mit Kreditgebern (z. B. Einhaltung eines bilanziellen Eigenkapital–Fremdkapital-Verhältnisses) durch Leasing umgangen werden. Daraus können sich zusätzliche Vorteile des Leasings ergeben.

Falls aufgrund von Preisermittlungsrichtlinien — so Leitsätze für die Preisermittlung aufgrund von Selbstkosten bei öffentlichen Aufträgen — die Verrechnung von Leasingraten erlaubt ist, während der Ansatz von Abschreibungen und Zinskosten einschränkenden Bestimmungen unterworfen ist, kann das Leasing unabhängig von den in die Leasingraten eingerechneten Zinsen von Vorteil sein; hier beeinflußt die Alternative Leasing oder Kauf auf Kredit nicht nur die Kapitalkosten, sondern auch die erzielbaren Preise [vgl. VORMBAUM 1971, S. 247].

3.3.4 Das Factoring im Vergleich zum durch Zessionen gesicherten Kontokorrentkredit

Beim *echten Factoring* liegt ein vertraglich festgelegter, laufender *Ankauf von Forderungen* vor, wobei im Gegensatz zum Zessionskredit der Käufer der Forderungen (Factor) das Delcredererisiko, das Risiko des Forderungsverlusts wegen Zahlungsunfähigkeit des Schuldners, auf sich nimmt. Die Forderung wird dabei dem Factor zediert. Die Factoring-Verträge sehen zumeist vor, daß dem Factor alle Inlandsforderungen und die Forderungen gegen Kunden aus vereinbarten ausländischen Staaten zum Ankauf anzubieten sind. Der Factor hat das Recht, den Ankauf aus Bonitätsgründen abzulehnen. Zu diesem Zweck ist die Unternehmung verpflichtet, sämtliche Verkaufsverträge bzw. Aufträge dem Factor anzuzeigen, damit dieser eine Bonitätsprüfung vornehmen und der Unternehmung mitteilen kann, in welchem Ausmaß er Forderungen gegen die betreffenden Kunden unter Regreßverzicht anzukaufen bereit ist. Für bestimmte Kunden können vom Factor für längere Zeit gültige Rahmengenehmigungen gewährt werden. — Das Gewährleistungsrisiko wird vom Factor nicht, das Transfer- und Währungsrisiko in der Regel nicht übernommen. — Zumeist wird das echte Factoring den Kunden angezeigt. In diesem Fall wird der Factor die Debitorenbuchhaltung einschließlich des Mahnwesens übernehmen, die Unternehmung hat lediglich die Rechnungen mit einer Kopie für den Factor auszustellen. Es wird somit eine besondere Form betrieblicher Arbeitsteilung realisiert.

Das Factoring wird erst dann mit dem Zessionskredit vergleichbar, wenn die Forderungen vom Factor bevorschußt, somit nicht erst nach Eingang beim Factor bzw. zum durchschnittlichen Fälligkeitstag (wie häufig in den USA) gutgeschrieben werden. Die angekauften Forderungen werden in der Regel nicht vollständig bevorschußt, ein Betrag von 10–20% der Forderungen wird einem Sperrkonto gutgeschrieben und dient der Deckung eventueller nachträglicher Forderungsminderungen aus Retouren, Mängelrügen der Kunden usw. Der Sperrbetrag wird nach Forderungseingang bzw. wenn Zahlungsunfähigkeit der Kunden feststeht überwiesen.

Das *unechte Factoring* unterscheidet sich vom echten Factoring dadurch, daß der Factor das Delcredererisiko nicht übernimmt. Einige Autoren sind der Ansicht, daß es sich daher nicht um einen Forderungsverkauf, son-

dern — soweit mit einer Bevorschussung verbunden — um eine sicherungsweise Abtretung von Forderungen handelt [GLOMB 1969, S. 120 f.; HEID-
LAND 1970, S. 170]. Das unechte Factoring wird häufig in Form stiller Zessionen betrieben (non-notification-factoring), wobei allerdings die Kunden
angewiesen werden, auf das Konto des Factors zu zahlen. Wenn in diesem
Fall der Factor die Debitorenbuchhaltung und das Mahnwesen übernimmt,
so wird er auf Firmenpapier der kreditnehmenden Unternehmung mahnen.

Wie bei der sicherungsweisen Abtretung von Forderungen bereiten auch
beim Factoring Abtretungsverbote von Kunden und der verlängerte Eigentumsvorbehalt von Lieferanten Schwierigkeiten. Der verlängerte Eigentumsvorbehalt kann durch einen Globalzessionsvertrag mit dem Factor umgangen werden (vgl. Abschnitt 3.2.7). Mittel zur Umgehung von Abtretungs-
verboten nennen ERLEMANN und SCHUSTER [ERLEMANN 1969, S. 74; SCHU-
STER 1971, S. 732, S. 743].

Bei einem Vergleich zwischen Factoring mit Bevorschussung der Forderungen und einem durch Forderungsabtretung gesicherten Kontokorrentkredit sind folgende Gesichtspunkte zu beachten:

Erstens ist bezüglich der *Zinssätze* festzustellen, daß der Factor zumeist
einen fixen Prozentsatz vom Forderungsnominale (z. B. 1%) und zusätzlich
Zinsen für den bevorschußten Teil der Forderungen (z. B. 8% p. a.) fordert.
Der fixe Prozentsatz vom Forderungsnominale soll zur Deckung der Spesen
des Factors dienen. Weiter ist zu beachten, daß der Factor die bevorschußten Beträge und die ausbezahlten Sperrbeträge auf ein Kontokorrentkonto
überweisen wird, für das Umsatzprovisionen und Spesen anfallen werden.
Diese Gesamtkosten sind den Gesamtkosten eines Kontokorrentkredits
gegenüberzustellen. Zumeist werden sich bei einem solchen Vergleich höhere
Kosten für das Factoring ergeben. Es ist somit zu erwägen, ob die nachfol-
gend angeführten Vorteile des Factoring (abzüglich eventueller Nachteile)
die Mehrkosten kompensieren.

Zweitens sind die Einsparungen zu schätzen, die durch die Übernahme
der Debitorenbuchhaltung und des Mahnwesens durch den Factor bewirkt
werden. Davon sind die zusätzlichen Verwaltungsaufwendungen abzuziehen,
die dadurch entstehen, daß dem Factor alle Verkaufsverträge und Aufträge
zum Zwecke der Bonitätsprüfung zur Kenntnis gebracht, und daß Fakturen
in einer vom Factor spezifizierten Weise geschrieben werden müssen.

Drittens sind eventuelle negative Wirkungen auf den Absatz der Unternehmung zu quantifizieren, die aus der Anwendung vor allem des offenen
Factoring resultieren können.

Viertens ist zu beachten, daß der Factor durch den Ankauf fast aller Forderungen und ihre Bevorschussung einen umsatzsynchronen Kredit ge-

währt, wobei zudem höhere Beleihungsgrenzen als beim Zessionskredit festzustellen sind. Hier liegt im Hinblick auf die Finanzierung der Hauptunterschied zwischen echtem oder unechtem Factoring mit Bevorschussung und einem durch Forderungsabtretungen gesicherten Kontokorrentkredit. Die *höheren Beleihungsgrenzen* resultieren daraus, daß dem Factor sämtliche Forderungen zum Ankauf angeboten werden müssen und daher dem Factor im Falle von Mängelrügen und fiktiven Rechnungen mehr Kompensationsmöglichkeiten zur Verfügung stehen als bei einem Global- oder Mantelzessionsvertrag. Die *umsatzsynchrone Kreditgewährung* beim Factoring steht im Gegensatz zum fixierten Kreditlimit bei einem durch Forderungsabtretungen gesicherten Kontokorrentkredit, der so niedrig angesetzt werden muß, daß auch in der umsatzschwächsten Periode die Forderungen zur Besicherung des Kredits ausreichen. Die umsatzsynchrone Kreditentwicklung beim Factoring ist allerdings nur dann von Vorteil, wenn in Perioden hohen Umsatzes auch der Kapitalbedarf höher ist. Andernfalls verursacht das Factoring unnötige Zinskosten und ist daher von Nachteil, es sei denn, es ist vertraglich vereinbart, daß auf Wunsch der kreditnehmenden Unternehmung von einer Bevorschussung der Forderungen Abstand zu nehmen ist. Zwar können auch im Fall eines durch Forderungsabtretungen gesicherten Kontokorrentkredits in umsatzstarken Perioden die zur Sicherung nicht benötigten Forderungen zur Aufnahme weiterer Zessionskredite verwendet werden, doch entstehen dadurch hohe Transaktionskosten. Innerhalb des Kreditlimits ermöglicht der Kontokorrentkredit somit eine den jeweiligen Kreditbedürfnissen genau angepaßte Kreditaufnahme, während beim Factoring die Kreditaufnahme, selbst wenn Forderungen von der Bevorschussung ausgeschlossen werden können, nur sehr unvollkommen dem Kapitalbedarf angepaßt werden kann.

Beim echten Factoring ist fünftens die für die Übernahme des Delcrederorisikos dem Factor zu zahlende Prämie mit den durchschnittlichen Forderungsverlusten (einschließlich positiver Auswirkungen auf das Risiko von finanziellen Schwierigkeiten) bzw. mit der bei einer Kreditversicherung zu zahlenden Prämie zu vergleichen. Dabei ist zu berücksichtigen, daß der Factor zur Ablehnung des Ankaufs von Forderungen aus Bonitätsgründen berechtigt ist, der Factor somit nicht das gesamte Delcredererisiko übernimmt, und daß bei Kreditversicherungen zumeist ein Selbstbehalt vereinbart werden muß.

3.3.5 Kundenanzahlungen

Die in manchen Branchen übliche Hereinnahme von beträchtlichen Kundenanzahlungen (Maschinen-, Bau-, Filmindustrie) bewirkt einerseits eine Erhöhung des Verschuldungsgrads, andererseits jedoch eine Verminderung des Investitionsrisikos, da die Unsicherheit über die künftigen Erlöse der Unternehmung entscheidend verringert wird. Es ist daher möglich, daß sich das Kreditrisiko der übrigen Gläubiger trotz der Erhöhung des Verschuldungsgrads des Kreditnehmers infolge der Hereinnahme einer Anzahlung vermindert. Die Kosten einer Kundenanzahlung — die für die Kreditgewährung seitens der Kunden sowie die mit einer Anzahlung verbundenen risikomindernden Effekte anfallen — sind allerdings schwer abzuschätzen. Es müßte dazu bekannt sein, welcher Verkaufspreis bei Verzicht auf eine Anzahlung erzielt worden wäre.

3.3.6 Die Gewährung von Pensionszusagen in Verbindung mit der Bildung von Pensionsrückstellungen

Um die Vorteilhaftigkeit der „Aufnahme" von Krediten durch die Gewährung von Pensionszusagen, verbunden mit der Bildung von Pensionsrückstellungen, zu beurteilen, müssen folgende Erwägungen angestellt werden. Erstens kann die Gewährung von Pensionszusagen zu einer Ersparnis an laufenden Gehältern führen, wenn z. B. durch eine Pensionszusage das Ausmaß einer anstehenden Gehaltserhöhung verringert werden kann. Zweitens ergeben sich aus der Dotierung der Pensionsrückstellung steuerliche Auswirkungen. Drittens bewirkt die Pensionszusage mit hoher Wahrscheinlichkeit Pensionszahlungen. Und viertens ist es möglich, daß durch Pensionszusagen das Kreditrisiko der übrigen Gläubiger wächst und sie daher mit einer Erhöhung des Zinssatzes und/oder einer Einschränkung des Kreditvolumens reagieren. Der letzte Gesichtspunkt ist allerdings schwer zu quantifizieren. Dazu muß bekannt sein, wie im Falle eines Konkurses oder sonstiger finanzieller Schwierigkeiten Pensionsverpflichtungen behandelt werden. Steht der Unternehmung etwa das Recht zu, im Falle finanzieller Schwierigkeiten Pensionszusagen zu widerrufen, so wird das Kreditrisiko der übrigen Gläubiger durch Pensionszusagen kaum erhöht.

Folgendes Beispiel demonstriert, wie die Vorteilhaftigkeit einer Pensionszusage grundsätzlich ermittelt werden kann.

Beispiel 17:

Die Bilanz der Unternehmung A zeigt zu $t = 1$ folgende vorläufigen Zahlen: Grundkapital und Rücklagen 200 000, Kredite 200 000, Gewinn (vor Steuern) 80 000, Kassa 100 000, übriges Vermögen 380 000. Der Steuersatz ist 0,60.

Es wird erwogen, dem noch drei Jahre tätigen Geschäftsführer eine *jährliche Gehaltserhöhung von 10 000* oder eine *Pensionszusage von je 21 000* für die ersten beiden Jahre nach Pensionierung zu gewähren. Es wird vereinfachend angenommen, daß die Gehaltszahlungen jeweils zu $t = 1$, $t = 2$, und $t = 3$, die Pensionszahlungen zu $t = 4$ und $t = 5$ anfallen würden. Auch wird unterstellt, daß Gehalts- und Pensionszahlungen mit Sicherheit, gegebenenfalls an die Erben, geleistet werden.

Der Geschäftsführer rechne mit einem Zinssatz von 0,10, er würde somit die Pensions-zusage der Gehaltserhöhung vorziehen.

Die Alternativen stellen sich aus der Sicht der Unternehmung folgendermaßen dar. Die Alternative *Gehaltserhöhung* würde — nach Abzug der dadurch bewirkten Steuerminde-rungen von 6000 — jährlich Mehrausgaben von 4000 (von $t=1$ bis $t=3$) erfordern. Die von den Anteilseignern bezogenen Dividenden sind zu $t=1$ bei Vollausschüttung des Ge-winns nach Steuern $0,40 \cdot (80000 - 10000) = 28000$. Die Alternative Gehaltserhöhung wirkt sich bilanziell folgendermaßen aus:

Kassa	100000	Eigenkapital	200000
— Gehaltserhöhung	10000	Kredite	200000
— Steuern (0,60 · 70000)	42000		
— Ausschüttung	28000		
	20000		
Sonstiges Vermögen	380000		
	400000		400000

Im Falle der Alternative *Pensionszusage* können — vereinfacht — zu $t=1$ bis $t=3$ jährlich $42000/3 = 14000$ rückgestellt werden. Daraus ergibt sich eine jährliche Steuer-minderung von 8400. Diese Steuerminderung werde — um die beiden Alternativen ver-gleichen zu können — ausgeschüttet. Im Falle der Pensionszusage wird somit nicht nur $0,40 \cdot 80000 = 32000$, sondern 40400 ausgeschüttet. Da der bilanzielle Gewinn nach Steuern jedoch nur $0,40(80000 - 14000) = 26400$ beträgt, müssen die Rücklagen um 14000 ver-mindert werden. Folgende bilanzielle Darstellung zeigt, daß unter dieser Annahme der Kassabestand wie bei der Alternative Gehaltserhöhung 20000 beträgt:

Kassa	100000	Eigenkapital	186000
— Steuern (0,60 · 66000)	39600	Pensionsrückstellung	14000
— Ausschüttungen	40400	Kredite	200000
	20000		
Sonstiges Vermögen	380000		
	400000		400000

(Man könnte mit etwa gleichem Ergebnis auch annehmen, daß die Bildung einer Pensionsrückstellung zu geringeren Ausschüttungen führt, daß aber das Volumen der nächsten Kapitalerhöhung entsprechend gemindert wird. Bei beschränkten Möglichkeiten der Gewinnung von Eigenkapital mögen sich die beiden Alternativen auch dadurch unter-scheiden, daß man im Falle der Gewährung einer Pensionszusage nicht die Ausschüttungen erhöht, dafür jedoch mehr investiert. In diesem Fall existiert ein weiterer Vorteil dieser Alternative.)

Im Falle der Pensionszusage ergeben sich zu $t=4$ und $t=5$ Auszahlungen (ohne steuerliche Wirkungen) von 21000, die in Minderdividenden für die Anteilseigner resul-tieren.

Die Barwerte der aus den Alternativen erwarteten Zahlungen sind somit bei einem Nettozinssatz von 0,10:
Barwert der aus der Alternative Gehaltserhöhung erwarteten Zahlungen:
$-4000(1,10^{-1} + 1,10^{-2} + 1,10^{-3}) = -9947$.
Barwert der aus der Alternative Pensionszusage erwarteten Zahlungen:
$8400(1,10^{-1} + 1,10^{-2} + 1,10^{-3}) - 21000(1,10^{-4} + 1,10^{-5}) = -6494$.

Die Pensionszusage ist somit in diesem Fall nicht nur für den Betroffenen, sondern auch für die Unternehmung von Vorteil.

Der Vorteil der Pensionszusage wäre dann geringer, wenn die Kreditgeber der Auffassung sind, daß sich ihre Position durch eine Pensionszusage (bei Ausschüttung aller Steuerminderungen) verschlechtert. Es müßten dann entweder größere finanzielle Reserven gebildet oder Kredite zum Teil rückgezahlt werden. In diesem Fall könnte an die Anteilseigner in den ersten Jahren weniger ausgeschüttet werden, aus den so einbehaltenen Beträgen könnten zum Teil die späteren Pensionen bezahlt werden. Es würde sich somit der Barwert der aus der Pensionszusage erwarteten Zahlungen mindern und es könnte — bei entsprechend geänderten Annahmen — die Alternative Gehaltserhöhung vorteilhaft werden.

Obige Zahlungen wären mit Wahrscheinlichkeiten zu gewichten, um die Möglichkeit einer Zurücknahme der Pensionszusage oder von Todesfällen zu berücksichtigen.

Abschließend wird gezeigt, daß eine Pensionszusage verbunden mit einer Pensionsrückstellung unter *realistischen Bedingungen* auch dann von Vorteil sein kann, wenn sie mit *keiner Minderung* der laufend gezahlten Gehälter verbunden ist [vgl. die diesbezüglichen Berechnungen bei LEMITZ 1971, S. 9 ff.].

Beispiel 18 zeigt deutlich, daß die steuerlichen Auswirkungen von Pensionsrückstellungen so bedeutsam sind, daß in vielen Fällen die durch die Pensionszusage bewirkten Pensionszahlungen aus den Zinsen auf die während der Rückstellungsdauer erzielten Steuerminderungen bezahlt werden können. Die Vorteilhaftigkeit der Pensionszusage würde noch wachsen, wenn durch die Pensionszusage der laufende Personalaufwand gemindert werden kann oder positive Wirkungen auf den Arbeitseinsatz bzw. die Betriebstreue der Dienstnehmer erzielt werden können. Falls die Kreditnehmer die Pensionsrückstellungen zumindest teilweise als Fremdkapital betrachten und die Pensionsrückstellungen daher das (sonstige) Kreditvolumen oder die Kreditbedingungen beeinflussen, so ist der daraus erwachsende Nachteil bei der Barwerterrechnung abzusetzen. Als Schlußfolgerung ergibt sich somit, daß *Unternehmungen, die Pensionszusagen aus rein steuerlichen Gründen geben, ohne Konsequenzen bezüglich der laufend gezahlten Gehälter zu ziehen, durchaus im erwerbswirtschaftlichen Interesse handeln können.*

Beispiel 18:

Einem zu Beginn des Geschäftsjahres 1 45-jährigen Angestellten wird eine gleichbleibende Jahresrente von 1 200 ab Erreichen des 65. Lebensjahres (und bei Invalidität) zugesagt. Der Begünstigte erreiche ein Lebensalter von 75. Der Einfachheit halber wird angenommen, daß keine Witwenrente zugesagt wird. Aus folgender Tabelle ist die Entwicklung der Pensionsrückstellung für diesen Arbeitnehmer gemäß den gegenwärtigen gesetzlichen Bestimmungen (gesetzlicher Mindestzinsfuß 5,5 %) zu ersehen:

Geschäfts-jahr	Alter des Begün-stigten	Rück-stellungs-dotierung	Rück-stellung	Durch die Pensionszusage bewirkte Zahlungen	
				Steuer-ersparnisse (s = 0,60)	Pensions-zahlungen (nach Steuern)
1	46	339[1]	339[1]	203	
2	47	361	700	217	
3	48	371	1071	223	
4	49	350	1421	210	
5	50	437	1858	262	
6	51	438	2296	262	
7	52	437	2733	262	
8	53	437	3170	262	
9	54	437	3607	262	
10	55	438	4045	262	
11	56	546	4591	328	
12	57	438	5029	262	
13	58	546	5575	328	
14	59	547	6122	328	
15	60	547	6669	328	
16	61	655	7324	393	
17	62	656	7980	393	
18	63	875	8855	525	
19	64	874	9729	525	
20	65	1203	10932	722	
21	66	−360	10572	−216	−480[3]
22	67	−360	10212	−216	−480
23	68	−372	9840	−223	−480
24	69	−360	9480	−216	−480
25	70	−372	9108	−223	−480
26	71	−360	8748	−216	−480
27	72	−360	8388	−216	−480
28	73	−360	8028	−216	−480
29	74	−348	7680	−209	−480
30	75	−7680[2]	0	−4608	−480

Der Barwert der durch die Pensionszusage bewirkten Zahlungen ist bei einem Zinsfuß von 0,08: 2805 ($t = 1$ bis $t = 20$) − 1440 ($t = 21$ bis $t = 30$) = 1365.

[1] Die Zahlen wurden auf Basis der Berechnungsgrundlagen im WIRTSCHAFTSPRÜFER-HANDBUCH [1968, S. 1956 ff.] ermittelt und zeigen kleine, auf Rundungen zurückgehende Unregelmäßigkeiten. Bei genauer Rechnung müßten die jährlichen Dotierungen stets ansteigen.

[2] Auflösung infolge Todesfall des Begünstigten.

[3] Die Pensionszahlungen von 1200 pro Jahr sind steuerlich abzugsfähig, die anteilige Auflösung der Rückstellungen ist als Ertrag zu versteuern.

Bei einem Zinsfuß von nur 5% ergibt sich noch immer ein positiver Barwert von 3734 − 3044 = 690. Der Barwert hängt natürlich vom Lebensalter des Begünstigten zum Zeitpunkt der Zusage und vom angesetzten Zinsfuß ab.

3.3.7 Durch Bewertungswahlrechte verlagerte Steuerzahlungen

Durch Ausnutzung von Bewertungswahlrechten (z.B. Anwendung der degressiven Abschreibung anstelle der linearen Abschreibung, Anwendung gestatteter Sonderabschreibungen im Anschaffungsjahr von Investitionsprojekten) entstehen „zinslose Steuerkredite" bis zu jenem Zeitpunkt, in denen die durch die Bewertungswahlrechte gelegten stillen Reserven offengelegt (und versteuert) werden müssen. Diese „Steuerkredite" sind nicht nur zinslos, es handelt sich auch um „Kredite", die das Kreditrisiko der übrigen Gläubiger kaum erhöhen. Die „Steuerkredite" sind nämlich nur dann rückzuzahlen, wenn die Unternehmung im Jahr der Auflösung der stillen Reserven oder in einem der folgenden Jahre, auf die Verluste vorgetragen werden können, Gewinne aufweist. In den das Kreditrisiko der Gläubiger bestimmenden Situationen, in denen finanzielle Schwierigkeiten zu Konkurs oder Vergleich führen können, wird die Unternehmung mit größter Wahrscheinlichkeit Verluste aufweisen, so daß (auch unter Beachtung der Verlustvortragsmöglichkeiten) eine Rückzahlung der „Steuerkredite" und daher eine Minderung der Konkurs- bzw. Vergleichsquote infolge Rückzahlung der „Steuerkredite" kaum in Frage kommt. Die Inanspruchnahme solcher „Steuerkredite" wird daher in aller Regel von Vorteil sein. (Die Vorteilhaftigkeit der Anwendung vorzeitiger Abschreibungen in Abhängigkeit von den Finanzierungsregeln der Unternehmung bzw. vom Verhalten der Gläubiger wurden vom Autor an anderer Stelle genauer untersucht [SWOBODA 1970].)

Ergänzende und vertiefende Literatur zu Abschnitt 3.3:
BÜSCHGEN 1967.
BÜSCHGEN 1971, S. 136–142.
ERLEMANN 1969.
FINANZIERUNGSHANDBUCH 1970.
GLOMB 1969.
GUTENBERG 1969, S. 161–183.
HANDBUCH DER UNTERNEHMENSFINANZIERUNG 1971.
HAX, K., 1966, S. 440–446.
HEISSMANN 1967.
KOLBECK 1968.
LEFFSON 1964.

LEMITZ 1971.
LOITLSBERGER 1971.
REINBOTH 1965.
RITTERSHAUSEN 1964, S. 175–223.
STAEHLE 1965.
STIER 1970.
SWOBODA 1970.
VORMBAUM 1971.

3.4 Die Strukturierung des Fremdkapitals bei kurzfristig schwankendem Kapitalbedarf

Kurzfristig schwankender Kapitalbedarf resultiert aus schwankenden Beständen des Umlaufvermögens. Die Schwankungen der Bestände des Umlaufvermögens können stochastischer oder voraussehbarer (saisonaler) Natur sein. Stochastisch schwankende Bestände werden im Vordergrund der Diskussion stehen; zur Finanzierung saisonal schwankender Bestände wird abschließend Stellung genommen.

Der Kapitalbedarf für das Umlaufvermögen kann in grober Form in Kapitalbedürfnisse für liquide Mittel (Sicherheitsbestände), Forderungen, Fertigerzeugnisse, Halberzeugnisse und Material (Roh-, Hilfs- und Betriebsstoffe) gegliedert werden. Schwankungen stochastischer Art können sich bei allen Beständen ergeben. Sie sind durch die Zahlungsweise der Kunden, die Bestellweise der Unternehmung (z. B. durch die Losgrößen und die Bestelltermine), die Liefertermine der Lieferanten, Schwankungen im Produktionsvolumen, im Absatz usw. bedingt. Zu beachten ist jedoch, daß sich Schwankungen zum Teil kompensieren werden: So bewirkt eine Forderungszunahme infolge verstärkten Absatzes eine Abnahme der Fertigerzeugnisbestände. [Bezüglich der Ursachen und Ausprägungsformen von Schwankungen des Umlaufkapitalbedarfs vgl. vor allem GUTENBERG 1969, S. 5–122].

Stochastische Schwankungen des Kapitalbedarfs können zum Teil durch Kreditformen oder kreditersetzende Maßnahmen bewältigt werden, deren Ausmaß mit dem Kapitalbedarf korreliert ist. Auf solche Kreditinstrumente (Lieferantenkredit, Factoring) soll gegen Ende dieses Abschnitts eingegangen werden. Weitere Mittel, die zunächst im Vordergrund der Diskussion stehen, sind die Vereinbarung eines Kontokorrentkredits und die Aufnahme eines betraglich fixierten Kredits, der — soweit er nicht zur Deckung der Kapitalbedürfnisse für die Vorräte und Forderungen herangezogen werden muß — in Form liquider Mittel, Bankguthaben oder Wertpapiere die finanziellen Reserven der Unternehmung verstärkt.

Die zwei folgenden Beispiele zeigen, wie eine optimale Kombination aus den beiden zuletzt genannten Mitteln — Vereinbarung eines Kontokorrentkredits und Aufnahme eines betraglich fixierten Kredits zur Stärkung der finanziellen Reserven — ermittelt werden kann. Die Methodik (nicht die Problemstellung) entspricht der von TSCHUMI angewandten [TSCHUMI 1969].

Beispiel 19[1]:

Über die Finanzierung des Mindestkapitalbedarfs einer Unternehmung ist bereits entschieden, es geht um die Deckung des den Mindestkapitalbedarf übersteigenden Bedarfs von mindestens 0 und maximal F_S. Folgende Alternativen stehen der Unternehmung offen, um den Kapitalbedarf von maximal F_S zu decken:

1) Die Unternehmung kann ein grundbücherlich oder z. B. durch Wertpapierlombardierung gesichertes Darlehen für einen Betrag gleich/kleiner F_S aufnehmen und diesen Betrag auf ein Kontokorrentkonto einzahlen, das je nach Bedarf in Anspruch genommen wird. Für das Darlehen sind Zinsen zum Satz von k_d zu leisten, für das Kontokorrentguthaben erzielt die Unternehmung Zinsen zum Satz von k_a. Das Ausmaß des Darlehens sei mit F_D bezeichnet. Das Darlehen ist formell kurzfristig, soll jedoch jeweils vor Ablauf der Fristigkeit prolongiert werden.

2) Die Unternehmung kann für den Teil von F_S, der nicht durch F_D beschafft wird, einen grundbücherlich oder durch Wertpapierlombardierung gesicherten und ebenfalls kurzfristigen und ständig zu erneuernden Kontokorrentkredit aufnehmen. Der vereinbarte Höchstbetrag des Kontokorrentkredits ist $F_K = F_S - F_D$. Der Kontokorrentkredit verursacht Zinskosten (gerechnet vom jeweiligen Kreditbetrag) zum Satz von k_k, zudem eine Bereitstellungsprovision (gerechnet vom Kreditlimit) zum Satz von k_b.

Überziehungsprovisionen werden zunächst ausgeschlossen. — Kontoführungsspesen und Umsatzprovision (soweit sie von den Kontenumsätzen berechnet werden) fallen bei jeder Kombination von F_K und F_D in gleichem Ausmaß an und können daher vernachlässigt werden.

Der Satz k_d muß die Gewerbeertragsteuer auf die Zinsen des Bankdarlehens und die Gewerbekapitalsteuer auf den Darlehensbetrag enthalten, falls dieses Darlehen zu den Dauerschulden zählt. Beim Kontokorrentkredit ist zu beachten, daß der — einige Zeit bestehende — Mindestschuldbetrag gewerbekapitalsteuerpflichtig ist bzw. die für diesen Mindestschuldbetrag errechneten Zinsen der Gewerbeertragsteuer unterliegen. In diesem Beispiel wird angenommen, daß bei beiden Alternativen keine Gewerbesteuer anfällt.

Zur Lösung des Problems muß bekannt sein, an wievielen Tagen eines Jahres mit einem Kapitalbedarf (zusätzlich zum Mindestkapitalbedarf) von 0, 1, 2, 3 ... F_S Geldeinheiten gerechnet werden muß. Untenstehende Skizze zeigt eine beispielhafte Häufigkeitsverteilung des Kapitalbedarfs (V). An 18 Tagen ist der Kapitalbedarf 0, an $160 - 90 = 70$ Tagen ist der Kapitalbedarf ca. 2/7 von F_S. Diese Tage müssen *nicht* hintereinander liegen, sie sind nur in untenstehender Häufigkeitsverteilung (Abbildung 3) hintereinander angeordnet.

---

[1] Das Beispiel wurde — mit wenigen Änderungen — auch gebracht in SWOBODA [1972].

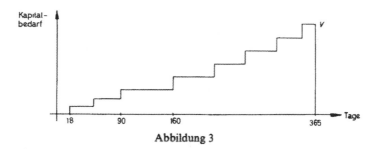

Abbildung 3

Zur leichteren Berechnung des Optimums wird von einer stetigen Häufigkeitsverteilung V — vgl. Abbildung 4 — ausgegangen: $V = F_S t^y$ (t = Zeit in Jahren; V bei $t = 1$ ist somit gleich F_S; V bei $t = 0$ ist 0; y = Konstante).

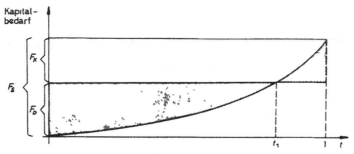

Abbildung 4

Es wird nun gesetzt:

$$F_D = oF_S$$
$$F_K = (1 - o)F_S$$

Gemäß Abbildung ist:

$$F_S t_1^y = F_D = oF_S$$
$$t_1 = o^{1/y}$$

Nun können die Kosten bei Aufteilung von F_S in F_K und F_D berechnet werden. Erstens entstehen Zinskosten für das Darlehen von

$$Z_D = k_d F_S o$$

Zweitens entstehen Zinskosten für den Kontokorrentkredit von

$$Z_K = \int_{t=t_1}^{1} k_k F_S t^y \mathrm{d}t - k_k F_S o(1 - t_1)$$

Nach Integration unter Beachtung der Beziehung $t_1 = o^{1/y}$ ergibt sich:

$$Z_K = k_k F_S \left[\frac{1}{1 + y} \left(1 + yo^{\frac{y+1}{y}} \right) - o \right]$$

Drittens entstehen Bereitstellungsprovisionen für den Kontokorrentkredit von

$$B_K = k_b F_S (1 - o)$$

Und schließlich entstehen Zinserträge aus einem positiven Saldo des Kontokorrentkontos von

$$Z_G = k_g F_S o t_1 - \int_{t=0}^{t_1} k_g F_S t^y dt$$

$$Z_G = k_g F_S \frac{y}{y+1} o^{\frac{y+1}{y}}$$

Insgesamt ergeben sich daher Kosten von $Z = Z_D + Z_K + B_K - Z_G$.

Um die optimale Aufteilung von F_S auf F_D und F_K zu erhalten, muß Z nach o differenziert und die Ableitung Null gesetzt werden:

$$Z = k_d F_S o + k_k F_S \left[\frac{1}{1+y} \left(1 + y o^{\frac{y+1}{y}} \right) - o \right] + k_b F_S (1 - o) - k_g F_S \frac{y}{y+1} o^{\frac{y+1}{y}} \qquad (16)$$

$$\frac{\partial Z}{\partial o} = k_d F_S + k_k F_S o^{1/y} - k_k F_S - k_b F_S - k_g F_S o^{1/y} = 0$$

$$o^* = \left(\frac{k_k + k_b - k_d}{k_k - k_g} \right)^y \qquad (17)$$

Bei den Daten $y = 1$ (linearer Verlauf), $k_d = 0,07$, $k_k = 0,05$, $k_b = 0,03$ und $k_g = 0,01$ ergibt sich folgendes optimales o^*:

$$o^* = \frac{0,05 + 0,03 - 0,07}{0,05 - 0,01} = 0,25$$

Es ist somit am günstigsten, ein Darlehen im Ausmaß von 25% und einen Kontokorrentkredit im Ausmaß von 75% des Höchstschuldbetrags F_S zu vereinbaren. Die bei dieser Politik entstehenden minimalen Kosten pro Periode sind gemäß Formel (16) 0,0537 F_S.

Eine Kombination von F_D und F_K ist nur vorteilhaft, wenn sowohl der Zähler als auch der Nenner dieses Bruchs positiv oder negativ sind. Falls der Zähler negativ ist (bei positivem Nenner), ist der gesamte Kapitalbedarf durch den Kontokorrentkredit zu decken. Falls der Nenner negativ ist (bei positivem Zähler), ist der gesamte Kapitalbedarf durch das Darlehen zu decken.

Nun werden häufig Kontokorrentkredite gewährt, die keine vom Kreditrahmen abhängige Kreditprovision, jedoch einen höheren Zinssatz vorsehen. In diesem Fall fällt in Formel (16) k_b weg. o^* wäre etwa bei $k_k = 0,10$, $k_b = 0$ und sonst unveränderten Daten 0,33.

Die in Beispiel 19 angewandte Methodik ist auch anwendbar, wenn der stochastisch fluktuierende Kapitalbedarf zum Teil durch Kontenüberziehungen gedeckt werden kann. Dies demonstriert Beispiel 20.

Beispiel 20:

Es ist die gleiche Problemstellung wie in Beispiel 19 zu behandeln, jedoch unter Einbeziehung der Möglichkeit von Überziehungen des Soll- oder/und des Habenkontokorrentkontos. Beide Kontokorrentkonten zusammen mögen im Maximalausmaß von 10 % des maximalen Kapitalbedarfs F_S überzogen werden können. (Die gleiche Methodik könnte auch angewandt werden, wenn z. B. nur der Kontokorrentkredit in Abhängigkeit von F_K überzogen werden dürfte.) Der Teil des Kapitalbedarfs F_S, der durch Überziehungen gedeckt werden soll, wird mit $F_{\ddot U}$ bezeichnet. Der Zinssatz für überzogene Beträge beträgt $k_{\ddot a}$ (k_k plus Überziehungsprovision).

Bei der Lösung des Problems wird so vorgegangen, daß vorerst die Überziehungsbeschränkung auf $0{,}10\,F_S$ nicht beachtet wird. Zeigt die optimale Lösung, daß die maximale Überziehung ohnehin geringer als $0{,}10\,F_S$ ist, ist das Optimum gefunden. Ist gemäß Lösung die optimale Überziehung größer als $0{,}10\,F_S$, so wird sie mit $0{,}10\,F_S$ festgesetzt.

Abbildung 5 soll das Verständnis der Entwicklung des Lösungsansatzes erleichtern:

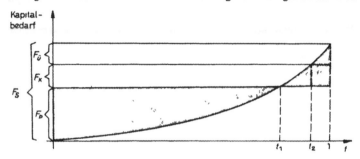

Abbildung 5

Es wird nun gesetzt:

$$F_D = o F_S$$
$$F_K = d F_S$$
$$F_{\ddot U} = (1 - o - d) F_S$$

Gemäß Abbildung 5 ist:

$$F_S t_1^y = F_D = o F_S$$
$$t_1 = o^{1/y}$$
$$F_S t_2^y = F_D + F_K = (o + d) F_S$$
$$t_2 = (o + d)^{1/y}$$

Die Zinskosten für das Darlehen sind:

$$Z_D = k_{\ddot a} F_S o$$

Die Zinskosten für den Kontokorrentkredit sind:

$$Z_K = \int_{t=t_1}^{1} k_k F_S t^y \,dt - k_k F_S o (1 - t_1) - \left[\int_{t=t_2}^{1} k_k F_S t^y \,dt - k_k F_S (o + d)(1 - t_2) \right]$$

$$Z_K = k_k F_S \left\{ \frac{y}{y+1} \left[o^{\frac{y+1}{y}} - (o + d)^{\frac{y+1}{y}} \right] + d \right\}$$

Die Kreditprovision für den Kontokorrentkredit ist:

$$B_K = k_b F_S d$$

Die Zinskosten für den Überziehungskredit sind:

$$Z_U = \int\limits_{t=t_2}^{1} k_{\ddot{u}} F_S t^y \, dt - k_{\ddot{u}} F_S (o+d)(1-t_2)$$

$$Z_U = k_{\ddot{u}} F_S \left\{ \frac{1}{y+1} \left[1 + y\,(o+d)^{\frac{y+1}{y}} \right] - o - d \right\}$$

Die Zinserträge aus dem Kontokorrentguthaben betragen:

$$Z_G = k_g F_S o t_1 - \int\limits_{t=0}^{t_1} k_g F_S t^y \, dt$$

$$Z_G = k_g F_S \frac{y}{y+1} o^{\frac{y+1}{y}}$$

Um die optimale Strukturierung des Fremdkapitals zu erhalten, ist
$Z = Z_D + Z_K + B_K + Z_U - Z_G$ nach o und d zu differenzieren, und es sind die beiden Ableitungen Null zu setzen:

$$Z = k_d F_S o + k_k F_S \left\{ \frac{y}{y+1} \left[o^{\frac{y+1}{y}} - (o+d)^{\frac{y+1}{y}} \right] + d \right\} + k_b F_S d$$

$$+ k_{\ddot{u}} F_S \left\{ \frac{1}{y+1} \left[1 + y\,(o+d)^{\frac{y+1}{y}} \right] - o - d \right\} - k_g F_S \frac{y}{y+1} o^{\frac{y+1}{y}}$$

$$\frac{\partial Z}{\partial o} = k_d F_S + k_k F_S [o^{1/y} - (o+d)^{1/y}] + k_{\ddot{u}} F_S [(o+d)^{1/y} - 1] - k_g F_S o^{1/y} = 0$$

$$\frac{\partial Z}{\partial d} = k_k F_S [-(o+d)^{1/y} + 1] + k_b F_S + k_{\ddot{u}} F_S [(o+d)^{1/y} - 1] = 0$$

Durch Gleichsetzung von $\dfrac{\partial Z}{\partial o}$ und $\dfrac{\partial Z}{\partial d}$ erhält man:

$$k_d F_S + k_k F_S (o^{1/y} - 1) - k_g F_S o^{1/y} = k_b F_S$$

$$o^* = \left(\frac{k_k + k_b + k_d}{k_k - k_g} \right)^y \tag{18a}$$

Wenn für o in $\dfrac{\partial Z}{\partial d} = 0$ eingesetzt wird, erhält man:

$$d^* = \left(\frac{k_{\ddot{u}} - k_k - k_b}{k_{\ddot{u}} - k_k} \right)^y - o^* \tag{18b}$$

Falls die in Beispiel 19 angenommenen Zahlen, ergänzt um $k_u = 0,09$, eingesetzt werden, ergibt sich $o^* = 0,25$ und $d^* = 0,25$. Da der Überziehungskredit $F_S(1 - o - d)$ ist, wären 50% des Maximalkapitalbedarfs durch Überziehungskredite zu decken. Dies widerspricht den Angaben. Daher ist der Überziehungskredit mit dem Maximum von 0,10 F_S anzusetzen. o^* ist unverändert mit 0,25 und d^* daher mit 0,65 festzulegen. (Man sieht aus der Lösung, daß der Anteil des Darlehens an F_S bei der gegebenen Struktur dieses Falls von der Einbeziehung des Überziehungskredits nicht beeinflußt wird. Formel (17) und Formel (18a) für den optimalen Anteil des Darlehens sind identisch. Dies kann durch folgende Erwägung erklärt werden: Der Übergang von der Darlehensaufnahme zur Vereinbarung eines Kontokorrentkredits findet dort statt, wo die Wahrscheinlichkeit des Bedarfs an zusätzlichen finanziellen Mitteln so gering ist, daß es vorteilhaft wird, für den weiteren Kapitalbedarf nur mehr eine Kreditaufnahmemöglichkeit in Form eines Kontokorrentkredits zu vereinbaren. Diese kritische Schwelle ist aber unabhängig davon, ob und in welchem Ausmaß der aufzunehmende Kontokorrentkredit überzogen werden soll.)

Die Kosten bei $o = 0,25$, $d = 0,65$ und $(1 - o - d) = 0,10$ betragen 0,05095, sie sind somit niedriger als ohne Inanspruchnahme des Überziehungskredits.

Bis zu diesem Stadium wurde untersucht, in welcher Weise ein Kontokorrentkredit und ein betraglich fixierter Kredit, der einem aktiven Kontokorrentkonto gutgeschrieben wird, kombiniert werden können, um einen stochastisch schwankenden Kapitalbedarf optimal zu finanzieren. Weiter könnte noch erwogen werden, den durch das Darlehen erzielten Kreditbetrag zum Ankauf von *Wertpapieren* zu verwenden, die im Bedarfsfall zu veräußern wären. Höheren Zinserträgen stünden höhere Transaktionskosten gegenüber.

Eine Einbeziehung der *Lieferantenkredite* in die zu kombinierenden Finanzierungsmaßnahmen müßte in zweifacher Hinsicht erwogen werden. Erstens wäre zu untersuchen, ob eine generelle Inanspruchnahme der Lieferantenkredite vorteilhaft ist. Dazu müßte ermittelt werden, welche Häufigkeitsverteilung der bei einer generellen Inanspruchnahme der Lieferantenkredite verbleibende Kapitalbedarf hat. Für den ungedeckten Kapitalbedarf wäre die optimale Finanzierung etwa durch Kontokorrentkredit und Darlehen zu finden. Die Kosten für Kontokorrentkredit, Darlehen und Lieferantenkredit (Skontoentgang) sind dann den Kosten bei ausschließlicher Finanzierung durch Kontokorrentkredit und Darlehen gegenüberzustellen, um die Vorteilhaftigkeit der generellen Inanspruchnahme des Lieferantenkredits beurteilen zu können. Meist wird eine generelle Inanspruchnahme des Lieferantenkredits nicht vorteilhaft sein (vgl. aber Abschnitt 3.2.3 und 3.5). Zweitens wäre zu untersuchen, ob es vorteilhaft ist, einen Teil des Spitzenkapitalbedarfs durch Lieferantenkredite zu decken. Hier tritt der Lieferantenkredit nur in Konkurrenz zum Kontokorrentkredit bzw. Überziehungskredit. Durch Vergleich mit den Kosten einer Überziehung eines

Kontokorrentkredits kann festgestellt werden, ob der Lieferantenkredit anstelle einer Kontenüberziehung oder zusätzlich zur maximal gestatteten
Kontenüberziehung in Zeiten hohen Kapitalbedarfs in Anspruch genommen
werden soll. Die Berechnungen werden dadurch erschwert, daß die Zinsen
für Lieferantenkredite nicht kontokorrentmäßig abgerechnet werden.

In gleicher Weise wie eine generelle Inanspruchnahme des Lieferantenkredits kann das *Factoring* auf seine Vorteilhaftigkeit untersucht werden.
Bei Eingehen eines Factoring-Vertrags ergibt sich eine Häufigkeitsverteilung des durch das Factoring nicht abgedeckten Kapitalbedarfs, für den die
optimale Finanzierung durch Kontokorrentkredit, Darlehen und eventuell
Lieferantenkredit errechnet werden kann. Die Kosten des Factoring und
der genannten Kredite sind dann mit den Kosten zu vergleichen, die bei optimaler Deckung des Kapitalbedarfs ohne Inanspruchnahme des Factoring
entstehen. Folgendes Beispiel, das sich einer vereinfachten Methodik bedient, soll dieses Wahlproblem erläutern.

Beispiel 21:

Der Kapitalbedarf für Rohstoffe, Halbfertigfabrikate, Fertigfabrikate, Forderungen
betrug 1969

$$
\begin{aligned}
&\text{an 45 Tagen} &&100\,000, \\
&\text{an 60 Tagen} &&110\,000, \\
&\text{an 60 Tagen} &&120\,000, \\
&\text{an 50 Tagen} &&130\,000, \\
&\text{an 40 Tagen} &&140\,000, \\
&\text{an 40 Tagen} &&150\,000, \\
&\text{an 40 Tagen} &&160\,000 \text{ und} \\
&\text{an 30 Tagen} &&170\,000.
\end{aligned}
$$

Für 1970 wird mit einer gleichen Verteilung gerechnet. Der Kapitalbedarf für Forderungen ist stets 25% des gesamten Kapitalbedarfs. Folgende Finanzierungsmöglichkeiten
stehen zur Verfügung:

1) Ein Factoring-Institut bietet an, sämtliche Forderungen nach Rechnungsstellung
aufzukaufen und der Unternehmung 90% der Forderungsbeträge sofort gutzuschreiben
und 10% auf ein unverzinsliches Sperrkonto zu überweisen. Der Sperrbetrag wird nach
Eingang der Forderungen der Unternehmung zur Verfügung gestellt. — An Kosten würde
das Institut eine feste Gebühr von 1% des Forderungsbetrages und 7% Zinsen p.a. vom
kreditierten Betrag (= 90% des Forderungsbetrages) verrechnen. Das Factoring würde
dem Betrieb Verwaltungskosten im Ausmaß von 0,5% des Umsatzes ersparen. Das Aus-
fallsrisiko soll nicht übernommen werden. Der Einfachheit halber wird unterstellt, daß das
von den Kunden in Anspruch genommene Zahlungsziel unabhängig vom Factoring durch-
wegs 2 Monate ist.

2) Es kann ein Kontokorrentkredit mit einem Kreditrahmen bis zu 170 000 aufgenommen werden. An Spesen würden auflaufen: Kreditprovision 3% p.a. vom gewählten
Kreditrahmen, Zinsen 5% p.a. vom jeweilig ausstehenden Betrag. (Buchungsspesen und
Umsatzprovision werden nicht berücksichtigt, weil sie bei allen Finanzierungsalternativen
im gleichen Ausmaß anfallen.)

3) Es kann ein Bankdarlehen bis zu 170 000 aufgenommen werden. An Zinsen würden 6% verrechnet werden. Jeweils nicht benötigte Beträge werden einem Habenkontokorrent-konto gutgeschrieben (Zinsertrag 1% p.a.).

Alle Zinssätze enthalten eventuelle steuerliche Belastungen.

Es ist die optimale Kombination der Finanzierungsmaßnahmen zu ermitteln.

Bei der Lösung dieses Beispiels wird in Stufen vorgegangen. Vorerst wird die optimale Kombination zwischen Kontokorrentkredit und Darlehen ermittelt, unter der Annahme, daß das Factoring nicht in Anspruch genommen wird. Sodann wird die Vorteilhaftigkeit des Factoring überprüft.

1. Schritt:

	Kreditkosten bei Finanzierung durch	
	Kontokorrentkredit	Darlehen
für die ersten 100 000	8000	6000

für weitere 10 000 (sie werden an 365 − 45 = 320 Tagen benötigt)

$$300 + \frac{320}{365} \cdot 500 \qquad\qquad 600 - \frac{45}{365} \cdot 100$$

$$= 738 \qquad\qquad\qquad = 588$$

(Die Zinskosten beim Kontokorrentkredit ergeben sich aus der Kreditprovision plus den Zinsen für 320 Tage. Die Zinskosten beim Darlehen ergeben sich aus den Zinskosten für 365 Tage minus der Zinsgutschrift von 1% für 45 Tage.)

für weitere 10 000 (sie werden an 365 − 105 = 260 Tagen benötigt)

$$300 + \frac{260}{365} \cdot 500 \qquad\qquad 600 - \frac{105}{365} \cdot 100$$

$$= 656 \qquad\qquad\qquad = 571$$

für weitere 10 000 (sie werden an 365 − 165 = 200 Tagen benötigt)

$$300 + \frac{200}{365} \cdot 500 \qquad\qquad 600 - \frac{165}{365} \cdot 100$$

$$= 574 \qquad\qquad\qquad = 555$$

für weitere 10 000 (sie werden an 365 − 215 = 150 Tagen benötigt)

$$300 + \frac{150}{365} \cdot 500 \qquad\qquad 600 - \frac{215}{365} \cdot 100$$

$$= 506 \qquad\qquad\qquad = 541$$

für weitere 10 000 (sie werden an 365 − 255 = 110 Tagen benötigt)

$$300 + \frac{110}{365} \cdot 500 \qquad\qquad 600 - \frac{255}{365} \cdot 100$$

$$= 451 \qquad\qquad\qquad = 530$$

für weitere 10 000 (sie werden an 365 − 295 = 70 Tagen benötigt)

$$300 + \frac{70}{365} \cdot 500 \qquad\qquad 600 - \frac{295}{365} \cdot 100$$

$$= 396 \qquad\qquad\qquad = 519$$

für weitere 10 000 (sie werden an 365 − 335 = 30 Tagen benötigt)

$$300 + \frac{30}{365} \cdot 500 \qquad\qquad 600 - \frac{335}{365} \cdot 100$$

$$= 341 \qquad\qquad\qquad = 508$$

Es zeigt sich somit, daß ein Darlehen von 130 000 aufgenommen und ein Kontokorrent-kredit von 40 000 vereinbart werden soll. (Zusätzlich könnte noch untersucht werden, ob ein niedrigerer Kontokorrentkredit mit Überziehungsmöglichkeit noch günstiger wäre.) Die Kosten bei dieser Politik sind $6000 + 588 + 571 + 555 + 506 + 451 + 396 + 341 = 9408$.

2. Schritt:

Wenn das Factoring in Anspruch genommen wird, so werden 22,5 % der Kosten von 9408 ($= 2117$) erspart. Denn 25 % des Kapitalbedarfs entfällt auf Forderungen, und 90 % der Forderungen werden bevorschußt[1].

Um die Kosten des Factoring zu ermitteln, müssen die pro Jahr entstehenden Forde-rungen errechnet werden. Sie ergeben sich aus dem durchschnittlichen Forderungsbestand, multipliziert mit der Umschlagshäufigkeit von 6 pro Jahr.

$$(25\,000 \cdot \frac{45}{365} + 27\,500 \cdot \frac{60}{365} + 30\,000 \cdot \frac{60}{365} + 32\,500 \cdot \frac{50}{365} + 35\,000 \cdot \frac{40}{365}$$

$$+ 37\,500 \cdot \frac{40}{365} + 40\,000 \cdot \frac{40}{365} + 42\,500 \cdot \frac{30}{365}) \cdot 6 \sim 197\,000$$

Es ergeben sich daher feste Gebühren minus Verwaltungseinsparungen von $0,005 \cdot 197\,000 = 985$ und Zinskosten von $0,07 \cdot 0,90 \cdot 197\,000/6 = 2069$. Den Ersparnissen durch das Factoring von 2117 stehen daher Kosten des Factoring von 3054 gegenüber. Das Factoring ist in diesem Fall ungünstig.

In den Berechnungen wurden jedoch Unterschiede in der Inanspruchnahme des Siche-rungspotentials der Unternehmung nicht berücksichtigt. Wenn dem Factor die zedierten Forderungen als Sicherung seiner Ansprüche genügen, bei Ersatz des Factoring durch Kontokorrentkredite oder Darlehen jedoch qualifiziertere Sicherungen gewährt werden müssen, so muß dies bei der Entscheidung für oder gegen das Factoring berücksichtigt werden.

Bis jetzt wurde auf den Fall stochastisch schwankenden Kapitalbedarfs abgestellt. Die Strukturierung des Fremdkapitals bei *saisonal schwankendem Kapitalbedarf* für Bestände des Umlaufvermögens kann selbstverständlich mittels der gleichen Methode wie bei stochastisch schwankendem Kapital-bedarf ermittelt werden. Bei saisonal schwankendem Kapitalbedarf kommen jedoch weitere Möglichkeiten zur Deckung des Spitzenbedarfs in Frage, die zusätzlich zu beachten sind. Da die Kapitalbedarfsentwicklung voraussseh-bar ist, kann der Spitzenkapitalbedarf eher durch Vereinbarung von Diskont-oder (echter) Wertpapierlombardkredite gedeckt werden. Während somit bei stochastisch schwankendem Kapitalbedarf es oft günstig sein wird, für einen Teil des maximalen Kapitalbedarfs ein Darlehen aufzunehmen und es auf einem Habenkontokorrent zu niedrigem Zinsfuß anzulegen (siehe oben), wird man bei saisonal schwankendem Kapitalbedarf häufig vorziehen, ein

---

[1] Falls die Forderungen nicht ein konstanter Anteil des jeweiligen Umlaufvermögens sind, könnte nicht so einfach gerechnet werden. Es müßte dann für den Kapitalbedarf für das Um-laufvermögen minus Forderungen eine neue Häufigkeitsverteilung und deren optimale Finan-zierung durch Kontokorrentkredit und Darlehen ermittelt werden, um über die Inanspruch-nahme des Factoring entscheiden zu können.

Darlehen zu vereinbaren, dessen Erlös für den Kauf von Wertpapieren verwendet wird, die im Zeitraum des Spitzenkapitalbedarfs belehnt oder veräußert werden. Der Grund dafür ist, daß bei saisonalen Kapitalbedarfsschwankungen mit niedrigeren Transaktionskosten zu rechnen ist (da Transaktionen seltener vorgenommen werden) als bei stochastischen Kapitalbedarfsschwankungen und infolge der Vorhersehbarkeit der Kapitalbedarfsentwicklung rechtzeitig Kreditvereinbarungen getroffen werden können. (Eine Wertpapierlombardierung ist vor allem in jenen Situationen interessant, wo Wertpapiere ohnehin gehalten werden; so bei Beteiligungsabsicht, oder in Österreich infolge der Bestimmung, daß eine Abfertigungsrücklage mit steuerlicher Wirkung nur dann dotiert werden darf, wenn festverzinsliche Wertpapiere im Ausmaß von 25% der Abfertigungsrücklage gehalten werden.)

Ergänzende und vertiefende Literatur zu Abschnitt 3.4:
GUTENBERG 1969, S. 5–122.
ROBICHEK-MYERS 1965, S. 112–126.
TSCHUMI 1969.
TSCHUMI 1970.

3.5 Zusammenfassung: Bestimmungsgründe für den optimalen Verschuldungsgrad und die optimale Fremdkapitalstruktur

Der Bereich der möglichen Verschuldungsgrade und Fremdkapitalstrukturen wird durch das *Sicherungspotential* der Unternehmung bestimmt. In folgender synoptischer Darstellung sind die Vermögensgegenstände einer Unternehmung den aus ihnen resultierenden Sicherungsmöglichkeiten und diese wieder den ihnen entsprechenden Kreditformen gegenübergestellt. Seltener genutzte Sicherungsmöglichkeiten und Kreditformen sind in Klammer gesetzt.

Jeweils erneuerte kurzfristige Kredite sind in der Zusammenstellung als kurzfristig ausgewiesen, da sie sich bezüglich des Kreditrisikos nicht von einmaligen kurzfristigen Krediten unterscheiden. Zusätzlich zu dieser Zusammenstellung sind die *kreditersetzenden* Maßnahmen: Leasing (Miete von Anlagegegenständen) und echtes Factoring (Verkauf von Forderungen) festzuhalten. Weiter ist zu beachten, daß für Bankbürgschaften ebenfalls Sicherungspotential benötigt wird. Kredite, die üblicherweise kein Sicherungspotential verbrauchen, sind Kundenanzahlungen, Pensionsrückstellungen und aufgeschobene Steuerzahlungen sowie kurzfristige sonstige Verbindlichkeiten aus dem laufenden Geschäftsverkehr, wie Mietverbindlichkeiten, rückständige Lohnzahlungen usw.

Vermögensgegenstände	Sicherungsformen	Kreditformen	Fristigkeit
Anlagevermögen			
unbebaute und bebaute Grundstücke	Hypothek, Grundschuld	Hypothekarkredite, hypothekarisch gesicherte Anleihen, Schuldscheindarlehen und Kontokorrentkredite	langfristig (Kontokorrentkredit kurzfristig)
Maschinen, Betriebs- und Geschäftsausstattung	Eigentumsvorbehalt, Sicherungsübereignung	durch Sicherungsübereignung oder Eigentumsvorbehalt gesicherte Investitionskredite	langfristig
Beteiligungen, Wertpapiere	Verpfändung	Lombardkredite	kurzfristig
gegebene Anzahlungen	—	—	—
Patente, Lizenzen	(Verpfändung)	(Lombardkredite)	kurzfristig oder langfristig
Firmenwert und ähnliche Rechte	—	—	—
Umlaufvermögen			
Roh-, Hilfs- und Betriebsstoffe, Handelswaren	Eigentumsvorbehalt (Verpfändung)	Lieferantenkredite (Lombardkredite)	kurzfristig
gegebene Anzahlungen	—	—	—
Halberzeugnisse	—	—	—
Fertigerzeugnisse	(Verpfändung) (verlängerter Eigentumsvorbehalt)	(Lombardkredite) (Lieferantenkredite)	kurzfristig
Forderungen	Zession	Zessionskredite, durch Zession gesicherte Kontokorrentkredite, unechtes Factoring mit Bevorschussung	kurzfristig
	(verlängerter Eigentumsvorbehalt)	(Lieferantenkredite)	
Besitzwechsel	Indossierung	Diskontkredite (durch indossierte Besitzwechsel gesicherte Darlehen)	kurzfristig
Wertpapiere, Festgelder	Verpfändung	Lombardkredite	kurzfristig
Kassa und täglich fällige Bankguthaben	—	—	—

Die Zusammenfassung zeigt, daß sich im wesentlichen nur das sachliche Anlagevermögen zur Besicherung langfristiger Verbindlichkeiten eignet. Nur in Sonderfällen kann durch die Verpfändung von Patenten, Wertpapieren oder Forderungen ein langfristiger Kredit gesichert werden. Zum Beispiel könnten bei langfristigen Lieferverträgen mit potenten Firmen die Forderungen an die Firmen zur Besicherung langfristiger Investitionskredite herangezogen werden. Das gleiche gilt für die Abtretung von Forderungen aus einem Lizenzvertrag, wenn dieser langfristig unkündbar ist und fixierte Zahlungen vorsieht.

Das Kreditpotential der Unternehmung bezüglich langfristiger Verbindlichkeiten ist daher bedeutend niedriger als das Kreditpotential der Unternehmung bezüglich lang- *und* kurzfristiger Verbindlichkeiten. Es besteht somit nur so lange eine *Alternative* zwischen lang- und kurzfristigen Verbindlichkeiten, solange das Sicherungspotential für langfristige Verbindlichkeiten nicht ausgenutzt ist. Nach Ausnutzung dieses Sicherungspotentials besteht nur mehr die Möglichkeit kurzfristiger Verschuldung. Aus diesem Grunde beeinflußt die Vermögensstruktur einer Unternehmung durchaus das langfristige Verschuldungspotential.

Bevor aus dem Bereich der möglichen Verschuldungsgrade der optimale gewählt wird, ist für jeden Verschuldungsgrad die *optimale Fremdkapitalstruktur* zu wählen.

Bei gegebenem Fremdkapitalvolumen ist jene Fremdkapitalstruktur optimal, bei der die Summe aus Fremdkapitalzinsen (unter Berücksichtigung aller steuerlichen Auswirkungen), der Transaktionskosten, der Nachteile aus Mitspracherechten der Kreditnehmer und der Nachteile aus dem Risiko finanzieller Schwierigkeiten während des Planungszeitraums minimiert wird. Die Nachteile aus dem Risiko finanzieller Schwierigkeiten setzen sich zusammen aus den Kosten für Liquiditätsreserven, die man für die Verminderung des Risikos finanzieller Schwierigkeiten für vorteilhaft hält; aus den Kosten aus Notverkäufen oder Änderungen von Investitionsplänen, die zur Überwindung finanzieller Schwierigkeiten notwendig werden, mal Wahrscheinlichkeit solcher Maßnahmen; aus den Nachteilen minus Vorteilen aus einem Vergleich mal Wahrscheinlichkeit eines Vergleichs; aus den Nachteilen aus einem Konkurs mal Konkurswahrscheinlichkeit. Die Nachteile aus dem Risiko finanzieller Schwierigkeiten sind naturgemäß schwer zu schätzen (vgl. Abschnitt 2). Dennoch lassen sich unterschiedliche Fremdkapitalstrukturen nur dann vergleichen, wenn man die Auswirkungen auf das Risiko finanzieller Schwierigkeiten zu quantifizieren vermag [vgl. auch SWOBODA 1972].

Nun ist die optimale Fremdkapitalstruktur wesentlich von der Höhe des aufzunehmenden Fremdkapitals abhängig. Bei geringem Fremdkapitalvolumen wird man in erster Linie die billigste und zugleich risikoärmste Form der Fremdfinanzierung, die durch Bewertungswahlrechte aufgeschobenen Steuerzahlungen, in Anspruch nehmen. Diese „Verbindlichkeiten" sind nicht nur zinslos, sie fallen in ungünstigen wirtschaftlichen Situationen weg bzw. ihre Rückzahlung wird infolge eines verminderten Verlustvortrags auf spätere Gewinnjahre verschoben. Durch Pensionsrückstellungen aufgeschobene Steuerzahlungen zählen allerdings nur dann zu dieser Gruppe von Finanzierungsmaßnahmen, wenn die steuerliche Behandlung kein (Haupt-)Motiv für die Pensionszusagen war. Begrenzt ist diese Fremdfinanzierungsmöglichkeit einerseits durch die steuerlichen Vorschriften, andererseits durch die Höhe des Gewinns und die Gewinnausschüttungswünsche der Gesellschafter.

Ist der Fremdkapitalbedarf größer, so werden — solange noch kein Konkurs- oder Vergleichsrisiko besteht — zusätzliche Kredite allein nach dem Kriterium der Zinskostenminimierung gewählt werden. Zumeist werden regelmäßig erneuerte kurzfristige Kredite durchschnittlich billiger sein als langfristige Kredite. In die erste Auswahl sind Wechselkredite (sofern überhaupt Produkte gegen Besitzwechsel verkauft werden), Lombardkredite und Kontokorrentkredite zu ziehen. Ein aufzunehmender Kontokorrentkredit kann durch Wertpapierlombardierung (dann kann insoweit kein Lombardkredit beschafft werden), durch Hypotheken (dann begibt man sich der Möglichkeit der Aufnahme eines langfristigen, hypothekarisch gesicherten Kredits) oder durch Zessionen gesichert werden.

Übersteigt der Fremdkapitalbedarf ein Ausmaß, ab dem bei nur kurzfristiger Verschuldung ein spürbares Konkurs- und Vergleichsrisiko entsteht, so ist eine optimale Kombination von langfristiger und kurzfristiger Verschuldung zu bestimmen. Langfristige Kredite (einschließlich Leasing) können im allgemeinen nur durch unbebaute und bebaute Grundstücke (Hypothekarkredite) und bewegliches Anlagevermögen (durch Sicherungsübereignung oder Eigentumsvorbehalt gesicherte Kredite) gesichert werden. Bei voller Ausnutzung des Sicherungspotentials des Anlagevermögens für langfristige Kredite und Leasing können kurzfristige Kredite nur mehr durch Gegenstände des Umlaufvermögens, d. s. vor allem Roh-, Hilfs- und Betriebsstoffe (Lieferantenkredite), Wertpapiere (Lombardkredit, durch Wertpapierlombardierung gesicherter Kontokorrentkredit), Besitzwechsel (Diskontkredit), Forderungen (Zessionskredit, durch Forderungszessionen gesicherter Kontokorrentkredit, Factoring) gesichert werden. Halb- und Fertigerzeugnisse eignen sich nur in Sonderfällen zur Kreditsicherung. Weiter ist die Einfügung von Pensionsrückstellungen, wenn Pensionszusagen stark oder überwiegend aus steuerlichen Gründen gewährt werden und daher Kosten verursachen (siehe Abschnitt 3.3.6) in Betracht zu ziehen.

Lieferantenkredite und Leasing werden, wie in den Abschnitten 3.2.3 und 3.3.3 ausgeführt, im allgemeinen erst bei hohem Verschuldungsgrad Bestandteile einer optimalen Kapitalstruktur werden, wenn somit die hohen Zinskosten dieser Instrumente in Kauf genommen werden, weil der Verschuldungsgrad auf andere Weise nicht mehr oder nur unter Inkaufnahme eines zu großen Risikos finanzieller Schwierigkeiten erhöht werden könnte. Auf die im Abschnitt 2.1.1.4 herausgestellte besondere Stellung der Lieferanten bezüglich des Risikos finanzieller Schwierigkeiten sei hingewiesen. Auch das Factoring wird häufig erst bei großem Kapitalbedarf in Betracht kommen, es sei denn, die dadurch erzielbaren Verwaltungsvereinfachungen machen die vom Factor neben den Zinsen verrechnete Manipulationsgebühr weitgehend wett.

Nachdem die Struktur des Fremdkapitals für jedes Fremdkapitalvolumen optimiert ist, ist im letzten Schritt der *optimale Verschuldungsgrad* zu bestimmen. Aus den vorhergehenden Ausführungen ergibt sich eine mit dem Verschuldungsgrad stark ansteigende Kurve der durchschnittlichen Kosten je Einheit Fremdkapital, da bei niedrigem Verschuldungsgrad mit zinslosen „Steuerkrediten" das Auslangen gefunden werden kann, dann lang- und kurzfristige Bankkredite, Anleihen und Schuldscheindarlehen hinzukommen und schließlich teure Lieferantenkredite und Leasingverpflichtungen hinzugefügt werden müssen. Bei gegebenem Gesamtkapitalvolumen ist jener Verschuldungsgrad optimal, bei dem der durchschnittliche Gesamtkapitalkostensatz (durchschnittlicher Fremdkapitalkostensatz unter Berücksichtigung steuerlicher Wirkungen mal Fremdkapitalanteil am Gesamtkapital plus durchschnittlicher Eigenkapitalkostensatz mal Eigenkapitalanteil am Gesamtkapital) das Minimum erreicht. Dabei sind die Nachteile des Risikos finanzieller Schwierigkeiten durch einen Zuschlag zum Fremdkapitalkostensatz zu berücksichtigen (da ja nur dann die bei einem gegebenen Fremdkapitalvolumen optimale Fremdkapitalstruktur ermittelt werden kann); sie dürfen daher nicht noch einmal in den Eigenkapitalkostensatz eingerechnet werden.

Die Optimierung der Kapitalstruktur in Abschnitt 2.1.1.3 durch Gegenüberstellung der steuerlichen Vorteile der Fremdfinanzierung und der aus der Fremdfinanzierung erwachsenden Nachteile aus finanziellen Schwierigkeiten entspricht dieser Optimierungsregel nur dann, falls bei Abstraktion von den steuerlichen Einflüssen und den Einflüssen auf das finanzielle Risiko jede Kapitalstruktur gleich günstig ist.

Sind die Aufbringungsmöglichkeiten für Eigenkapital beschränkt, so ist der Grenz-Fremdkapitalkostensatz (einschließlich der Prämien für das Risiko finanzieller Schwierigkeiten und das Kapitalstrukturrisiko) bei steigendem Fremdkapitalvolumen und fixiertem Eigenkapital mit der Grenzrendite der Investitionsprojekte zu konfrontieren, um den optimalen Verschuldungsgrad zu finden [vgl. SWOBODA 1972].

Unternehmungen mit kurzfristigen Schwankungen im Kapitalbedarf werden ihr Kreditpotential im Durchschnitt weniger ausnützen können als Unternehmungen mit konstantem Kapitalbedarf, soweit sie nicht diese Schwankungen durch Forderungsverkauf oder Lieferantenkredite ausschalten. Denn das Sicherungspotential von zum Beispiel zur Bewältigung der Kapitalbedarfsschwankungen aufgenommenen Kontokorrentkrediten muß dem Kreditlimit entsprechen, der aber nur bei Spitzenkapitalbedarf tatsächlich ausgelastet ist. Der optimale Verschuldungsgrad von Unternehmungen mit schwankendem Kapitalbedarf wird daher c. p. im allgemeinen geringer sein als bei Unternehmungen mit konstantem Kapitalbedarf. Naturgemäß kommt kurzfristigen Krediten für die Deckung schwankenden Kapitalbedarfs eine besondere Bedeutung zu, wie dies aus den Beispielen in Abschnitt 3.4 hervorgeht.

Der Verschuldungsgrad und die Strukturierung des Fremdkapitals ist simultan mit der Frage zu entscheiden, ob — abgesehen von Lieferantenkrediten — sämtliche Kredite von einem Bankinstitut bzw. durch Vermittlung eines Bankinstituts (Anleihen, Schuldscheindarlehen) beschafft werden sollen oder ob Kreditbeziehungen mit mehreren Bankinstituten aufrechtzuerhalten sind. Eine vertragliche Bindung an ein Kreditinstitut wird, da dieses eine Benachteiligung zugunsten anderer Gläubiger nicht zu befürchten hat, häufig zu einem Verzicht auf Sicherungen führen und daher Sicherungskosten ersparen lassen. Dies gilt vor allem dann, wenn die kreditnehmende Unternehmung einen relativ geringen Verschuldungsgrad anstrebt und Deckungsstockfähigkeit für Anleihen und Schuldscheindarlehen auch ohne Sicherungen (unter Vereinbarung der Negativ-Klausel) gewährt wird. Andererseits entsteht eine gewisse Abhängigkeit vom Kreditgeber, die sich in finanziellen Schwierigkeiten als vorteilhaft, aber auch als nachteilig herausstellen kann. Seitens der Kreditinstitute ist diesbezüglich folgende Feststellung von KRÜMMEL [KRÜMMEL 1964, S. 178 f.] zu beachten: „Läßt man die in den letzten Jahren bekanntgewordenen Fälle von Bankinsolvenzen Revue passieren, so wird man feststellen, daß in keinem Fall der generelle oder häufige Verzicht auf die Einhaltung banküblicher Bonitätsanforderungen zur Verbesserung der Rentabilität die Ursache war. Zum Konkurs führte immer der Ausfall *eines* gemessen an den eigenen Mitteln der

fallierenden Bank zu großen Kredits, der Verzicht auf hinreichende Risiko-
zerfällung im Kreditgeschäft". Bankinstitute mögen aus dieser Erwägung
überhaupt nicht interessiert sein, alleinige Kreditgeber für Großunter-
nehmungen zu sein.

Es sei angenommen, daß der gegenwärtige Verschuldungsgrad einer Unternehmung niedriger ist als der angestrebte. Der angestrebte Verschuldungsgrad soll im Verlauf der nächsten Jahre durch *sukzessive Kreditaufnahmen* erreicht werden. Kann in diesem Falle durch eine bestimmte Reihenfolge in den Kreditaufnahmen an Kreditkosten gespart werden? Mit diesem
Problem beschäftigt sich BIERMAN [BIERMAN 1970, S. 206f.]. Er zeigt, daß an
Kreditkosten dann gespart werden kann, wenn man bei niedriger Verschuldung einen ungesicherten langfristigen Kredit zu einem relativ niedrigen
Zinssatz aufnimmt, bei dem der Kreditgeber die geplante stärkere Verschuldung der Unternehmung infolge mangelnder Information nicht berücksichtigt. Die später aufzunehmenden Kredite werden wegen des dann
schon höheren Verschuldungsgrads entweder teurer sein oder sie sind ding-
lich zu sichern. Der erste Kredit ist somit nach den weiteren Kreditaufnahmen zu im Verhältnis zum Kreditrisiko zu niedrigen Zinssätzen gegeben
worden, was unternehmungswertsteigernd wirkt. Würden sich die Kreditgeber aber generell gegen das Risiko einer Erhöhung des Verschuldungsgrads der Unternehmung absichern, z. B. durch Vereinbarung der Negativ-
Klausel, so kann aus einer bestimmten Reihenfolge der Kreditaufnahmen
kein Vorteil erzielt werden.

Die behandelten Gesichtspunkte zur Optimierung von Fremdkapitalstruktur und -volumen zeigen deutlich, daß das optimale Finanzierungsprogramm nicht durch Einbau isoliert bewerteter Finanzierungsverfahren in
ein mittels linearer Programmierung lösbares Modell gefunden werden kann.
Dadurch können weder Interdependenzen zwischen den Finanzierungsinstrumenten in bezug auf Sicherungserfordernisse und Zinssätze, noch die
Auswirkungen bestimmter Kombinationen von Finanzierungsinstrumenten
auf das Risiko finanzieller Schwierigkeiten, noch die Elastizität in der Festlegung der Rückzahlungsbedingungen adäquat berücksichtigt werden [vgl.
zu solchen Modellen ALBACH 1962, HAX, H. 1970, S. 65–72].

4. Die Strukturierung des Eigenkapitals

In Abschnitt 1.4 wurde das Theorem von MODIGLIANI-MILLER abgeleitet.
Es besagt: Der Gesamtwert der Unternehmung für Anteilseigner und
Gläubiger ist bei bestimmten Prämissen von der Kapitalstruktur unabhän-

gig. Bei Gültigkeit der Prämissen von MODIGLIANI-MILLER wäre es daher nicht nur gleichgültig, wie sich Eigen- und Fremdkapital zueinander verhalten, sondern auch, ob Eigenkapital durch Gewinneinbehaltung, Emission von Stammaktien, Emission von Vorzugsaktien oder Emission von Genußscheinen usw. beschafft wird. Insbesondere *Transaktionskosten* und *steuerliche Einflüsse* bewirken jedoch, daß nicht jede Eigenkapitalstruktur gleich günstig ist.

In Abschnitt 2 wurde aufgezeigt, wie das optimale Verhältnis von Eigen- und Fremdkapital insbesondere in Abhängigkeit vom Risiko finanzieller Schwierigkeiten und von steuerlichen Einflüssen grundsätzlich ermittelt werden kann. Natürlich hängt das optimale Verhältnis zwischen Eigen- und Fremdkapital von der Eigenkapitalstrukturierung ab: Je günstiger Eigenkapital beschafft werden kann, je niedriger somit die Eigenkapitalkosten sind, desto höher ist c.p. der optimale Eigenkapitalanteil am Gesamtkapital. Der Verschuldungsgrad, die Eigenkapital- und auch die Fremdkapitalstruktur müßten somit *simultan* optimiert werden. Dennoch soll — analog Abschnitt 3 über die Strukturierung des Fremdkapitals — davon ausgegangen werden, daß der optimale Eigenkapitalanteil am Gesamtkapital bereits feststeht, daß somit nur noch die Art der Aufbringung des Eigenkapitals zu lösen ist. Oder — anders ausgedrückt — es wird angenommen, daß man vor der Optimierung des Verschuldungsgrads die Art der Eigenkapitalaufbringung bei verschiedenen möglichen Verschuldungsgraden bereits festgelegt hat.

Die Strukturierung des Eigenkapitals wird in drei Abschnitten behandelt. Dabei wird fast ausschließlich auf Aktiengesellschaften abgestellt, deren Aktien an der Börse notieren, weil hier die größte Vielfalt an Eigenfinanzierungsmaßnahmen festzustellen ist. Die Eigenfinanzierungsmaßnahmen anderer Unternehmungsformen wären analog zu behandeln. In Abschnitt 4.1 wird erwiesen, daß es im wesentlichen irrelevant ist, zu welchem Kurs Aktienemissionen erfolgen, wenn den Anteilseignern ein Bezugsrecht zusteht. Gegenstand des Abschnitts 4.2 ist die optimale Kombination zwischen Selbstfinanzierung (Gewinneinbehaltung) und Emission von Stammaktien, wobei auch auf die Ausgabe von Gratisaktien eingegangen wird. Weiter wird im Rahmen dieses Abschnitts zur Dividendenpolitik Stellung genommen. Im Abschnitt 4.3 wird die Emission von Vorzugsaktien und Genußscheinen derjenigen von Stammkapital gegenübergestellt. Einflußgrößen des optimalen Termins für Kapitalerhöhungen werden erst in Abschnitt 6 aufgezeigt.

4.1 Die Irrelevanz des Ausgabekurses neuer Anteile, falls den bisherigen Anteilseignern ein Bezugsrecht zusteht[1]

Falls neue Anteile unter Ausschluß des Bezugsrechts der bisherigen Anteilseigner emittiert werden, so ist den Interessen der bisherigen Anteilseigner durch einen möglichst hohen Ausgabekurs gedient. Je höher der Ausgabekurs der neuen Anteile ist, desto weniger Anteile müssen zur Deckung eines bestimmten Kapitalbedarfs emittiert werden, ein desto geringerer Anteil künftiger Dividenden und Kapitalrückzahlungen entfällt somit auf die neuen Anteilseigner.

Der *Ausgabekurs für Anteile* ist allerdings im wesentlichen *irrelevant*, falls den bisherigen Anteilseignern ein Bezugsrecht auf die neu auszugebenden Anteile im Verhältnis ihrer Beteiligungsquote gewährt wird, so wie es im § 186 Aktiengesetz grundsätzlich vorgesehen ist. In diesem Fall ist es den Anteilseignern möglich, entweder das Bezugsrecht für die neuen Aktien oder die neuen Aktien selbst zum Marktpreis zu verkaufen, wenn sie sie nicht selbst beziehen bzw. behalten wollen. Es ist damit gewährleistet, daß die hinzutretenden Anteilseigner tatsächlich den höchst möglichen Preis für die Anteile zahlen.

Unter *Bezugsrecht* versteht man das Recht, einen bestimmten Teil (ein Vielfaches) einer neuen Aktie zu einem bestimmten Kurs zu erwerben. Dieses dem Eigentümer einer alten Aktie gewährte Recht kann von ihm veräußert werden, es wird an der Börse gehandelt. Wenn etwa 10000 Anteile (Marktwert pro Anteil 400) bisher ausgegeben wurden und nun weitere 2000 Anteile zum Kurs von nur 100 ausgegeben werden sollen, so steht jedem Anteilseigner das Recht zu, 20% eines neuen Anteils zu erwerben. Um eine neue Aktie kaufen zu können, benötigt man 5 Bezugsrechte.

Um zu zeigen, daß der Ausgabekurs irrelevant ist, falls die bisherigen Aktionäre ein Bezugsrecht haben, soll vorerst die *zeitliche Abfolge einer Kapitalerhöhung* näher untersucht werden. Das erste Stadium ist der Beschluß zur Durchführung einer Kapitalerhöhung. Falls die Anteilseigner die Kapitalerhöhung und die mit ihr verbundenen Investitionen nicht vorhergesehen haben, werden sie den Beschluß zu einer Kapitalerhöhung zum Anlaß von Kurskorrekturen nehmen (*Ankündigungseffekt*). Die Kurse werden steigen, wenn der Kapitalwert der von den Anteilseignern erwarteten Zahlungen, einschließlich der Zahlungen aus einem eventuellen Verkauf des Bezugsrechts bzw. einschließlich der Zahlungen aus dem Bezug der jungen Aktien, infolge der Kapitalerhöhung zunimmt. Im zweiten Stadium werden die Bezugsrechte gehandelt. Die Anteilseigner können entscheiden, Bezugs-

---

[1] Dieser Abschnitt ist weitgehend aus SWOBODA entnommen [SWOBODA 1971, S. 177ff.].

rechte auf neue Aktien zu verkaufen oder zuzukaufen. Dabei muß darauf geachtet werden, jeweils ein Vielfaches derjenigen Anzahl an Bezugsrechten zu besitzen, die für den Erwerb einer jungen Aktie notwendig ist. Falls für 5 alte Aktien eine neue Aktie ausgegeben wird, so ist nur der Besitz von 0, 5, 10, 15 usw. Bezugsrechten sinnvoll (Bezugsverhältnis 5:1). Der Handel mit Bezugsrechten ist zeitlich terminiert. Nach seinem Abschluß werden die jungen Aktien von den Inhabern der Bezugsrechte bezogen (drittes Stadium).

Welches ist der *Wert eines Bezugsrechts*? Um dies feststellen zu können, muß ermittelt werden, welchen Wert ein Anteil *nach* der Kapital-erhöhung haben wird. Der Vorteil aus dem Recht, eine neue Aktie zu be-ziehen, ist dann gegeben durch den Wert einer Aktie nach Durchführung der Kapitalerhöhung minus dem Ausgabekurs der jungen Aktie. (Es wird hier angenommen, daß junge und alte Aktien von vornherein gleichberechtigt und daher gleichwertig sind.) Der Wert eines Bezugsrechts ergibt sich, wenn man diesen Differenzbetrag durch die Anzahl der Bezugsrechte dividiert, die man zum Erwerb einer jungen Aktie benötigt:

$$\frac{\text{Wert der Aktie nach Durchführung der Kapitalerhöhung} - \text{Ausgabekurs der jungen Aktie}}{\text{Bezugsverhältnis}} \qquad (19)$$

z. B. $(354 - 100)/5 = 50{,}80$

Nun muß man annehmen, daß der Kurs der Anteile *vor* der Durchfüh-rung der Kapitalerhöhung und vor Verkauf des Bezugsrechts gleich ist dem Kurs nach dem Verkauf des Bezugsrechts plus dem Wert des Bezugsrechts. Dann kann obige Formel in folgende Beziehung umgeformt werden:

Wert eines Bezugsrechts =

$$\frac{\text{Wert der alten Aktie vor Verkauf des Bezugsrechts (aber nach Ankündigung der Kapitalerhöhung)} - \text{Ausgabekurs der jungen Aktie}}{\text{Bezugsverhältnis} + 1} \qquad (19a)$$

z. B. $(404{,}80 - 100)/(5 + 1) = 50{,}80$

Die *Irrelevanz des Bezugskurses* soll Beispiel 22 zeigen.

Beispiel 22:

Vor Kapitalerhöhung und vor ihrer Kenntnisnahme seitens des Kapitalmarkts gilt: Grundkapital 1 000 000, zerlegt in 10 000 Anteile mit einem Nominale von 100 und einem Marktwert von 400. Der Marktwert errechnet sich aus den erwarteten jährlichen Gewinnen $(n \rightarrow \infty)$ = jährlichen Dividenden von 600 000 (60 pro Anteil) und einem $\bar{r}$ von 0,15. Es wird nun entschieden, weitere 200 000 Eigenmittel durch eine Kapitalerhöhung mit Bezugsrecht der Anteilseigner zu beschaffen. $\bar{r}$ (und damit das Risiko je Geldeinheit Kapitalanteil) würde durch die Kapitalerhöhung und die Investition der Mittel nicht geändert werden. Die zusätzlichen Mittel können mit einer erwarteten Rendite von 0,20 investiert werden und die Emissionsspesen sind 20 000. Ist ein Ausgabekurs von 1) 200 oder 2) 100 günstiger?

Bei der Lösung ist davon auszugehen, daß infolge der Emissionsspesen nur 180 000 investiert werden können. Die erwarteten jährlichen Dividenden werden um 36 000 steigen. Der Unternehmungswert für die Anteilseigner wird daher durch die Ankündigung der Kapitalerhöhung auf 4 040 000, der Kurs pro Aktie auf 404 steigen:

$$636 000/0,15 - 200 000 = 4 240 000 - 200 000 = 4 040 000.$$

Wird ein *Bezugskurs von 200* gewählt, so müssen 1000 Aktien emittiert werden, um die benötigten eigenen Mittel von 200 000 aufzubringen. Das Bezugsverhältnis ist dann 10:1. Der Kurswert pro Aktie nach Kapitalerhöhung ist 4 240 000 (Unternehmungswert nach Kapitalerhöhung) dividiert durch 11 000 (Anzahl der Aktien nach Kapitalerhöhung) = 385,45. Das Bezugsrecht hat daher einen Wert von (385,45 − 200)/10 = 18,55. Der Wert pro Altaktie vor Verkauf des Bezugsrechts = vor Bezugsrechtsabschlag ist 385,45 + 18,55 = 404.

Wird dagegen ein *Ausgabekurs von 100* gewählt, so müssen 2000 Aktien emittiert werden. Das Bezugsverhältnis ist dann 5:1. Der Wert pro Aktie nach Kapitalerhöhung ist 4 240 000/ 12 000 = 353,33. Das Bezugsrecht hat daher einen Wert von (353,33 − 100)/5 = 50,67. Der Wert pro Altaktie vor Verkauf des Bezugsrechts ist 353,33 + 50,67 = 404.

Der Ausgabekurs beeinflußt somit bei den dieser Arbeit zumeist zugrundeliegenden Prämissen nicht den Wert einer Aktie vor Kapitalerhöhung; denn der Wert des Bezugsrechts und der Wert einer Aktie nach Durchführung der Kapitalerhöhung ergänzen sich stets zur gleichen Summe. Der Ausgabekurs ist irrelevant.

Es wurde bereits einschränkend festgestellt, daß die *Irrelevanz des Ausgabekurses* bei den in dieser Arbeit unterstellten Prämissen gilt. Wesentlich ist diesbezüglich, daß die Unternehmungsleitung die Zielsetzung Maximierung des Kapitalwertes der Unternehmung für die Anteilseigner verfolgt. Falls dies nicht der Fall ist, falls etwa die Gesellschaft in der Sicht der Anteilseigner niedrigere als optimale Dividenden ausschüttet, sind die Bezugskurse für junge Aktien nicht mehr irrelevant. Die Anteilseigner sind dann an niedrigeren Bezugskursen interessiert, wenn sie die Hoffnung hegen, daß die Gesellschaft den Dividendensatz beibehält. Denn je niedriger der Bezugskurs ist, desto mehr Anteile müssen ausgegeben werden, um einen bestimmten Bedarf an Eigenmitteln zu decken, und desto höher sind die in Zukunft gezahlten Dividenden.

Weiter könnte der Ausgabekurs insofern relevant sein, als er das Verhältnis determiniert, in dem die Kapitalerhöhung buchmäßig auf dem Konto
Grundkapital (Anzahl der Aktien mal Nominale) und dem Konto Gesetzliche Rücklage (Anzahl der Aktien mal Differenz zwischen Ausgabekurs
und Nominale = Agio) dargestellt wird. Die buchmäßige Behandlung könnte
für spätere Kapitalherabsetzungen von Bedeutung sein.

Nicht zutreffend ist das in der Literatur oft zu findende Argument, daß
niedrigere Bezugskurse für den Anteilseigner den Vorteil bieten, daß er
eher in der Lage ist die bisherige Beteiligungsquote aufrechtzuerhalten.
Dieses Argument beruht auf einem Fehlschluß. Denn bei niedrigeren Bezugskursen muß der Anteilseigner entsprechend mehr Anteile kaufen als bei
höheren Bezugskursen, um die Beteiligungsquote aufrechtzuerhalten. So
müssen in Beispiel 22 bei einem Bezugskurs von 200 0,10 Anteile (Kapitalbedarf = 20) und einem Bezugskurs von 100 0,20 Anteile (Kapitalbedarf = 20) beschafft werden, damit ein Anteilseigner nach wie vor mit
1/10000 beteiligt ist. Diese Argumentation ist daher nicht für die Höhe des
Ausgabekurses, sondern für das Ausmaß der Eigenfinanzierung überhaupt
von Interesse.

Ergänzende und vertiefende Literatur zu Abschnitt 4.1:
HAX, H.,1971.
RITTERSHAUSEN 1964, S. 71–104.
SCHNEIDER 1970, S. 409–419.
STAHL 1969, S. 16–23, S. 40–45.
WESTON-BRIGHAM 1970, S. 584–614.

4.2 Die Kombination von Gewinneinbehaltung und der Emission von Stammaktien. Die Dividendenpolitik

4.2.1 Die Kombination von offener Selbstfinanzierung und der Emission von Stammaktien unter Ausschaltung von steuerlichen Einflüssen und Transaktionskosten

Offene Selbstfinanzierung liegt vor, wenn bücherlich ausweisbare Gewinne
einbehalten werden. Die offene Selbstfinanzierung kommt im Jahresabschluß von Aktiengesellschaften dadurch zum Ausdruck, daß die Rücklagen erhöht und der ausgewiesene Gewinn entsprechend vermindert
werden.

Bei den Prämissen von MODIGLIANI-MILLER (vgl. Abschnitt 1.4), insbesondere bei Abstraktion von Steuern und Transaktionskosten, ist es gleichgültig, ob eine Unternehmung einen bestimmten Bedarf an Eigenkapital

durch offene Gewinneinbehaltung oder durch Aktienemission beschafft. Dies wird von MILLER-MODIGLIANI wie folgt bewiesen [MILLER-MODIGLIANI 1961].

Eine Unternehmung hat zu $t = 1$ einen bestimmten, durch Eigenkapital zu deckenden Kapitalbedarf von X. X kann durch Einbehaltung des Gewinns zu $t = 1$ (G_1) und/oder durch eine Kapitalerhöhung zu Tageskursen aufgebracht werden. Der Kapitalwert der Unternehmung für die Anteilseigner zu $t = 0$ (nach Dividendenausschüttung) ist:

$$K_0 = \left(D_1 + N_0 \frac{K_1}{N_1}\right)(1 + \bar{r})^{-1}$$

N_t = Anzahl der bis zum Zeitpunkt t ausgegebenen Anteile

N_t^* = Anzahl der zum Zeitpunkt t zum Kurs von $\frac{K_1}{N_1}$ (Tageskurs) emittierten Anteile

K_t = erwarteter Kapitalwert der Unternehmung für die Anteilseigner zu t (nach Dividendenausschüttung)

Der Kapitalwert der Unternehmung für die Anteilseigner zu $t = 0$ ergibt sich daher aus den Dividenden zu $t = 1$ (D_1) plus dem erwarteten Wert der zu $t = 0$ vorhandenen Anteile zu $t = 1$, abgezinst für ein Jahr.

Nun ist der Kapitalwert zu $t = 1$ gleich dem Wert der vor $t = 1$ emittierten Anteile plus dem Wert der zu $t = 1$ emittierten Anteile:

$$K_1 = N_0 \frac{K_1}{N_1} + N_1^* \frac{K_1}{N_1}$$

Daher kann umformuliert werden:

$$K_0 = \left(D_1 + K_1 - N_1^* \frac{K_1}{N_1}\right)(1 + \bar{r})^{-1}$$

Da der Betrag von X durch Gewinneinbehaltung oder/und Kapitalerhöhung aufgebracht wird, gilt:

$$X = G_1 - D_1 + N_1^* \frac{K_1}{N_1}$$

G_t ist der in Periode t erzielte Gewinn.

Dieser Ausdruck wird nach D_1 aufgelöst, und es wird für D_1 in die Formel für K_0 eingesetzt:

$$K_0 = (G_1 - X + K_1)(1 + \bar{r})^{-1} \tag{20}$$

Der Kapitalwert der Unternehmung für die Anteilseigner zu $t = 0$ ist somit unabhängig davon, durch welche Kombination aus Gewinneinbehaltungen und Kapitalerhöhungen das zu $t = 1$ benötigte Eigenkapital aufgebracht wird. Durch Weiterführung der Umformung kann weiter gezeigt werden, daß K_0 bzw. K_1 auch von der Art der Eigenfinanzierung zu $t = 2$, $t = 3$ usw. unabhängig sind. (Da — wie in Abschnitt 4.1 gezeigt wurde — der Ausgabekurs irrelevant ist, wird die Beweisführung nicht durch die Annahme beeinträchtigt, daß die neuen Aktien zu Tageskursen ausgegeben werden.)

Daß jede Kombination von Gewinneinbehaltung und Kapitalerhöhung unter den unterstellten Prämissen gleich günstig ist, zeigt auch Beispiel 23.

Beispiel 23:

Eine Unternehmung hat einen Eigenkapitalbedarf von 100 000 und nach dessen Deckung einen Unternehmungswert für die Anteilseigner von 1 100 000. Das bisherige Grundkapital beträgt 500 000 (5000 Aktien à 100). Der im abgelaufenen Geschäftsjahr erzielte Gewinn ist 120 000. Nun besteht die Möglichkeit, den Eigenkapitalbedarf zur Gänze durch Selbstfinanzierung zu decken und nur eine Gewinnausschüttung von 20 000 vorzunehmen. Bei dieser Politik hat jeder Anteilseigner nach Gewinnausschüttung ein Vermögen von 220 (Kapitalwert pro Aktie) plus 4 (Dividende) = 224. Die zweite extreme Möglichkeit ist, den Gewinn zur Gänze auszuschütten und eine Kapitalerhöhung von 100 000 vorzunehmen. Falls die Kapitalerhöhung zu Tageskursen vorgenommen wird, so sind die jungen Aktien zu 200 zu emittieren. Denn nach Gewinnausschüttung hat die Unternehmung einen Kapitalwert für die Anteilseigner von 1 000 000, der sich auf 5000 Aktien verteilt. Der Kurs pro Aktie wird daher 200 sein. Es müssen somit zur Deckung des Kapitalbedarfs 500 Aktien emittiert werden. Bei dieser Politik hat jeder der bisherigen Anteilseigner nach Gewinnausschüttung und Aktienemission ein Vermögen von 200 (Kapitalwert pro Aktie = Unternehmungswert von 1 100 000 verteilt auf 5500 Aktien) + 24 (Dividende) = 224. Der Wert pro Aktie ist daher von der Art der Aufbringung der Eigenmittel unabhängig.

Man kann auch nicht ohne weiteres sagen, Anteilseigner mit Bedarf an finanziellen Mitteln für Konsumzwecke werden die zweite Variante infolge der höheren Dividende vorziehen. Denn diese Anteilseigner können bei Wahl der Variante 1 einen entsprechenden Teil ihrer Anteile veräußern, um die ihren Wünschen entsprechende Kombination von Anteilen und Barmitteln zu erhalten. (Transaktionskosten wurden ja als nicht existent unterstellt.)

Der *Ansatz von* GORDON zur Optimierung der Gewinneinbehaltungsquote bzw. der Dividendenpolitik ist Ausgangspunkt zahlreicher Arbeiten zur Dividendenpolitik der Unternehmung. Er paßt insofern nicht in das Konzept dieser Arbeit, als GORDON grundsätzlich von der Annahme ausgeht, daß Eigenmittel *nur* durch Gewinneinbehaltung, nicht durch Kapitalerhöhungen aufgebracht werden können. Unter dieser Annahme ist eine Gewinneinbehaltung stets dann günstig, wenn die Eigenmittel (unter Berücksichtigung der zusätzlich aufzubringenden Fremdmittel) eine höhere Rendite erzielen lassen als die von den Anteilseignern bei dem gegebenen Risiko geforderte Mindestrendite. Trotz dieser einschränkenden Annahme soll das

Modell von GORDON wegen seiner Stellung innerhalb der modernen Finanzierungstheorie kurz dargestellt werden [GORDON 1962, bes. S. 43 ff.].

GORDON geht von folgender, auch dieser Arbeit zugrundegelegten Formel für den Unternehmungswert aus:

$$K_0 = \sum_{t=0}^{\infty} D_t (1 + \bar{r})^{-t}$$

Es werden folgende *Annahmen* gemacht: G_t, der Jahresgewinn, ist konstant, wenn in keinem Jahr Gewinne einbehalten werden. b ist der zu optimierende Anteil des einbehalten Gewinns am Jahresgewinn; b ist im Zeitablauf konstant. q, die interne Rendite, mit der eigene Mittel investiert werden können, ist im Zeitablauf konstant und unabhängig von b. Unter diesen Prämissen gilt:

$$G_1 = G_0 + qbG_0 = G_0(1 + qb)$$

Der Gewinn des Jahres 1 ist daher gleich dem Gewinn des Jahres 0 plus dem Gewinn, der durch Investition eines Teils des Gewinns des Jahres 0 (bG_0) erzielt werden kann. Analog ist:

$$G_2 = G_1 + qbG_1 = G_1(1 + qb) = G_0(1 + qb)^2$$
$$G_t = G_0(1 + qb)^t$$

Die Dividenden zu t ergeben sich aus dem Gewinn zu t mal der Ausschüttungsquote $(1 - b)$:

$$D_t = (1 - b)G_0(1 + qb)^t$$

Eingesetzt in die Formel für K_0 ergibt sich:

$$K_0 = \sum_{t=0}^{\infty} (1 - b)G_0(1 + qb)^t(1 + \bar{r})^{-t}$$

Bei stetiger Schreibweise ist:

$$K_0 = \int_0^{\infty} (1 - b)G_0 \, e^{t(qb - \bar{r})} \, dt$$

Die Integration ergibt, falls $qb < \bar{r}$:

$$K_0 = (1 - b)G_0/(\bar{r} - qb) \tag{21}$$

Eine Maximierung von K_0 würde bei diesem einfachen Modell zu dem Resultat führen, daß entweder eine volle Ausschüttung oder eine volle Einbehaltung des Gewinns optimal ist. Eine teilweise Einbehaltung des Gewinns kann nur optimal sein, wenn — was von GORDON und anderen Autoren untersucht wurde — q und/oder $\bar{r}$ als Abhängige von b ausgedrückt werden. Störend ist die Annahme des konstanten b. Das Modell ist aber für die Optimierung der Gewinneinbehaltungspolitik vor allem deshalb unbrauchbar, weil — wie oben angeführt wurde — angenommen wird, daß Eigenkapital *nur* durch Einbehaltung der Gewinne beschafft werden kann.

4.2.2 Die Kombination von offener Selbstfinanzierung und der Emission von Stammaktien in Abhängigkeit von steuerlichen Einflüssen und Transaktionen

Steuerliche Einflüsse auf die optimale Kombination von offener Gewinneinbehaltung und Kapitalerhöhung ergeben sich dann, wenn die von den Anteilseignern zu zahlenden Einkommensteuern und/oder die von der Gesellschaft zu zahlende Körperschaftsteuer von den Gewinnausschüttungen der Gesellschaft abhängen. Existiert keine Körperschaftsteuer oder eine Körperschaftsteuer mit einem *einheitlichen Steuersatz* für einbehaltene und ausgeschüttete Gewinne, und zahlen die Anteilseigner *gleiche Einkommensteuern sowohl von einbehaltenen als auch von ausgeschütteten Gewinnen* (wie bei Personengesellschaften und wie es das Konzept der Teilhabersteuer für Kapitalgesellschaften fordert), so ergeben sich *keine steuerlichen Einflüsse* auf die Art der Eigenkapitalaufbringung; Gewinneinbehaltung und die Emission von Stammaktien sind abgesehen von den Emissionsspesen gleich günstig.

Häufig existiert ein *einheitlicher Körperschaftsteuersatz, die ausgeschütteten Gewinne werden jedoch beim Anteilseigner stärker besteuert als die einbehaltenen Gewinne.* So wird das Einkommen aus Dividenden in den meisten Staaten voll versteuert, für die bei der Gesellschaft einbehaltenen Gewinne muß von den Anteilseignern zumeist nur im Falle und zum Zeitpunkt des Verkaufs der Anteile Einkommensteuer zu ermäßigten Sätzen (= Kapitalgewinnsteuer) bezahlt werden. Voraussetzung ist natürlich, daß sich die Gewinneinbehaltung — was wohl anzunehmen ist — in höheren Kursen und damit Kapitalgewinnen ausdrückt.

Um einen Überblick über mögliche steuerliche Regelungen zu geben, sollen die einschlägigen gesetzlichen Bestimmungen in der BRD und in den USA kurz angeführt werden. In der BRD sind Kapitalgewinne nur dann voll gewerbeertrag- und einkommen- bzw. körperschaftsteuerpflichtig, wenn die Anteile zu einem Betriebsvermögen zählen. Ein ermäßigter Steuersatz und ein Freibetrag sind hier nur bei der Veräußerung einer Beteiligung von 100% innerhalb eines Wirtschaftsjahres anwendbar (§ 16, § 34 EStG). Veräußerungsgewinne aus Anteilen, die zum Privatvermögen zählen, sind jedoch nur dann steuerpflichtig, wenn es sich um Spekulationsgeschäfte handelt oder wenn wesentliche Beteiligungen vorliegen und im letzteren Fall noch einige sonstige Bedingungen gegeben sind. Spekulationsgeschäfte liegen bei Wertpapieren vor, wenn sie innerhalb von 6 Monaten nach Erwerb wieder veräußert werden (§ 23 Abs. 1 EStG). Spekulationsgewinne sind voll steuerpflichtig, falls sie eine bestimmte Freigrenze übersteigen. Gewinne aus einer Anteilsveräußerung bei wesentlicher Beteiligung sind unter gewissen Voraussetzungen ermäßigt besteuert (Freibetrag gemäß § 17 EStG, ermäßigte Steuersätze gemäß § 34 EStG); bei Nichtvorliegen dieser Voraussetzungen sind sie steuerfrei. Liegen somit keine Spekulationsgeschäfte vor und handelt es sich nicht um wesentliche Beteiligungen, und befinden sich die Anteile im Privatvermögen, so unterliegen Kapitalgewinne in der BRD *keiner* Einkommensteuer.

Wesentlich unterschiedlich ist die Kapitalgewinnbesteuerung in den USA. Langfristige Kapitalgewinne unterliegen sowohl bei Privatpersonen als auch bei Unternehmungen einer ermäßigten Besteuerung. Bei Einkommensteuerpflichtigen entspricht der anwendbare Kapitalgewinnsteuersatz dem halben durchschnittlichen Einkommensteuersatz und ist mit 25% nach oben begrenzt. Der Steuersatz für langfristige Kapitalgewinne körperschaftsteuerpflichtiger Gesellschaften ist in der Regel 25%. Ein kurzfristiger Kapitalgewinn (der Zeitraum zwischen Erwerb und Verkauf des Wertpapiers ist kleiner als 6 Monate) ist voll steuerpflichtig.

Beispiel 24 demonstriert, daß bei einem von der Gewinnausschüttung unabhängigen Körperschaftsteuersatz, aber ermäßigter Besteuerung einbehaltener Gewinne beim Anteilseigner, die *Gewinneinbehaltung stets vorteilhafter* ist als eine Kapitalerhöhung.

Beispiel 24:

Die in Beispiel 23 betrachtete Unternehmung weist einen Eigenkapitalbedarf von 100000 und einen im abgelaufenen Jahr erzielten Gewinn von 240000 vor Körperschaftsteuer auf. Der Körperschaftsteuersatz beträgt 50%, der marginale Einkommensteuersatz der Aktionäre ist 40% und der Kapitalgewinnsteuersatz beträgt die Hälfte des Einkommensteuersatzes. Vereinfachend wird angenommen, daß die Kapitalgewinnsteuer bereits im Jahr der Gewinneinbehaltung anfällt, daß somit alle Anteilseigner im Jahre der Gewinneinbehaltung ihre Anteile veräußern.

Der Gewinn nach Körperschaftsteuer beträgt 120000. 20000 werden jedenfalls ausgeschüttet. Werden die restlichen 100000 verteilt, verbleiben den Aktionären von diesem Betrag nach Einkommensteuer 60000, mit denen sie sich an der erforderlichen Kapitalerhöhung von 100000 beteiligen können. Wird der Betrag von 100000 jedoch einbehalten, so haben die Aktionäre mit einer Kurssteigerung von 100000 zu rechnen, wofür eine Kapitalgewinnsteuer von 20000 zu entrichten ist. Die Vermögensvermehrung nach Steuern beträgt somit 80000 und ist größer als die Vermögensvermehrung von 60000 bei Ausschüttung von 100000.

Daß im zweiten Fall erwartungsgemäß ein Mehr von 20000 an Kapitalgewinnsteuer anfällt, auch wenn die Kapitalgewinnsteuer erst bei Verkauf der Wertpapiere bezahlt werden muß, kann so erklärt werden: Die Unternehmung wird einen gleichen Kapitalwert bzw. Kurswert haben, ob das benötigte Eigenkapital von 100000 durch Eigen- oder durch Selbstfinanzierung aufgebracht wird. Bei Eigenfinanzierung aber werden die Buchwerte der Anteile durch die Einzahlung von 100000 um 100000 höher sein. Daher wird bei Verkauf der Anteile ein um insgesamt 100000 geringerer Kapitalgewinn anfallen als bei offener Selbstfinanzierung.

Solange somit der Kapitalgewinnsteuersatz eines Anteilseigners niedriger ist als sein marginaler Einkommensteuersatz für Dividenden, bzw. solange die Kapitalgewinnsteuer bei gleichem Steuersatz später als die Einkommensteuer für Dividenden anfällt, wird der betreffende Anteilseigner eine Gewinneinbehaltung einer Gewinnausschüttung, verbunden mit einer Kapitalerhöhung, vorziehen. Man kann dieses Ergebnis auch aus gesamtwirtschaftlicher Sicht ableiten: Je weniger Dividendenausschüttungen in einem solchen Fall vorgenommen werden, desto geringer sind die Einnahmen des Staates aus Einkommensteuer und Kapitalgewinnsteuer insgesamt bzw. desto später fallen diese Einnahmen an, was natürlich den Kapitaleignern zugute kommen muß.

Die bei einer Kapitalerhöhung anfallenden *Transaktionskosten* verstärken noch den Vorteil der Selbstfinanzierung. Die Transaktionskosten für Aktienemissionen sind bedeutend. Sie setzen sich aus der Provision für das zumeist eingeschaltete Bankenkonsortium, aus der Kapitalverkehrsteuer (2%) und aus Verwaltungs- und Werbungskosten bei der emittierenden Unternehmung zusammen (vgl. Abschnitt 6.2.1).

Die optimale Form der Aufbringung von Eigenkapital ist bei dieser Form der Besteuerung (die z.B. für die USA repräsentativ ist) einfach zu formulieren: Der Eigenkapitalbedarf ist in erster Linie durch Gewinneinbehaltung zu decken. Nur wenn der Eigenkapitalbedarf die erzielten Gewinne übersteigt, sind Kapitalerhöhungen vorzunehmen. (Mögliche Gründe für ein von dieser Regel abweichendes Verhalten sind in Abschnitt 4.2.5 über die Dividendenpolitik angeführt.)

Normalfall in der BRD ist, daß die *ausgeschütteten Gewinne* von Kapitalgesellschaften einem *niedrigeren Körperschaftsteuersatz* (s_{k_1}) unterliegen als die einbehaltenen Gewinne (s_{k_2}), und daß *Kapitalgewinne steuerfrei* sind. In dieser Situation hängt die für einen Anteilseigner optimale Handlungsweise der Unternehmung von dem marginalen Einkommensteuersatz des Anteilseigners ab. Aus der Sicht eines Anteilseigners ist eine Gewinneinbehaltung einer mit einer Kapitalerhöhung verbundenen Gewinnausschüttung dann äquivalent, falls beide Finanzierungsmaßnahmen nach allen Steuern der Gesellschaft und des Gesellschafters und nach den Transaktionsspesen einen gleich hohen Finanzierungsbetrag liefern. Bei Selbstfinanzierung verbleiben der Gesellschaft pro Geldeinheit Gewinn vor Körperschaftsteuer zur Investition:

$$1 - s_{k_2}$$

Bei Gewinnausschüttung und nachfolgender Eigenfinanzierung kann die Gesellschaft pro Geldeinheit Gewinn vor Körperschaftsteuer aufbringen:

$$(1 - s_{k_1}) \, (1 - s_e) \, (1 - e)$$

e = Transaktionsspesen der Eigenfinanzierung in Prozenten der durch Eigenfinanzierung aufgebrachten Mittel; die Transaktionsspesen seien nicht von der Körperschaftsteuerbasis abzugsfähig bzw. die eventuellen Steuerminderungen seien bereits durch eine Herabsetzung von e berücksichtigt

s_e = marginaler Einkommensteuersatz des betrachteten Anteilseigners

In dem Satz von s_{k_1} ist bereits berücksichtigt, daß auch bei beabsichtigter Vollausschüttung ein Teil des Gewinns einbehalten werden muß, um die Körperschaftsteuer zu zahlen, und dieser Gewinn der Körperschaftsteuer zum Satz von s_{k_2} unterliegt. Bei einem im Körperschaftsteuergesetz vorgesehenen Satz von 0,15 ist somit s_{k_1} nicht mit 0,15, sondern mit 0,2344 anzusetzen[1].

Beide Finanzierungsmaßnahmen sind daher gleichwertig, wenn gilt:

$$1 - s_{k_2} = (1 - s_{k_1}) \, (1 - s_e^*) \, (1 - e)$$

$$s_e^* = 1 - \frac{1 - s_{k_2}}{(1 - s_{k_1}) \, (1 - e)} \tag{22}$$

s_e^* = kritischer Einkommensteuersatz

Bei $e = 0$, $s_{k_1} = 0{,}2344$ und $s_{k_2} = 0{,}51$ ist s_e^* 0,36. Falls s_e größer (kleiner) ist als s_e^*, ist die Selbstfinanzierung (Eigenfinanzierung) günstiger. Falls $e > 0$, ist $s_e^* < 0{,}36$.

Falls der *Körperschaftsteuersatz für ausgeschüttete Gewinne niedriger* ist als für einbehaltene Gewinne und *einbehaltene Gewinne beim Anteilseigner ebenso besteuert werden wie ausgeschüttete Gewinne*, so ist stets eine Gewinnausschüttung verbunden mit einer Kapitalerhöhung einer Gewinneinbehaltung vorzuziehen; es sei denn, die mit der Gewinnausschüttung und Kapitalerhöhung verbundenen Transaktionsspesen sind größer als die dabei realisierten Steuerersparnisse.

Am kompliziertesten ist die Ermittlung der optimalen Eigenkapitalstrukturierung, falls ein *ermäßigter Körperschaftsteuersatz für ausgeschüttete*

---

[1] Der gesetzlich vorgesehene Körperschaftsteuersatz für ausgeschüttete Gewinne sei mit s_{k_1} bezeichnet. Dann ist s_{k_1} wie folgt zu errechnen. Von einem Gewinn von 1 vor Körperschaftsteuer kann maximal soviel ausgeschüttet werden, daß der einbehaltene Betrag für die Zahlung der Körperschaftsteuer ausreicht. Der einbehaltene Betrag s_{k_1} ist daher:

$$s_{k_1} = s_{k_2} \cdot s_{k_1} + s_{k_1} (1 - s_{k_1})$$
$$s_{k_1} = s_{k_1} / (1 - s_{k_2} + s_{k_1})$$

Bei $s_{k_1} = 0{,}15$ und $s_{k_2} = 0{,}51$ ist $s_{k_1} = 0{,}2344$.

Gewinne mit einer *ermäßigten Einkommensteuer (Kapitalgewinnsteuer) für einbehaltene Gewinne* zusammenfällt. Falls angenommen wird, daß Kapitalgewinnsteuer zum ermäßigten Satz bereits zum Zeitpunkt der Gewinneinbehaltung anfällt, sind Gewinneinbehaltung und Gewinnausschüttung, verbunden mit einer Kapitalerhöhung, dann äquivalent, wenn gilt:

$$(1 - s_{k_2})(1 - s_g) = (1 - s_{k_1})(1 - s_e^*)(1 - e)$$

$$s_e^* = 1 - \frac{(1 - s_{k_2})(1 - s_g)}{(1 - s_{k_1})(1 - e)} \qquad (22a)$$

s_g = marginaler Kapitalgewinnsteuersatz

Formel (22a) unterscheidet sich nur dadurch von Formel (22), daß von dem aus der Gewinneinbehaltung zu erwartenden zusätzlichen Kapitalgewinn $(1 - s_{k_2})$ die Kapitalgewinnsteuer abgezogen ist. Der marginale Einkommensteuersatz, ab dem die Selbstfinanzierung günstiger wird als die Eigenfinanzierung, wird durch eine Kapitalgewinnsteuer erhöht. Bei $e = 0$, $s_{k_1} = 0{,}2344$, $s_{k_2} = 0{,}51$ und $s_g = 0{,}25$ ist s_e^* 0,52.

Instruktiver ist folgende Umformung von Formel (22a) unter Anwendung der oben abgeleiteten Relation zwischen s_{k_1} und $s_{k_1'}$. $[s_{k_1} = s_{k_1'}/(1 - s_{k_2} + s_{k_1'})]$:

$$\frac{s_e^* - s_g}{1 - s_g} = s_{k_2} - s_{k_1'} - \frac{(1 - s_e^*)e}{1 - s_g} \qquad (22b)$$

Gemäß Formel (22b) ist die Selbstfinanzierung der Emission von Stammaktien äquivalent, wenn die Differenz zwischen dem marginalen Einkommensteuersatz und dem marginalen Kapitalgewinnsteuersatz, dividiert durch $(1 - s_g)$, bei Transaktionsspesen von Null gleich ist der Differenz zwischen dem Körperschaftsteuersatz für einbehaltene und dem (nominellen) Körperschaftsteuersatz für ausgeschüttete Gewinne. Solange die erste Differenz kleiner ist als die zweite, ist die Gewinnausschüttung verbunden mit einer Kapitalerhöhung günstiger als die Selbstfinanzierung.

Die optimale Kombination zwischen Eigen- und Selbstfinanzierung bei gespaltenem Körperschaftsteuersatz und Existenz einer erst bei Veräußerung der Anteile anfallenden Kapitalgewinnsteuer wurde von SWOBODA-KÖHLER in Abhängigkeit von der Verkaufswahrscheinlichkeit der Anteile ermittelt [SWOBODA-KÖHLER 1971].

Die bisher vorgenommenen Analysen zeigen, daß es bei Existenz eines gespaltenen Körperschaftsteuersatzes und einer ermäßigten Besteuerung von Kapitalgewinnen bzw. keiner Besteuerung der Kapitalgewinne von dem *marginalen Einkommensteuersatz* jedes Anteilseigners abhängt, ob er Eigen- oder Selbstfinanzierung vorzieht. Für einen Anteilseigner mit hohem Einkommensteuersatz wird die Gewinneinbehaltung, für einen Anteilseigner mit niedrigem Einkommensteuersatz die Gewinnausschüttung verbunden mit einer Kapitalerhöhung günstiger sein. Da bei progressivem Tarif der marginale Einkommensteuersatz mit der Höhe des Einkommens wächst, ist es möglich, daß ein Anteilseigner zum Teil eine Ausschüttung von Dividenden — bis der marginale Einkommensteuersatz z. B. 0,36 erreicht —, zum Teil eine Gewinneinbehaltung wünscht. Da in der Regel alle Aktien gleichermaßen mit Dividenden bedient werden müssen, ist es einer Gesellschaft, an der Anteilseigner mit marginalen Einkommensteuersätzen beteiligt sind, die teils unter, teils über dem kritischen Einkommensteuersatz liegen, unmöglich, die Eigenkapitalaufbringung für alle Anteilseigner gleichermaßen zu optimieren.

Jede Kombination zwischen Selbst- und Eigenfinanzierung wird für einige Anteilseigner optimal, für andere Anteilseigner suboptimal sein. Die zumeist in der Praxis feststellbare Kombination zwischen Gewinneinbehaltung und Kapitalerhöhung bei weitgehend konstanten Dividendenzahlungen stellt weder für Aktionäre mit hohen marginalen Einkommensteuersätzen noch für Aktionäre mit niedrigen marginalen Einkommensteuersätzen ein Optimum dar. Erstere würden es vorziehen, wenn die Gesellschaft auf Dividendenzahlungen verzichtete und entsprechend niedrigere Kapitalerhöhungen vornähme. Letzteren wäre mit einer Vollausschüttung der Gewinne und entsprechend höheren Kapitalerhöhungen besser gedient. Die gewählte Dividendenpolitik ist somit nur für diejenigen Aktionäre optimal, deren marginaler Steuersatz bei der gewählten Dividendenpolitik (zufällig) mit dem kritischen Steuersatz übereinstimmt. Die zumeist in der Praxis betriebene Politik stellt somit für kaum einen Aktionär das Optimum dar, sie hat aber den Vorzug, weder die Aktionärsgruppe mit niedrigeren marginalen Einkommensteuersätzen, noch die Aktionärsgruppe mit hohen marginalen Einkommensteuersätzen eindeutig zu bevorzugen.

Wenn es schon unmöglich ist, daß eine Gesellschaft mit Anteilseignern, deren Einkommensteuersätze sehr unterschiedlich sind, eine von allen Anteilseignern als optimal empfundene Eigenkapitalaufbringung durchführt, so sollte man annehmen, daß die Anteilseigner bei Zusammenstellung ihrer Portefeuilles auf die erklärte Eigenfinanzierungspolitik der Gesellschaft Rücksicht nehmen. Investoren mit hohen Einkommensteuersätzen sollten Anteile von Gesellschaften bevorzugen, die ihren Eigenkapitalbedarf vornehmlich durch Selbstfinanzierung decken, also eine geringe Dividendenrendite und eine hohe Wachstumsrate der Kurse aufweisen, Investoren mit niedrigeren Einkommensteuersätzen sollten Gesellschaften mit hohen Gewinnausschüttungen und entsprechend höheren Kapitalaufstockungen präferieren. Nach einer solchen Selbstzuordnung der Investoren an Gesellschaften mit unterschiedlicher Eigenfinanzierungspolitik wäre die jeweils betriebene Form der Eigenkapitalaufbringung für alle Anteilseigner optimal. Empirische Untersuchungen haben aber bisher keine überzeugenden Anhaltspunkte für die Richtigkeit dieser Annahme geliefert.

Einen sehr interessanten Beitrag zum Problem der optimalen Eigenfinanzierungspolitik hat BRENNAN [1970] beigesteuert. Nach seiner Meinung kranken die bisherigen Auffassungen — einschließlich der oben gebrachten — daran, daß sie nicht beachten, daß die Investoren ein Wertpapierportefeuille zusammenstellen. Wenn man — wie in Abschnitt 1 — gleiche Erwartungen aller Investoren, jedoch unterschiedliche Einkommen- und Kapitalgewinnsteuersätze unterstellt, so werden die optimalen Wertpapierportefeuilles der Investoren nicht mehr gleich zusammengesetzt sein. Investoren mit niedrigen marginalen Einkommensteuersätzen werden bei Existenz eines gespaltenen Körperschaftsteuersatzes (der von BRENNAN allerdings nicht einbezogen wird) einen höheren Anteil ihres Portefeuilles Papieren von Unternehmungen mit hoher erwarteter Dividendenrendite widmen als Investoren mit hohen marginalen Einkommensteuersätzen usw.

Die Preise der Anteile aller Unternehmungen müssen sich so einstellen, daß alle Anteile untergebracht werden. Aus dieser Bedingung gewinnt BRENNAN den Kapitalwert der Unternehmung für die Anteilseigner in Abhängigkeit von der Dividendenpolitik. In die diesbezügliche Formel geht ein gewichteter Durchschnitt der marginalen Einkommensteuersätze bzw. der marginalen Kapitalgewinnsteuersätze aller Investoren ein. Die Kapitalgewinnsteuer wird dabei als jährlich, nicht erst bei Verkauf der Anteile fällig angenommen. Das Investitionsprogramm der Unternehmungen wird als gegeben unterstellt. Bei höheren Dividenden werden somit entsprechend größere Kapitalerhöhungen vorgenommen.

Wenn in die Ableitung von BRENNAN ein gespaltener Körperschaftsteuertarif eingebaut wird, so ergibt sich als Ergebnis (siehe Anhang 3):

$$K_j = \frac{\bar{G}_j - (\bar{G}_j - D_j)s_{k_2} - D_j s_{k_1}}{r_n - H \cdot \mathrm{Cov}[G_j(1 - s_{k_2})/K_j, G_m] + T(D_j/K_j - r_n)} \tag{23}$$

$\bar{G}_j$ = erwarteter Gewinn der Unternehmung j, als im Zeitablauf konstant unterstellt

G_m = Gewinn sämtlicher Unternehmungen

D_j = geplante Dividende der Unternehmung j, als im Zeitablauf konstant unterstellt

r_n = Rendite risikoloser Investitionen

$H = h/(1 - T_g)$

$$h = \left[-\tfrac{1}{2} \sum_{i=1}^{m} \frac{\partial \Phi^i}{\partial \bar{R}^i (1 - s_{gi})^2} \right]^{-1}$$

h ist somit eine gewichtete Substitutionsrate zwischen Risiko und erwartetem Reichtum aller Marktteilnehmer, wobei die Gewichtung von den Kapitalgewinnsteuersätzen der Investoren $i = 1, 2, \ldots, m, s_{gi}$, abhängt.

$$T_g = -\tfrac{1}{2} h \sum_{i=1}^{m} \frac{\partial \Phi^i s_{gi}}{\partial \bar{R}^i (1 - s_{gi})^2}$$

$$T_e = -\tfrac{1}{2} h \sum_{i=1}^{m} \frac{\partial \Phi^i s_{ei}}{\partial \bar{R}^i (1 - s_{gi})^2}$$

T_g ist somit ein gewichteter marginaler Kapitalgewinnsteuersatz, T_e ein gewichteter marginaler Einkommensteuersatz.

$$T = \frac{T_e - T_g}{1 - T_g}$$

Eine Umformung von Formel (23) nach K_j ergibt:

$$K_j = \frac{\bar{G}_j - (\bar{G}_j - D_j)s_{k_2} - D_j s_{k_1} - D_j T - H \cdot \mathrm{Cov}[G_j(1 - s_{k_2})G_m]}{r_n(1 - T)} \quad (23\text{a})$$

Die 1. Ableitung nach D_j ergibt:

$$\frac{\partial K_j}{\partial D_j} = \frac{s_{k_2} - s_{k_1} - T}{r_n(1 - T)} \quad (23\text{b})$$

Formel (23b) besagt, daß der Kapitalwert durch eine Dividendenerhöhung so lange steigt, solange der Unterschied zwischen s_{k_2} und s_{k_1} (in der BRD $0,51 - 0,15 = 0,36$) größer ist als $(T_e - T_g)/(1 - T_g)$. Falls alle Investoren einem gleichen marginalen Einkommen- und einem gleichen marginalen Kapitalgewinnsteuersatz s_e bzw. s_g unterliegen, so wird der Ausdruck $(T_e - T_g)/(1 - T_g)$ zu $(s_e - s_g)/(1 - s_g)$. Eine Erhöhung der Dividenden ist somit vorteilhaft, solange dieser Ausdruck kleiner ist als die Differenz zwischen s_{k_2} und s_{k_1}. Dies ist aber dasselbe Kriterium, das in Formel (22b) wiedergegeben wurde. Bei dem Formel (22a) demonstrierenden Beispiel ist $s_{k_2} - s_{k_1} = 0,51 - 0,15 = 0,36$ und ebenso beträgt $(s_e^* - s_g)/(1 - s_g) = (0,52 - 0,25)/0,75 = 0,36$.

Falls der Kapitalgewinnsteuersatz 0 beträgt und alle Investoren dem gleichen marginalen Einkommensteuersatz unterliegen, so wird T zu s_e. Eine Dividendenerhöhung ist dann vorteilhaft, solange der Einkommensteuersatz geringer ist als $s_{k_2} - s_{k_1}$. Dies entspricht genau dem in Formel (22) entwickelten Ergebnis.

Die Arbeit von BRENNAN ist allerdings vor allem in bezug auf die verwendete Zielfunktion kritischen Einwendungen ausgesetzt. BRENNAN geht davon aus, daß die Maximierung des Kapitalwertes (Marktwertes) der Unternehmung für die Anteilseigner — bei gegebenem Fremdkapitalvolumen — den Interessen *aller* Anteilseigner entspricht. Daher kommt es nicht auf die individuellen Einkommen- und Kapitalgewinnsteuersätze an, sondern auf die gewichteten Sätze aller Investoren. Wie aus Formel (23b) ersichtlich, ist das Optimierungskriterium für alle Unternehmungen gleich und hängt nur von den gewichteten marginalen Einkommensteuer- und Kapitalgewinnsteuersätzen und den Körperschaftsteuersätzen ab. Formel (23b) besagt nicht etwa, daß alle Unternehmungen einen gleichen Prozentsatz ausschütten sollen. Gleichgewicht für alle Unternehmungen ist vielmehr erreicht, wenn die Gesamtausschüttungen aller Unternehmungen dazu führen, daß $s_{k_2} - s_{k_1}$ gleich T ist! Dies kann durch unterschiedliche Verteilungen der Ausschüttungen auf die Unternehmungen erreicht werden. Wenn der Gleichgewichtszustand erreicht ist, wenn also $s_{k_2} - s_{k_1}$ gleich T ist, dann wird K_j aller Unternehmungen gemäß Formel (23a) zu

$$\frac{\bar{G}_j(1 - s_{k_2}) - H \cdot \text{Cov}[G_j(1 - s_{k_2}), G_m]}{r_n(1 - T)} \tag{23c}$$

K_j ist somit in diesem Fall von der individuellen Ausschüttungspolitik der betreffenden Unternehmung *unabhängig*.

Für die Kritik des Kriteriums von BRENNAN soll angenommen werden, daß der Gleichgewichtszustand (zufällig) bei gleicher Ausschüttungsquote aller Unternehmungen erreicht wurde. Eine Minderung bzw. Erhöhung der Ausschüttungsquote einer Unternehmung (bei Konstanz der Ausschüttungsquote der anderen Unternehmungen) würde den Marktwert aller Unternehmungen mindern, falls dadurch $T \neq s_{k_2} - s_{k_1}$ wird. Ist aber mit der Maximierung des Marktwertes der Unternehmung allen Anteilseignern gedient? Dazu muß bedacht werden, auf wessen Kosten die Kapitalwerte aller Unternehmungen gemäß Formel (23b) maximiert werden, wer der Verlierer der Kapitalwertmaximierung ist. Verlierer ist offensichtlich der Fiskus. Formel (23b) fordert implizit, die Kapitalwerte der Unternehmungen dadurch zu maximieren, daß die in der Volkswirtschaft anfallenden Körperschaft-, Einkommen- und Kapitalgewinnsteuern minimiert werden. Im *Durchschnitt* profitiert daher die Gruppe der Investoren von dem in Formel (23b) geforderten Verhalten durch Steuerminimierung. Damit ist aber nicht gesagt, daß *jeder* Investor gewinnt. Für Investoren mit gegenüber anderen Investoren sehr niedrigen Einkommensteuersätzen und eventuell hohen Kapitalgewinnsteuersätzen könnte es z. B. günstig sein, wenn die Unternehmungen sämtliche Gewinne ausschütteten, auch wenn dadurch die Marktwerte (und damit die Marktwertsteigerungen) verringert werden. Für einzelne Investoren, deren Steuersätze von den durchschnittlich in einer Volkswirtschaft herrschenden Steuersätzen allzuweit abweichen, kann die Befolgung des Kriteriums von BRENNAN daher von Nachteil sein.

Zum Abschluß des Kapitels über die Kombination der offenen Selbstfinanzierung und der Emission von Stammaktien soll an die in Abschnitt 2.1.2 demonstrierte These angeknüpft werden, nach der Kapitalerhöhungen um so ungünstiger sind, je niedriger die Anteile der Gesellschaft notieren, falls sich an der Kapitalerhöhung nicht nur die bisherigen Anteilseigner beteiligen. Wie in Abschnitt 6.2.2 gezeigt wird, ist der Aufschub von Kapitalerhöhungen günstig, wenn die Unternehmungsleitung — im Gegensatz zum Kapitalmarkt — wesentliche Kurssteigerungen erwartet. In einer solchen Situation kann natürlich eine vorläufige Gewinneinbehaltung günstiger sein als eine Aktienemission, auch wenn ansonsten eine Aktienemission vorgezogen wird, sofern es nicht noch günstiger ist, bis zur Durchführung der aufgeschobenen Kapitalerhöhung einen höheren Verschuldungsgrad in Kauf zu nehmen (vgl. dazu Abschnitt 6.2.2 und 6.3.2).

4.2.3 Die stille Selbstfinanzierung im Vergleich zur offenen Selbstfinanzierung und zur Emission von Stammaktien

Von *stiller Selbstfinanzierung* spricht man, wenn — auf Basis irgendeiner Gewinndefinition — erzielte Gewinne nicht als solche ausgewiesen und daher auch nicht ausgeschüttet werden. Durch stille Selbstfinanzierung entstehen stille Reserven. Falls die stille Selbstfinanzierung steuerlich nicht anerkannt wird, die betreffenden Gewinne also versteuert werden müssen, gilt das für die offene Selbstfinanzierung Gesagte. Falls die stille Selbstfinanzierung jedoch steuerlich anerkannt ist, hat sie einen doppelten Finanzierungseffekt: Es werden Steuerzahlungen verschoben (Fremdfinanzierung), und es wird Gewinn einbehalten (Selbstfinanzierung). Wenn etwa eine steuerlich anerkannte, nicht nutzungsbedingte Sonderabschreibung von 100 bei einem Gewinnsteuersatz von 0,40 vorgenommen wird, so entsteht eine bedingte, zinslose Steuerverbindlichkeit von 40 (die bei Auflösung der stillen Reserve zu zahlen ist, falls die Unternehmung in dieser und in den darauffolgenden Perioden keine Verluste erleidet), und es wurde eine stille Selbstfinanzierung von netto 60 vorgenommen. Die besonderen Vorteile solcher zinsloser „Steuerkredite" wurden bereits in Abschnitt 3.3.7 hervorgehoben.

Die stille Selbstfinanzierung ist im Verbund mit solchen zinslosen „Steuerkrediten" die günstigste Eigenfinanzierungsform. Sie ist sowohl günstiger als die offene Selbstfinanzierung als auch als eine Gewinnausschüttung verbunden mit einer Kapitalerhöhung. Dies kann folgendermaßen gezeigt werden: Ausgegangen wird davon, daß die Anteilseigner einer Unternehmung eine dem Risiko entsprechende erwartete Rendite von $\bar{r}$ fordern (nach allen Steuern der Unternehmung). Für aus *Eigenfinanzierung aufgebrachte Mittel* muß die Unternehmung erwartungsgemäß (nach allen Steuern der Unternehmung) eine Rendite von $\bar{r}/(1 - e)$ erzielen. Denn von einer von den Anteilseignern eingezahlten Geldeinheit erhält die Unternehmung infolge der anfallenden Transaktionsspesen nur $1 - e$; die Anteilseigner erwarten jedoch eine Rendite von $\bar{r}$ vom eingezahlten Betrag. — Um die erforderliche *Mindestrendite für die offene Selbstfinanzierung* festzustellen, muß beachtet werden, daß der Anteilseigner bei Ausschüttung eines Gewinns vor Körperschaftsteuer von 1 einen Betrag von $1 - s_{k_1}$ erhält. Nach Einkommensteuer verbleibt dem Anteilseigner zur Wiederanlage $(1 - s_{k_1})(1 - s_e)$. Er könnte somit durch Wiederanlage einen jährlichen Gewinn von $\bar{r}(1 - s_{k_1})(1 - s_e)$ erzielen. Behält die Gesellschaft den Gewinn ein, so hat sie Körperschaftsteuer zum Satz von s_{k_2} zu entrichten. Der Gesellschaft verbleiben zur Wiederanlage $(1 - s_{k_2})$. Soll die Einbehaltung im Interesse des Anteilseigners sein, muß somit auf einen Betrag von $(1 - s_{k_2})$ ein erwarteter jährlicher Gewinn von $\bar{r}(1 - s_{k_1})(1 - s_e)$, und zwar nach allen Steuern der Gesellschaft, erzielt werden. Die Mindestrendite für durch offene Selbstfinanzierung gewonnene eigene Mittel ist somit: $\bar{r}(1 - s_{k_1})(1 - s_e)/(1 - s_{k_2})$.

Die von der Gesellschaft erwartungsgemäß zu erzielende *Mindestrendite für die stille Selbstfinanzierung* ergibt sich aus folgender Überlegung: Wenn zur Wahl steht, einen Betrag von 1 still einzubehalten oder auszuschütten, so fällt bei Ausschüttung Körperschaftsteuer zum Satz von s_{k_1} und Einkommensteuer beim Anteilseigner an. Der Anteilseigner kann daher $(1 - s_{k_1})(1 - s_e)$ anlegen. Um eine stille Einbehaltung zu rechtfertigen, genügt es, daß die Gesellschaft eine Rendite von $\bar{r}(1 - s_{k_1})(1 - s_e)$ erzielt.

Daraus ist ersichtlich, daß die stille Selbstfinanzierung, soweit steuerlich anerkannt, die günstigste Eigenfinanzierungsform ist. Der Kapitalkostensatz $\bar{r}(1 - s_{k_1})(1 - s_e)$ ist kleiner als $\bar{r}/(1 - e)$ sowie kleiner als $\bar{r}(1 - s_{k_1})(1 - s_e)/(1 - s_{k_2})$.

Allerdings ist dabei vorausgesetzt, daß sich aus den zinslosen Steuerkrediten keine negativen Effekte auf die sonstigen Verschuldungsmöglichkeiten ergeben (vgl. Abschnitt 3.3.7). — Weiter ist anzumerken, daß es sich bei sämtlichen Renditen um Renditen nach Steuern handelt. Man könnte sämtliche obigen Renditen durch Multiplikation mit $1/(1 - s_{k_1})$ in Renditen vor Steuern umwandeln.)

Unter welchen Bedingungen offene Selbstfinanzierung oder Kapitalerhöhung günstigere Eigenfinanzierungsformen sind, wurde in Abschnitt 4.2.2 behandelt. Es sei nur darauf verwiesen, daß die Gleichsetzung von $\bar{r}/(1 - e)$ und $\bar{r}(1 - s_{k_1})(1 - s_e)/(1 - s_{k_2})$ zu demselben kritischen Einkommensteuersatz von s_e^* führt wie Formel (22).

Das in diesem Abschnitt erzielte Ergebnis steht in einem bemerkenswerten Gegensatz zu zahlreichen die stille Selbstfinanzierung ablehnenden Auffassungen in der Literatur. Diese Auffassungen warnen vor der stillen Selbstfinanzierung, da sie eine Verminderung der Aussagefähigkeit des Jahresabschlusses zur Folge hat und/oder die Unternehmungsleiter zu Fehlinvestitionen verleiten kann, falls diese die durch stille Selbstfinanzierung gewonnenen Mittel als kostenloses Kapital auffassen. Weiter wird die Meinung vertreten, daß die Bildung stiller Reserven insofern gefährlich ist, als man vergessen könnte, für die bei ihrer Auflösung erwachsenden steuerlichen Verpflichtungen vorzusorgen. Eine verminderte Aussagefähigkeit des Jahresabschlusses infolge der Bildung stiller Reserven kann jedoch ohne weiteres durch Fußnoten zur Bilanz bzw. durch Anmerkungen im Geschäftsbericht verhindert werden, und die Berücksichtigung der aus der Auflösung stiller Reserven erwachsenden steuerlichen Verpflichtungen im Rahmen der Finanzplanung bereitet keine Schwierigkeiten. Von Gewicht könnte daher nur das auf das Verhalten der Führungskräfte abstellende Argument sein, daß aus stiller Selbstfinanzierung gewonnene Mittel Fehlinvestitionen veranlassen könnten. Bisher konnte jedoch eine solche Auswirkung der stillen Selbstfinanzierung empirisch nicht nachgewiesen werden.

4.2.4 Die Kapitalherabsetzung in Verbindung mit offener Selbstfinanzierung. Die Emission von Gratisaktien

Wenn $(1 - s_{k_2})(1 - s_g)$ größer ist als $(1 - s_{k_1})(1 - s_e)$, so ist gemäß Abschnitt 4.2.2 (vgl. Formel 22) die offene Selbstfinanzierung der Kapitalaufbringung durch Aktienemission vorzuziehen ($e = 0$). Falls aber diese Beziehung gilt, wäre es günstig, auch *nicht benötigte Gewinne einzubehalten* und in Form von Kapitalherabsetzungen oder Rückkauf von Aktien „auszuschütten". Bei der Einbehaltung fällt Körperschaftsteuer zum Satz von s_{k_2} an, bei der Herabsetzung des Kapitals nur Kapitalgewinnsteuer. Vor allem in den USA ist dieses Verfahren von großem Interesse und in der Literatur häufig behandelt, da kein gespaltener Körperschaftsteuersatz existiert. In der BRD ist gemäß Aktiengesetz der Rückkauf eigener Aktien stark beschränkt. Da eine Ausschüttung von in den vergangenen Jahren gebildeten Rücklagen beim Anteilseigner als normale Dividendenausschüttung angesehen wird und daher nur Nachteile bietet (bei Einbehaltung fällt Körperschaftsteuer zum höheren Satz von s_{k_2} an, bei Ausschüttung nicht ermäßigte Einkommensteuer), kommt nur folgender Weg in Frage: Die einbehaltenen und auf Rücklagen ausgewiesenen Gewinne werden im Rahmen einer „Kapitalerhöhung aus Gesellschaftsmitteln" gemäß §§ 207ff. Aktiengesetz in Grundkapital umgewandelt, und es werden Gratisaktien ausgegeben. Wenn

z. B. bei einem Grundkapital von 1 000 000 Rücklagen von 500 000 in Grundkapital umgewandelt werden, wird eine Gratisaktie pro zwei Altaktien ausgegeben. Da kein Mittelzufluß stattfindet, wird der Unternehmungswert
grundsätzlich konstant bleiben, und es werden nunmehr drei Aktien den
gleichen Wert besitzen wie zuvor zwei Aktien. (Der Unternehmungswert
kann sich aber dann ändern, wenn aus Anlaß der Ausgabe der Gratisaktien
die Unternehmungspolitik, z. B. die Dividendenpolitik, geändert wird;
wenn etwa der Dividendenbetrag je Aktie konstant gehalten wird, so daß
die Dividendensumme insgesamt steigt.) Nach Ausgabe der Gratisaktien
müßte man alsbald das Grundkapital gemäß §§ 222 ff. Aktiengesetz auf die
ursprüngliche Höhe bzw. auf den gewünschten Betrag herabsetzen und die
Differenz ausbezahlen. Für die Kapitalrückzahlungen würden in der BRD
nur in begrenztem Ausmaß Kapitalgewinnsteuern anfallen, abhängig vom
Ausmaß der Beteiligung bzw. davon, ob sich die Papiere im Privat- oder Betriebsvermögen befinden (vgl. Abschnitt 4.2.2).

Dieser prinzipiell gangbare Weg wurde jedoch durch das „Gesetz über
steuerrechtliche Maßnahmen bei Erhöhung des Nennkapitals aus Gesellschaftsmitteln und bei Überlassung von eigenen Aktien an Arbeitnehmer"
wesentlich eingeschränkt. Gemäß dieses Gesetzes unterliegt die Ausgabe von
Gratisaktien zwar nicht den Steuern vom Einkommen und Ertrag beim Anteilseigner. Wird allerdings innerhalb von fünf Jahren nach der Grund-
kapitalerhöhung das Grundkapital wieder herabgesetzt und rückgezahlt,
oder werden in dieser Frist eigene Aktien erworben, so gelten die Rück-
zahlungsbeträge — soweit sie das Ausmaß der Nennkapitalerhöhung nicht
übersteigen — in der Regel als Gewinnausschüttungen. Der Einkommensteuersatz ist jedoch mit 30% pauschaliert.

4.2.5 Die Dividendenpolitik

Es kann nun abschließend zur Dividendenpolitik von Publikumsaktiengesellschaften Stellung genommen werden. Bei den in der BRD gültigen
steuerlichen Regelungen ist es für private Investoren mit niedrigem marginalen Einkommensteuersatz von Vorteil, wenn die Gesellschaften sämtliche
Gewinne ausschütten und den Eigenkapitalbedarf durch Kapitalerhöhungen decken. Das gleiche gilt für Investoren mit hohem marginalen Einkommensteuersatz, aber hohem marginalen Kapitalgewinnsteuersatz (bei
entsprechend hoher Verkaufswahrscheinlichkeit der Anteile). Vor allem sind
solche Investoren zu nennen, deren Wertpapiere zum Betriebsvermögen
zählen. Wenn eine Unternehmung etwa eine Schachtelbeteiligung an einer
anderen Unternehmung hat, so verursacht eine Ausschüttung des Gewinns
der Tochtergesellschaft an die Muttergesellschaft und eine Rückzahlung des

Betrags an die Tochtergesellschaft im Rahmen einer Kapitalerhöhung gegenüber einer Einbehaltung bei der Tochtergesellschaft keine höheren Körperschaft- und Gewerbeertragsteuern. Es fallen lediglich Transaktionskosten einschließlich Kapitalverkehrssteuern an. Durch ein solches Vorgehen wird jedoch die bei einer eventuellen Veräußerung der Beteiligungen anfallende Besteuerung der Veräußerungsgewinne wesentlich verringert, da sich der Buchwert der Beteiligung erhöht [vgl. SWOBODA-KÖHLER 1971, S. 229 f.]. Ist die Verkaufswahrscheinlichkeit für die Schachtelbeteiligung entsprechend hoch, wird daher eine Gewinnausschüttung verbunden mit einer Kapitalerhöhung günstiger sein als eine Gewinneinbehaltung.

Anteilseigner mit hohem marginalen Einkommensteuersatz und niedrigem marginalen Kapitalgewinnsteuersatz bzw. niedriger Verkaufswahrscheinlichkeit der Anteile werden dagegen die Selbstfinanzierung der Emission von Stammaktien vorziehen.

Eine für alle Anteilseigner optimale Dividendenpolitik existiert daher in der BRD in der Regel nicht. Darin kann eine erste Begründung für eine weitgehend von den Eigenkapitalbedürfnissen unabhängige Dividendenpolitik der Gesellschaften gesehen werden. Diese Begründung versagt jedoch, wenn man Staaten mit einheitlichem Körperschaftsteuersatz für ausgeschüttete und einbehaltene Gewinne und ermäßigter Kapitalgewinnsteuer, wie die USA, betrachtet: In solchen Staaten müßten die Unternehmungen ihren Eigenkapitalbedarf in erster Linie durch offene Selbstfinanzierung decken und erst bei Versiegen dieser Kapitalquelle Kapitalerhöhungen vornehmen. Weiter wäre in diesen Staaten, falls der Eigenkapitalbedarf geringer als der erzielte Gewinn ist, der Aktienrückkauf vorteilhafter als die Gewinnausschüttung. Dennoch betreiben auch Gesellschaften in Staaten mit einheitlichem Körperschaftsteuersatz für ausgeschüttete und einbehaltene Gewinne eine von den Eigenkapitalbedürfnissen weitgehend unabhängige Dividendenpolitik.

Kennzeichen der von den meisten Unternehmungen betriebenen Dividendenpolitik ist eine weitgehende *Konstanz der Dividendensätze*. Die Dividendensätze werden nur bei bedeutsamen Veränderungen der wirtschaftlichen Lage — aber vielfach unabhängig von den Eigenkapitalbedürfnissen — angepaßt. Die Konstanz der Dividendensätze bringt mit sich, daß auch in den Jahren, in denen Kapitalerhöhungen vorgenommen werden, in der Regel ein Teil der Gewinne ausgeschüttet und ein Teil der Gewinne einbehalten wird. Es wird somit in der gleichen Periode sowohl offene Selbstfinanzierung als auch Eigenfinanzierung im engeren Sinn betrieben, was nach den in Abschnitt 4.2.2 entwickelten Kriterien nur für eine Minderheit von Anteilseignern optimal sein kann.

Eine befriedigende und empirisch bestätigte Erklärung der in der Praxis zumeist betriebenen Dividendenpolitik steht noch aus. Häufig wird als Bestimmungsgrund die *Informationsfunktion* der Dividenden genannt. Dividendenkürzungen können von den Investoren als Zeichen aufgefaßt werden, daß die Unternehmungsleitung die Zukunftschancen der Unternehmung nun weniger optimistisch einschätzt, und könnten zu Kursrückgängen führen. Selbst wenn die Selbstfinanzierung für die Anteilseigner günstiger wäre als eine Aktienemission, und wenn die Unternehmung aufgrund günstiger Zukunftschancen einen hohen Eigenkapitalbedarf hat, werden daher keine Dividendenkürzungen, sondern entsprechend höhere Aktienemissionen vorgenommen.

Eine weitere Begründung ist, daß manche Anteilseigner Kapitalerhöhungen höher einschätzen als Dividendenkürzungen, da sie der Überzeugung sind, daß die Unternehmungsleitung die aus Kapitalerhöhungen aufgebrachten Mittel *sorgsamer investiert* als die einbehaltenen Gewinne.

Drittens wird zur Begründung weitgehend stabiler Dividenden auch auf die *Konsumbedürfnisse* der Anteilseigner hingewiesen. Es ist aber zu bedenken, daß die Anteilseigner bei Dividendenkürzungen ihre Konsumbedürfnisse auch durch teilweisen Verkauf von Anteilen zu infolge der Gewinneinbehaltung höheren Kursen befriedigen können. Allerdings ist zu berücksichtigen, daß sie dabei das Risiko von Kursschwankungen tragen und Transaktionsspesen entstehen.

Es bleibt dahingestellt, ob diese Begründungen tatsächlich ausreichen, um die Dividendenpolitik der Unternehmungen zu fundieren, und ob nicht zumindest die ersten beiden Begründungen durch eine bessere Information der Investoren auszuräumen sind.

4.2.6 Grundsätzliche gesetzliche Regelungen, die die Eigenkapitalstrukturierung determinieren[1]

In den vorangegangenen Abschnitten wurden die für einzelne oder alle Investoren optimalen Entscheidungen hinsichtlich der Eigenkapitalstrukturierung ermittelt. Eine gesetzliche Regelung der Entscheidungsrechte hinsichtlich der Eigenkapitalaufbringung und Eigenkapitalrückzahlungen bzw. diesbezüglicher Beschränkungen sind aus drei Gründen notwendig. Erstens erhöht sich das Risiko der *Gläubiger* mit jeder Gewinnausschüttung bzw. Kapitalherabsetzung, falls die Anteilseigner für die Schulden der Gesellschaft nicht oder nur beschränkt haften. Die Gläubiger sind daher an Be-

---

[1] Der Abschnitt ist angelehnt an SWOBODA [SWOBODA 1971, S. 174 ff.].

schränkungen der Ausschüttungen an die Anteilseigner interessiert. Zweitens ziehen die Anteilseigner, in Abhängigkeit von den für sie gültigen Steuersätzen, zum Teil die offene Selbstfinanzierung, zum Teil Kapitalerhöhungen vor. (Es ist auch möglich, daß einzelne Anteilseigner sich im Gegensatz zu anderen Anteilseignern überhaupt gegen eine Verstärkung der Eigenkapitalbasis der Gesellschaft aussprechen, da sie die für eine Beteiligung an der Kapitalerhöhung benötigten Mittel nicht aufbringen können oder wollen, die Beteiligungsquote aber aufrecht erhalten möchten.) Und drittens können Interessengegensätze zwischen Anteilseignern und Unternehmungsleitung bestehen, wie sie in Abschnitt 1.5 kurz beschrieben wurden. Die Anteilseigner können z. B. einen höheren Verschuldungsgrad als die das Kapitalstrukturrisiko stärker empfindende Unternehmungsleitung befürworten. Es ist daher verständlich, daß um das Entscheidungsrecht über Gewinnausschüttungen, Kapitalerhöhungen und Kapitalherabsetzungen bei jeder Reform des Aktiengesetzes zwischen Anteilseignern und Unternehmungsführungen gerungen wird, und die Vertreter der Gläubiger möglichst wirksame Sicherungen gegen eine Minderung der Eigenkapitalbasis anstreben.

Als Beispiele für gesetzliche Regelungen hinsichtlich der Selbstfinanzierung seien angeführt: Für *Offene Handelsgesellschaften* und die *Komplementäre einer Kommanditgesellschaft* gilt § 122 HGB: „Jeder Gesellschafter ist berechtigt, aus der Gesellschaftskasse Geld bis zum Betrage von vier vom Hundert seines für das letzte Geschäftsjahr festgestellten Kapitalanteils zu seinen Lasten zu erheben und, soweit es nicht zum offenbaren Schaden der Gesellschaft gereicht, auch die Auszahlung seines den bezeichneten Betrag übersteigenden Anteils am Gewinn des letzten Jahres zu verlangen. Im übrigen ist ein Gesellschafter nicht befugt, ohne Einwilligung der anderen Gesellschafter seinen Kapitalanteil zu vermindern."

Aktiengesellschaften werden zu einem gewissen Ausmaß an Selbstfinanzierung gezwungen. So muß gemäß § 150 Aktiengesetz „der zwanzigste Teil des um einen Verlustvortrag aus dem Vorjahr geminderten Jahresüberschusses, bis die Rücklage den zehnten oder den in der Satzung bestimmten höheren Teil des Grundkapitals erreicht", der gesetzlichen Rücklage zugeführt werden. Weiter kann gemäß § 58 Aktiengesetz die Satzung für den Fall, daß die Hauptversammlung den Jahresabschluß feststellt, bestimmen, daß ein Teil, höchstens die Hälfte des Jahresüberschusses, in freie Rücklagen einzustellen ist. „Stellen Vorstand und Aufsichtsrat den Jahresabschluß fest, so können sie einen Teil des Jahresüberschusses, höchstens jedoch die Hälfte, in freie Rücklagen einstellen." Die Satzung kann Vorstand und Aufsichtsrat ermächtigen, auch einen höheren Teil des Jahresüberschusses in freie Rücklagen einzustellen. Die Ermächtigung kann jedoch nur unter bestimmten Bedingungen angewendet werden. — Die Hauptversammlung kann schließlich bestimmen, weitere Beträge in offene Rücklagen einzustellen oder als Gewinn vorzutragen (§ 174 Aktiengesetz). — Die Entscheidungen über die Bildung stiller Rücklagen stehen ebenfalls der Instanz zu, die über die Bilanzfeststellung befindet. (Wann Vorstand und Aufsichtsrat oder die Hauptversammlung der Aktionäre die Bilanz feststellen, ist in den §§172 f. Aktiengesetz geregelt.)

Hinsichtlich *Kapitalerhöhungen* sind für Aktiengesellschaften folgende Regelungen anzuführen: Der Mindestnennbetrag je Aktie beträgt gegenwärtig 50, der Mindestnennbetrag des Grundkapitals 100000. Aktien dürfen nur zu einem Ausgabekurs, der gleich ist dem Nennwert oder ihn übersteigt, emittiert werden. Diese Vorschrift behindert Kapitalerhöhungen, falls die Papiere unter dem Nennwert notieren. Sie macht in diesen Fällen eine Herabsetzung des Nennwertes (vereinfachte Kapitalherabsetzung) notwendig. Das Recht der Anteilseigner auf den Bezug neuer Aktien und die Notwendigkeit, den Differenzbetrag zwischen Ausgabekurs und Nennwert der ausgegebenen Aktien der gesetzlichen Rücklage zuzuweisen, wurden bereits erwähnt. Da die Gesellschafter an der Kontrolle, für welche Zwecke die zusätzlichen Eigenmittel verwendet werden sollen, und auch an der Aufrechterhaltung der Beteiligungsquote interessiert sein können, müssen Kapitalerhöhungen durch die Hauptversammlung (Dreiviertelmehrheit) beschlossen werden. Besondere Probleme auch für die gesetzliche Regelung bietet die Bewertung von *Sacheinlagen* durch die Gesellschafter, die insbesondere bei Umwandlungen von Einzelunternehmungen und Personengesellschaften in Kapitalgesellschaften getätigt werden.

Für den Handel mit Anteilen ist es wichtig, ob die Aktien — wie zumeist — als *Inhaberaktien* oder als *Namensaktien* ausgestellt sind. Der Verkauf letzterer erfordert größere Formalitäten und Spesen. Vinkulierte Namensaktien sind Aktien, deren Eigner über die Einzahlung des Ausgabebetrags hinausgehende Verpflichtungen gegenüber der Gesellschaft haben (z. B. Lieferung von Zuckerrüben an eine Zuckerfabrik). Ihre Übertragung ist an die Zustimmung der Gesellschaft gebunden.

Besondere Formen der Kapitalerhöhung sind die bedingte und die genehmigte Kapitalerhöhung. Zwecke der *bedingten Kapitalerhöhung* sind insbesondere die Gewährung von Umtausch- und Bezugsrechten an Gläubiger von Wandelschuldverschreibungen (siehe Abschnitt 5) und die Gewährung von Bezugsrechten an Arbeitnehmer. Die Kapitalerhöhung ist durch die Inanspruchnahme durch die Gläubiger von Wandelschuldverschreibungen bzw. die Arbeitnehmer bedingt.

Durch die Einrichtung des *genehmigten Kapitals* wird der Vorstand ermächtigt, das Grundkapital bis zu einem bestimmten Nennbetrag innerhalb eines bestimmten Zeitraums zu erhöhen. Dies kann den Zweck haben, ganze Unternehmungen dadurch zu erwerben, daß den Eignern dieser Unternehmungen Aktien der erwerbenden Gesellschaft angeboten werden. Besonders steuerliche Gründe können eine solche Form des Erwerbs von Unternehmungen vorteilhaft machen.

Hinsichtlich der *Auszahlung von Mitteln an Anteilseigner* (mit Ausnahme der bereits behandelten Gewinnausschüttungen) weist das Aktiengesetz einigermaßen *inkonsequente* Regelungen auf. Beträge im Ausmaß der freien Rücklagen können unbeschränkt an die Anteilseigner ausgeschüttet werden, soweit die freien Rücklagen zuvor gegen Gewinn aufgelöst werden. Die *Auflösung der freien Rücklagen* obliegt den die Bilanz feststellenden Instanzen. Es sind keine besonderen Gläubigerschutzbestimmungen zu beachten, obwohl die freien Rücklagen oft ein Vielfaches des Grundkapitals ausmachen.

Für Auszahlungen an Anteilseigner, die buchtechnisch durch eine Herabsetzung des Grundkapitals ausgewiesen werden sollen (= *ordentliche Kapitalherabsetzung*), bedarf es mindestens einer Dreiviertelmehrheit des bei der Beschlußfassung vertretenen Grundkapitals. Hinsichtlich des Gläubigerschutzes bestimmt § 225 Aktiengesetz: „(1) Den Gläubigern, deren Forderungen begründet worden sind, bevor die Eintragung des Beschlusses bekanntgemacht worden ist, ist, wenn sie sich binnen sechs Monaten nach der Bekanntmachung zu diesem Zweck melden, Sicherheit zu leisten, soweit sie nicht Befriedigung verlangen können. Die Gläubiger sind in der Bekanntmachung der Eintragung auf dieses Recht hinzuweisen. Das Recht, Sicherheitsleistung zu verlangen, steht Gläubigern nicht zu, die im Fall des Konkurses ein Recht auf vorzugsweise Befriedigung aus einer Deckungsmasse haben, die nach gesetzlicher Vorschrift zu ihrem Schutz errichtet und staatlich überwacht ist.

(2) Zahlungen an die Aktionäre dürfen auf Grund der Herabsetzung des Grundkapitals erst geleistet werden, nachdem seit der Bekanntmachung der Eintragung sechs Monate verstrichen sind und nachdem den Gläubigern, die sich rechtzeitig gemeldet haben, Befriedigung oder Sicherheit gewährt worden ist."

Technisch wird die ordentliche Kapitalherabsetzung durch Herabsetzung des Nennbetrags je Aktie oder, insoweit dies infolge des Unterschreitens des Mindestnennbetrages unmöglich ist, durch Zusammenlegung von Aktien durchgeführt. — Für die *Einziehung von Aktien* gemäß § 237 Aktiengesetz gelten die gleichen strengen Gläubigerschutzbestimmungen. (Nur für eine Grundkapitalherabsetzung, die zum buchmäßigen Ausgleich von Verlusten bzw. zur Einstellung von Beträgen in die gesetzliche Rücklage dient, bei der also keine Zahlung an Anteilseigner vorgenommen werden — vereinfachte Kapitalherabsetzung — gibt es keine Gläubigerschutzbestimmungen.)

Gesetzliche Rücklagen können nicht gegen Gewinn aufgelöst werden. Sie können jedoch, soweit sie 10% des Grundkapitals übersteigen, im Rahmen einer Kapitalerhöhung aus Gesellschaftsmitteln in Grundkapital umgewandelt werden. Das Grundkapital kann sodann wieder herabgesetzt werden.

Die Inkonsequenz dieser aktienrechtlichen Regelungen ist offenkundig, da jede Auszahlung an Anteilseigner die Position der Gläubiger prinzipiell in gleicher Weise schwächt, gleichgültig, ob sie buchtechnisch durch eine Minderung der freien Rücklagen, der gesetzlichen Rücklage oder des Grundkapitals erfolgt. Bei der gegebenen Rechtslage ist somit das Kreditrisiko der Gläubiger c.p. am geringsten, wenn ein möglichst hoher Anteil des Eigenkapitals der Unternehmung auf dem Konto gesetzliche Rücklage oder auf dem Grundkapitalkonto ausgewiesen ist. Die Position der Gläubiger wird somit durch eine Kapitalerhöhung aus Gesellschaftsmitteln, durch die freie Rücklagen in Grundkapital verwandelt werden, verbessert, die Position der Anteilseigner wird demgemäß verschlechtert. Dies ist bei der Emission von Gratisaktien zusätzlich zu den in Abschnitt 4.2.4 angeführten Bestimmungsgründen zu beachten.

Ergänzende und vertiefende Literatur zu Abschnitt 4.2:
BRENNAN 1970.
BRENNAN 1971.
ELTON-GRUBER 1968.
ELTON-GRUBER 1970.
GORDON 1962, S. 43–99.
HAX, H., 1969.
LEWELLEN 1969, S. 53–74.
MILLER-MODIGLIANI 1961.
PORTERFIELD 1965, S. 85–106.
RITTERSHAUSEN 1964, S. 67–164.
ROBICHEK-MYERS 1965, S. 50–66.
SCHNEIDER 1970, S. 419–441.
SWOBODA-KÖHLER 1971.
VAN HORNE 1971, S. 241–288.
WALTER 1967.
WESTON-BRIGHAM 1970, S. 372–435.

4.3 Die Emission von Vorzugsaktien und Genußscheinen im Vergleich zur Emission von Stammaktien

Vorzugsaktien sind Aktien mit Sonderrechten hinsichtlich des Dividendenbezugs und/oder seltener hinsichtlich des Liquidationserlöses. Die meisten Vorzugsaktien weisen als Vorzug eine Mindestdividende auf, die, falls sie in ungünstigen Jahren ganz oder teilweise ausfällt, nachzahlbar ist. Falls die Dividende für die Stammaktien höher als die Mindestdividende für die Vorzugsaktien ist, wird für Stammaktien und Vorzugsaktien die gleiche Dividende bezahlt (Vorzugsaktien mit kumulativer Mindestdividende). Es existieren aber auch bzw. es sind denkbar Vorzugsaktien mit Höchstdividende, wobei unterhalb des Maximums die gleiche Dividende wie für Stammaktien bezahlt wird; mit kombinierter Mindest- und Höchstdividende; mit fixierter Dividende; mit einer Mehrdividende gegenüber den Stammaktien.

Gemäß § 139 Aktiengesetz kann „für Aktien, die mit einem nachzuzahlenden Vorzug bei der Verteilung des Gewinns ausgestattet sind, ... das Stimmrecht ausgeschlossen werden". Als *Vorzugsaktien ohne Stimmrecht* können daher nur Vorzugsaktien mit kumulativer Mindestdividende ausgegeben werden, wobei natürlich zusätzlich auch eine Maximaldividende oder überhaupt eine fixierte Dividende vorgesehen sein kann. § 140 (2) Aktiengesetz bestimmt: „Wird der Vorzugsbetrag in einem Jahr nicht oder nicht vollständig gezahlt und der Rückstand im nächsten Jahr nicht neben dem vollen Vorzug dieses Jahres nachgezahlt, so haben die Vorzugsaktionäre das Stimmrecht, bis die Rückstände nachgezahlt sind."

In den folgenden Ausführungen stehen die am häufigsten anzutreffenden *stimmrechtslosen Vorzugsaktien mit kumulativer Mindestdividende* im Vordergrund. Die Emission solcher Vorzugsaktien anstelle von Stammaktien kann wohl das Risiko der Gläubiger etwas erhöhen, wenn in Situationen finanzieller Anspannung an Vorzugsaktionäre, nicht jedoch an Stammaktionäre Dividenden ausbezahlt werden. Im wesentlichen aber bleibt das Risiko der Gläubiger unverändert. Das von den Anteilseignern zu tragende Risiko wird jedoch auf Vorzugsaktionäre und Stammaktionäre unterschiedlich verteilt. Vorzugsaktionäre tragen ein geringeres Risiko als Stammaktionäre. Abgesehen vom Ausschluß des Stimmrechts müßten daher Vorzugsaktien etwas höher notieren als Stammaktien. Eine höhere Notierung ist nur dann nicht anzunehmen, falls die Wahrscheinlichkeit, daß der Vorzug je zum Tragen kommt, Null ist. Vieles spricht dafür, daß gerade in bezug auf die Kombination von Stamm- und Vorzugsaktien die These von MODIGLIANI-MILLER gelten müßte, daß also der Unternehmungswert durch die Emission von Vorzugsaktien anstelle von Stammaktien weder vermehrt noch vermindert werden kann. Denn Stamm- und Vorzugsaktien verursachen gleiche steuerliche Belastungen und etwa gleiche Transaktionskosten.

In der Realität notieren jedoch Vorzugsaktien mit kumulativer Mindestdividende zumeist niedriger, keinesfalls höher als Stammaktien. Als Ursache wird häufig der Ausschluß des Stimmrechts genannt. Da viele Investoren und Investmentgesellschaften an der Ausnützung des Stimmrechts kein Interesse haben, sollte man annehmen, daß die Nachfrage dieser Gruppe von Investoren eine zumindest gleiche Bewertung der Vorzugsaktien gegenüber den Stammaktien bewirkt; auch wenn nach STAHL ausländische Kapitalgeber infolge unvollkommener Information über die Ausstattung der deutschen Vorzugsaktien (die im Gegensatz zu vielen ausländischen Vorzugsaktien keine Nachteile im Liquidationsfall aufweisen) und infolge der Haltung der New York Stock Exchange, die die Börsenzulassung für stimmrechtslose Aktien ablehnt, eine unbegründete Vorliebe für deutsche Stammaktien haben [STAHL 1969, S. 51].

Selbst wenn man die Möglichkeit in Betracht zieht, daß die Vorrechte der Vorzugsaktionäre durch Kapitalherabsetzung gemindert werden können [vgl. STAHL 1969, S. 48 f.], so ist eine Minderbewertung der Vorzugsaktien gegenüber Stammaktien nicht erklärbar, da die Vorzugsaktien schlechtestenfalls Stammaktien gleichgestellt werden können. Das gleiche gilt für die Vermeidung von Dividendenzahlungen an Vorzugsaktionäre durch (übermäßige) Gewinneinbehaltungen.

Vorzugsaktien können gegenüber Stammaktien nur dann von Nachteil sein, wenn sie im Rahmen des § 186 (3) Aktiengesetz vom Bezug neuer Stammaktien ausgeschlossen werden können, während Stammaktionäre ein Bezugsrecht und Bezugsrechtserlöse erhalten. Ob dies möglich ist, ist aus dem Gesetz nicht klar ersichtlich, wird jedoch von den Kommentatoren überwiegend verneint.

Die Aussage von RITTERSHAUSEN gilt daher noch heute, auch wenn sich die Kurse zwischen Stammaktien und Vorzugsaktien inzwischen angenähert haben: „Die mangelnde Beliebtheit der Vorzugsaktien scheint irgendwelche Gründe zu haben, die bisher nicht aufgespürt worden sind" [RITTERSHAUSEN 1964, S. 173].

Falls Vorzugsaktien um einen konstanten Prozentsatz niedriger notieren als Stammaktien, jedoch die gleiche bzw. eventuell eine höhere Dividende erbringen, so ist ihre erwartete Rendite naturgemäß höher als diejenige von Stammaktien. Ihr Kauf wäre daher seitens der Investoren, die keinen Wert auf das Stimmrecht legen, vorzuziehen. Der Kauf von Vorzugsaktien wäre trotz niedrigerer Notierung gegenüber den Stammaktien nur dann inferior, falls man eine Zunahme des prozentuellen Abstandes zwischen den Notierungen für Stammaktien und Vorzugsaktien und/oder stärkere Schwankungen der Kurse der Vorzugsaktien um den Kurstrend im Vergleich zu den Kursschwankungen der Stammaktien erwartet. Im letzteren Fall wäre der Kauf von Vorzugsaktien für den Investor riskanter als derjenige von Stammaktien. Stärkere Kursschwankungen bei Vorzugsaktien im Vergleich zu Stammaktien sind jedoch empirisch nicht feststellbar.

Wenn nun Vorzugsaktien bei günstigerer Ausstattung als Stammaktien nicht höher, zumeist sogar niedriger notieren als Stammaktien, dann kann eine Emission von Vorzugsaktien für Publikumsaktiengesellschaften *nicht günstig* sein. Der erzielbare Emissionserlös für Vorzugsaktien bestimmter Ausstattung und damit der Bezugsrechtserlös ist geringer als derjenige vergleichbarer Stammaktien. Diesen Emissionsverlust infolge der Emission stimmrechtsloser Vorzugsaktien wird man daher nur dann in Kauf nehmen, wenn den oder einigen bisherigen Aktionären die Mittel für eine Beteiligung an einer Kapitalerhöhung fehlen, eine Verstärkung der Eigenkapitalbasis jedoch für notwendig erachtet wird und das *Beteiligungsverhältnis* aufrechterhalten werden soll.

In der amerikanischen Literatur wird häufig die Auffassung vertreten, daß Vorzugsaktien infolge der Dividendengarantie Obligationen ähneln, jedoch nicht die steuerlichen Vorzüge von Obligationen aufweisen. Dadurch sei der rückläufige Trend in der Verwendung dieses Finanzierungsinstruments zu erklären, insbesondere die zahlreichen Angebote in den USA an die Inhaber von Vorzugsaktien, diese in Obligationen umzutauschen [vgl. insbesondere STEVENSON 1970]. Diese Auffassung geht insofern fehl, als Vorzugsaktien hinsichtlich des *Risikos des Investors* den Aktien viel ähnlicher sind als den Obligationen. Dies ist auch daraus zu entnehmen, daß die Emission von Vorzugsaktien im Vergleich zu einer Emission von Stammaktien überhaupt nicht oder nur geringfügig das Kreditrisiko der Gläubiger beeinflußt; es wird nur das Risiko der Stammaktionäre erhöht. Daher ist die Substitution von Vorzugsaktien durch Obligationen prinzipiell nicht anders zu beurteilen als eine Substitution von Stammaktien durch Obligationen. Das unbestrittenermaßen zahlreiche Angebote an Vorzugsaktionäre ergangen sind, ihre Vorzugsaktien in Obligationen umzutauschen, mag auf das Zusammentreffen zweier Einflußgrößen rückführbar sein: erstens der Überzeugung, daß die Kapitalaufbringung durch Vorzugsaktien derjenigen durch Stammaktien inferior ist, und zweitens des Wunsches, den Verschuldungsgrad zu erhöhen.

Die Zerlegung der Eigenkapitalpositionen einer Unternehmung in Stamm- und Vorzugsaktien kann weiter dann von Nachteil sein, wenn dadurch ein *Verteilungsrisiko* geschaffen wird (vgl. Abschnitt 1.5). Ein Verteilungsrisiko entsteht, wenn nicht von vornherein feststeht, welche Zahlungen die Kapitaleigner bei Eintritt bestimmter wirtschaftlicher Situationen erhalten, wenn dies somit noch den Entscheidungen der Führungskräfte obliegt. Ein zusätzliches Verteilungsrisiko führt somit dazu, daß sowohl Vorzugs- wie auch Stammaktionäre ihre Positionen niedriger bewerten. Der Wert des Vorzugs- und des Stammkapitals ist somit geringer als der Wert des Stammkapitals bei ausschließlicher Emission von Stammaktien. Ein Verteilungsrisiko kann aus der Unsicherheit entstehen, ob bzw. unter welchen Umständen Gratis-aktien ausgegeben oder Kapitalherabsetzungen durchgeführt werden. Die Ausgabe von Gratisaktien würde den Wert der Mindestdividendengarantie erhöhen und daher die Position der Vorzugsaktionäre stärken. Kapital-herabsetzungen würden die zu zahlenden Mindestdividenden mindern und daher die Position der Vorzugsaktionäre schwächen. Bei Vorzugsaktien mit unselbständigem Nachbezugsrecht kann sogar die Nachzahlung von in vergangenen Jahren ausgefallenen Mindestdividenden durch eine Kapital-herabsetzung teilweise vermieden werden [vgl. STAHL 1969, S. 48 f.].

Genußscheine, vor allem in der Schweiz gebräuchlich und dort als Parti-zipationsscheine bezeichnet, gewährleisten Rechte hinsichtlich des Divi-dendenbezugs und des Liquidationserlöses, jedoch kein Stimmrecht. Ge-nußscheine sind somit den stimmrechtslosen Vorzugsaktien ähnliche Mittel zur Eigenkapitalbeschaffung. Die für Vorzugsaktien getroffenen Feststel-lungen treffen daher auch für Genußscheine zu, insbesondere die Aussage, daß durch die Emission von Genußscheinen unter den hier wohl zumeist zu-treffenden Voraussetzungen des Theorems von MODIGLIANI-MILLER der Unternehmungswert nicht erhöht, bei mangelnder Vorliebe des Marktes für ein solches Instrument jedoch verringert werden kann.

Genußscheine werden in der BRD nur in besonderen Fällen emittiert, so um eine Kapitalerhöhung zu pari durchführen zu können, wenn die Aktien an der Börse unter pari gehandelt werden, oder um Gläubigern einen Ver-gleich schmackhaft zu machen. In der Schweiz sind Partizipationsscheine deshalb bedeutsam, weil die Ausgabe stimmrechtsloser Vorzugsaktien nicht möglich ist und die Stammaktien zum größten Teil zum Schutz vor Über-fremdung als vinkulierte Namensaktien ausgestattet sind. Durch die Aus-gabe von Partizipationsscheinen kann daher ausländisches Kapital zur Eigenfinanzierung der Gesellschaften ohne Gefahr der Überfremdung heran-gezogen werden.

Ergänzende und vertiefende Literatur zu Abschnitt 4.3:
RITTERSHAUSEN 1964, S. 165–173.
STAHL 1969, S. 40–52.
WEDEL 1969.
WESTON-BRIGHAM 1970, S. 627–636.

Anhang 3:

Ableitung der Formel (23):

$$K_j = \frac{\bar{G}_j - (\bar{G}_j - D_j)s_{k_2} - D_j s_{k_1}}{r_n + H \operatorname{Cov}[G_j(1 - s_{k_2})/K_j, G_m] + T(D_j/K_j - r_n)}$$

[vgl. BRENNAN 1970].

Der zur Ableitung der Formel (6) in Abschnitt 1.2 maximierte LAGRANGE-Ausdruck ist:

$$L^i = f^i(\bar{R}^i, \Phi^i) - \lambda^i \sum_{j=1}^{n} p_j (x_j^i - \hat{x}_j^i)$$

Es werden die ersten Ableitungen des LAGRANGE-Ausdrucks gebildet und nullgesetzt:

$$\frac{\partial L^i}{\partial x_j^i} = 0 = \frac{\partial f^i}{\partial \bar{R}^i} \frac{\partial \bar{R}^i}{\partial x_j^i} + \frac{\partial f^i}{\partial \Phi^i} \frac{\partial \Phi^i}{\partial x_j^i} - \lambda^i p_j$$

$$\frac{\partial L^i}{\partial \lambda^i} = 0 = \sum_{j=1}^{n} p_j (x_j^i - \hat{x}_j^i)$$

Statt $\bar{R}^i$ wird nun der erwartete Kurswert zu $t = 1$ plus die als bekannt (und konstant) angenommene Dividende zu $t = 1$ eingesetzt; Einkommen- und Kapitalgewinnsteuer werden abgesetzt.

$$\bar{R}^i = \sum_{j=1}^{n} \bar{p}_{j1} x_j^i - (\bar{p}_{j1} - p_j) x_j^i s_{gi} + \frac{D_j}{x_j} (1 - s_{ei}) x_j^i$$

$\bar{p}_{j1}$ = erwarteter Kurs des Wertpapiers j zu $t = 1$

Es wird angenommen, daß die Kapitalgewinnsteuer zum Satz s_{gi} jährlich, auch von den nicht realisierten Kapitalgewinnen anfällt.

Die erste Ableitung von $\bar{R}^i$ nach x_j^i ist:

$$\frac{\partial \bar{R}^i}{\partial x_j^i} = \bar{p}_{j1} - (\bar{p}_{j1} - p_j) s_{gi} + \frac{D_j}{x_j} (1 - s_{ei})$$

BRENNAN folgend, wird statt Φ das Risikomaß *Varianz* eingesetzt und nicht, wie in den Abschnitten 1.2 und 1.3, das Risikomaß Standardabweichung. Da die Dividenden als konstant angenommen werden, ist das Risiko durch die Varianz des Kurswertes des Portefeuilles zu $t = 1$ gegeben:

$$\sigma^{2i} = \sum_{j=1}^{n} \sum_{h=1}^{n} \sigma_{p_{j_1}} \sigma_{p_{h_1}} x_j^i x_h^i \rho_{jh} (1 - s_{gi})^2$$

Die erste Ableitung von σ^{2i} nach x_j^i ist:

$$\frac{\partial \sigma^{2i}}{\partial x_j^i} = 2 \sum_{h=1}^{n} \sigma_{p_{j_1}} \sigma_{p_{h_1}} x_h^i \rho_{jh} (1 - s_{gi})^2$$

Die Ausdrücke für $\dfrac{\partial \bar{R}^i}{\partial x_j^i}$ und $\dfrac{\partial \sigma^{2i}}{\partial x_j^i}$ können nun in die Formel für $\dfrac{\partial L^i}{\partial x_j^i}$ eingesetzt werden:

$$\frac{\partial L^i}{\partial x_j^i} = 0 = \frac{\partial f^i}{\partial \bar{R}^i}\,[\bar{p}_{j1} - (\bar{p}_{j1} - p_j)s_{gi} + \frac{D_j}{x_j}(1 - s_{ei})]$$

$$+ \frac{\partial f^i}{\partial \Phi^i}\,2\sum_{h=1}^{n}\sigma_{p_{j_1}}\sigma_{p_{h_1}}x_h^i\rho_{jh}(1 - s_{gi})^2 \; - \lambda^i p_j$$

Das Wertpapier n wird wieder als risikolos unterstellt. Außerdem wird angenommen, daß dieses Wertpapier nur Zinserträge, keine Kapitalgewinne erbringt. Es gilt daher — bei einem Nominale von 1 —:

$$\frac{\partial L^i}{\partial x_n^i} = 0 = \frac{\partial f^i}{\partial \bar{R}^i}\,(1 + r_n - r_n s_{ei}) - \lambda^i$$

Dieser Ausdruck kann nach λ^i aufgelöst werden, um für λ^i in der Formel für $\dfrac{\partial L^i}{\partial x_j^i}$ einzusetzen:

$$\frac{\partial L^i}{\partial x_j^i} = 0 = \frac{\partial f^i}{\partial \bar{R}^i}\left[\bar{p}_{j1} - (\bar{p}_{j1} - p_j)s_{gi} + \frac{D_j}{x_j}(1 - s_{ei})\right]$$

$$+ \frac{\partial f^i}{\partial \Phi^i}\,2\sum_{h=1}^{n-1}\sigma_{p_{j_1}}\sigma_{p_{h_1}}x_h^i\rho_{jh}(1 - s_{gi})^2 - \frac{\partial f^i}{\partial \bar{R}^i}\,[p_j(1 + r_n - r_n s_{ei})]$$

Nach einer Umformung ergibt sich:

$$\sum_{h=1}^{n-1}\sigma_{p_{j_1}}\sigma_{p_{h_1}}x_h^i\rho_{jh} = -\frac{\partial \Phi^i}{2\partial \bar{R}^i(1 - s_{gi})^2}\left[\bar{p}_{j1} - (\bar{p}_{j1} - p_j)s_{gi}\right.$$

$$\left. + \frac{D_j}{x_j}(1 - s_{ei}) - p_j(1 + r_n - r_n s_{ei})\right]$$

(Die Substitutionsrate $\partial \Phi^i / \partial \bar{R}^i$ wird hier im Gegensatz zu Abschnitt 1 mit negativem Vorzeichen geschrieben!)

Für jeden Investor i existiert eine solche Gleichung. Die m Gleichungen werden nun aufsummiert, wobei zu beachten ist, daß die Portefeuilles der Investoren insgesamt x_j Stück des Wertpapiers j enthalten $(\sum\limits_{i=1}^{m} x_j^i = x_j)$.

$$h \sum_{h=1}^{n-1} \sigma_{p_{j_1}} \sigma_{p_{h_1}} x_h \rho_{jh} =$$

$$\bar{p}_{j1} + \frac{D_j}{x_j} - p_j(1+r_n) - (\bar{p}_{j1} - p_j)T_g - \left(\frac{D_j}{x_j} - p_j r_n\right) T_e$$

$$h = \left[-\tfrac{1}{2} \sum_{i=1}^{m} \frac{\partial \Phi^i}{\partial \bar{R}^i (1-s_{gi})^2}\right]^{-1}$$

$$T_g = -\tfrac{1}{2} h \sum_{i=1}^{m} \frac{\partial \Phi^i s_{gi}}{\partial \bar{R}^i (1-s_{gi})^2}$$

$$T_e = -\tfrac{1}{2} h \sum_{i=1}^{m} \frac{\partial \Phi^i s_{ei}}{\partial \bar{R}^i (1-s_{gi})^2}$$

Statt des Ausdrucks $(p_{j1} + D_j/x_j - p_j)/p_j$ kann r_j, die Rendite vor Einkommen- und Kapitalgewinnsteuer, gesetzt werden. Es läßt sich dann schreiben:

$$h \sum_{h=1}^{n-1} \frac{\sigma_{p_{j_1}}}{p_j} \sigma_{p_{h_1}} x_h \rho_{jh} = h \sum_{h=1}^{n-1} \frac{\sigma_{p_{j_1}} \sigma_{p_{h_1}} x_h p_h \rho_{jh}}{p_j p_h}$$

$$= h \sum_{h=1}^{n-1} \mathrm{Cov}(r_j, r_h) x_h p_h = h \, \mathrm{Cov}(r_j, G_m)$$

G_m = Gewinn sämtlicher Unternehmungen (Wertpapiere) von $j = 1$ bis $j = n - 1$

Obiger Ausdruck für $h \sum\limits_{h=1}^{n-1} \sigma_{p_{j_1}} \sigma_{p_{h_1}} x_h \rho_{jh}$ wird nun durch p_j dividiert, und es werden die eben definierten Größen r_j und $h \, \mathrm{Cov}(r_j, G_m)$ eingesetzt:

$$h \, \mathrm{Cov}(r_j, G_m) = \bar{r}_j - r_n - \left(\bar{r}_j - \frac{D_j}{x_j p_j}\right) T_g - \left(\frac{D_j}{x_j p_j} - r_n\right) T_e$$

$$\bar{r}_j - r_n = H \, \mathrm{Cov}(r_j, G_m) + \left(\frac{D_j}{x_j p_j} - r_n\right) T$$

$$H = \frac{h}{1 - T_g}$$

$$T = \frac{T_e - T_g}{1 - T_g}$$

Der Wert der Unternehmung j für die Anteilseigner zu $t = 0$ ist dann (bei konstantem $\bar{G}_j$):

$$K_j = \frac{\bar{G}_j - (\bar{G}_j - D_j)s_{k_2} - D_j s_{k_1}}{r_j}$$

$$K_j = \frac{\bar{G}_j - (\bar{G}_j - D_j)s_{k_2} - D_j s_{k_1}}{H\operatorname{Cov}(r_j, G_m) + \left(\dfrac{D_j}{x_j p_j} - r_n\right)T + r_n}$$

Statt $x_j p_j$ kann K_j, statt $\operatorname{Cov}(r_j, G_m)$ kann

$$\operatorname{Cov}\{[G_j - (G_j - D_j)s_{k_2} - D_j s_{k_1}]/K_j, G_m\} = \operatorname{Cov}[G_j(1 - s_{k_2})/K_j, G_m]$$

gesetzt werden:

$$K_j = \frac{\bar{G}_j - (\bar{G}_j - D_j)s_{k_2} - D_j s_{k_1}}{H\operatorname{Cov}[G_j(1 - s_{k_2})/K_j, G_m] + (D_j/K_j - r_n)T + r_n}$$

5. Wandelanleihen und Optionen

Wandelanleihen sind Anleihen, die den Gläubigern das Recht gewähren, innerhalb bestimmter Fristen, bei bestimmten Zuzahlungen und in einem bestimmten Verhältnis, Anleihestücke in Aktien umzutauschen, sofern sie nicht Rückzahlung zum Rückzahlungstermin vorziehen. So kann festgelegt sein, daß vom 1. 1. 1974—30. 6. 1975 2 Wandelanleihestücke einer Gesellschaft zum Nominale von 100 bei Zuzahlung von 40 in eine Aktie zum Nominale von 100 umgewandelt werden können. Der für eine Aktie zu bezahlende „Preis" von $2 \times 100 + 40 = 240$ heißt *Umwandlungspreis*, das *Umwandlungsverhältnis* ist 2 : 1 bei einer Zuzahlung von 40, der *Umwandlungswert* je Anleihestück ist gleich dem jeweiligen Aktienkurs minus der Zuzahlung dividiert durch das Umwandlungsverhältnis. Bei einem Aktienkurs von 360 ist der Umwandlungswert eines Anleihestücks $(360 - 40)/2 = 160$. Bei einer sofortigen Umwandlungsmöglichkeit würde man für ein Anleihestück 160 zahlen, da man für zwei Anleihestücke und eine Zuzahlung von 40 eine Aktie erhält. Der Umwandlungspreis (z. B. die Zuzahlung) kann im Zeitablauf zu- oder abnehmen.

Wandelanleihen können vorzeitig kündbar oder unkündbar sein. Bei kündbaren Wandelanleihen können die Gläubiger der Wandelanleihe vor Ablauf des maximalen Wandlungszeitraums vor die Wahl gestellt werden, sofort zu wandeln oder Rückzahlung zu fordern. Im Abschnitt 5.1 werden vorzeitig nicht kündbare Wandelanleihen unterstellt, der Einfluß des Kündigungsrechts auf die Bewertung von Wandelanleihen wird in Abschnitt 5.2 erörtert.

Eine *Option* (warrant) ist eine Berechtigung, innerhalb gewisser Fristen eine Aktie (einen Teil einer Aktie) einer Gesellschaft zu einem bestimmten Kurs zu kaufen. Optionen können allein oder im Zusammenhang mit einer Anleihe (Optionsanleihe) verkauft werden. Die Unterschiede zwischen Wandelanleihen und Optionen (Optionsanleihen) sind gering. Die Wandelanleihe kann man sich als Kombination einer Anleihe und einer mit dieser fest verbundenen Option vorstellen; von der Option darf nur anläßlich der Einlösung der Anleihe Gebrauch gemacht werden. Daher wird im folgenden primär auf Wandelanleihen eingegangen; auf besondere Gesichtspunkte von Optionen wird jedoch hingewiesen.

Da die Emission einer Wandelanleihe die künftige Eigenkapitalausstattung der Unternehmung und die Beteiligungsquote der Gesellschafter determiniert, müssen Emissionen von Wandelanleihen ebenso wie von Optionsanleihen durch die Hauptversammlung beschlossen werden und die Gesellschafter haben ein Bezugsrecht (§ 221 Aktiengesetz). Die Hauptversammlung muß weiter auch die für den Umtausch der Wandelanleihen erforderliche bedingte Kapitalerhöhung beschließen. Über die Emission von Optionen finden sich keine Bestimmungen im deutschen Aktienrecht.

5.1 Die Bewertung von Wandelanleihen aus der Sicht der Inhaber von Wandelanleihen, aus der Sicht der Aktionäre, aus der Sicht der (übrigen) Gläubiger und aus der Sicht der Unternehmung bei Gültigkeit der Prämissen von MODIGLIANI-MILLER

Es wird vereinfachend von unkündbaren Wandelanleihen ausgegangen, die nur zu einem Termin gewandelt bzw. rückgezahlt werden können.

Die Inhaber einer Wandelanleihe sehen sich der Situation gegenüber, daß Wandelanleihen ihnen — im Verhältnis zum Kurswert — geringere Zinsen erbringen als andere Anleihen. Sie gewähren jedoch die Chance, zum Zeitpunkt des Umtausches einen Kursgewinn zu erzielen. Dies ist dann der Fall, wenn zum Zeitpunkt des Umtausches der Umwandlungswert höher ist als der Rückzahlungsbetrag. Wenn man z. B. für zwei Anleihestücke mit einem Rückzahlungsbetrag von je 100 und einer Zuzahlung von 40 eine Aktie erhält, die mit 360 notiert, so wird man umwandeln und pro Anleihestück einen „Umwandlungsgewinn" von $360/2 - 120 = 60$ erzielen. Falls der Umwandlungswert jedoch geringer ist als der Rückzahlungsbetrag, wird man Rückzahlung fordern.

Wandelanleihen sind wegen der Unsicherheit des Umwandlungsgewinns riskanter als Anleihen, sie sind jedoch wegen der fixierten Zinszahlungen und der Rückzahlungsoption weniger riskant als Aktien. Die von den Inhabern von Wandelanleihen geforderte Rendite $\bar{r}_W$ wird daher bei Risikoaversion höher (geringer) sein als die von den Obligationären (Aktionären) der Gesellschaft geforderte Rendite.

Der Kapitalwert einer Wandelanleihe ist:

$$K_W = \sum_{t=1}^{n} Z_{Wt}(1+\bar{r}_W)^{-t} + \left[\int_{K_{Sn}=0}^{Y_n UV + ZU} Y_n W(K_{Sn}) \, dK_{Sn} \right.$$

$$\left. + \int_{K_{Sn}=Y_n UV + ZU}^{\infty} \frac{K_{Sn} - ZU}{UV} W(K_{Sn}) \, dK_{Sn} \right] (1+\bar{r}_W)^{-n} \qquad (24)$$

K_W = Kapitalwert eines Wandelanleihestücks zu $t = 0$

K_{Sn} = Kapitalwert = Kurswert einer Aktie zu $t = n$

Y_n = Rückzahlungsbetrag eines Wandelanleihestücks zu $t = n$

$W(K_{Sn})$ = Wahrscheinlichkeit, daß der Kurswert einer Aktie zu $t = n$ den Wert K_{Sn} annimmt

UV = Umwandlungsverhältnis

ZU = Zuzahlung je Aktie

Z_{Wt} = Zinsen pro Wandelanleihestück in Jahr t

$\bar{r}_W$ = Zinsfuß, den die Inhaber von Wandelanleihen fordern (das Konkurs- und Vergleichsrisiko sei ausgeschlossen)

Das erste Glied des Ausdrucks ist der Barwert der Zinserträge. Das zweite Glied gibt den Barwert des Rückzahlungsbetrags wieder, multipliziert mit der Wahrscheinlichkeit, daß man Rückzahlung fordern wird. Rückzahlung wird man wählen, wenn der Rückzahlungsbetrag Y_n größer ist als der Umwandlungswert, falls:

$$(K_{Sn} - ZU)/UV \le Y_n \rightarrow K_{Sn} \le Y_n UV + ZU$$

Das dritte Glied umfaßt den Barwert des durch Umwandlung erzielten Betrags $(K_{Sn} - ZU)/UV$, wobei jeder mögliche Wert mit der ihm zukommenden Wahrscheinlichkeit $W(K_{Sn})$ multipliziert ist.

Formel (24) kann offensichtlich in Formel (24a) umgewandelt werden:

$$K_W = \sum_{t=1}^{n} Z_{Wt}(1+\bar{r}_W)^{-t} + \left[\int_{K_{Sn}=0}^{\infty} Y_n W(K_{Sn}) dK_{Sn} \right.$$

$$\left. + \int_{K_{Sn}=Y_n UV + ZU}^{\infty} \left(\frac{K_{Sn}-ZU}{UV} - Y_n \right) W(K_{Sn}) dK_{Sn} \right] (1+\bar{r}_W)^{-n}$$

$$= \sum_{t=1}^{n} Z_{Wt}(1+\bar{r}_W)^{-t} + Y_n(1+\bar{r}_W)^{-n}$$

Wert eines Anleihestücks

$$+ \int_{K_{Sn}=Y_n UV + ZU}^{\infty} \left(\frac{K_{Sn}-ZU}{UV} - Y_n \right) W(K_{Sn}) dK_{Sn}(1+\bar{r}_W)^{-n} \quad (24a)$$

> Barwert der Option auf einen Teil einer Aktie = Barwert des Umwandlungsrechts = Prämie über den Wert eines Anleihestücks

Der Kapitalwert eines Wandelanleihestücks kann somit in die Bestandteile Wert eines Anleihestücks und Barwert der Option auf den Bezug eines Teils einer Aktie zerlegt werden. Nun ist aber das erwartete Einkommen aus Zinsen und Rückzahlungen viel sicherer als das erwartete Einkommen aus der Option. Daher könnte Formel (24a) so umgewandelt werden, daß Z_{Wt} und Y_n mit einem für Obligationen gleichen Risikograds adäquaten Zinsfuß abgezinst werden, das erwartete Einkommen aus der Option dagegen mit einem entsprechend höheren Zinsfuß. Dieser höhere Zinsfuß ist so festzusetzen, daß K_W unverändert bleibt.

Man kann nun Formel (24) auch durch gleichzeitige Subtraktion und Addition von

$$\int_{K_{Sn}\leqq 0}^{Y_n UV + ZU} \frac{K_{Sn}-ZU}{UV} W(K_{Sn}) dK_{Sn}$$

umwandeln in Formel (24b):

$$K_W = \int\limits_{K_{Sn}=0}^{\infty} \frac{K_{Sn}-ZU}{UV}\ W(K_{Sn})\mathrm{d}K_{Sn}(1+\bar{r}_W)^{-n} + \sum_{t=1}^{n} Z_{Wt}(1+\bar{r}_W)^{-t}$$

Barwert des Teils der Aktie, den man für ein
    Wandelanleihestück erhält

$$+ \int\limits_{K_{Sn}=0}^{Y_n UV + ZU} \left(Y_n - \frac{K_{Sn}-ZU}{UV}\right)\ W(K_{Sn})\mathrm{d}K_{Sn}(1+\bar{r}_W)^{-n} \qquad (24b)$$

Barwert der Option auf Rückzahlung = Barwert
des Rückzahlungsrechts = Prämie über den Umwandlungswert

Man kann somit den Kapitalwert eines Wandelanleihestücks erstens in
die Bestandteile Wert eines Anleihestücks und Barwert des Umwandlungsrechts (Formel 24a) oder zweitens in die Bestandteile Barwert des Teils
einer Aktie, den man im Falle einer Umwandlung zu $t=n$ erhalten würde,
Barwert der Zinsen und Barwert des Rechts, statt Umwandlung Rückzahlung zu verlangen (Formel 24b), zerlegen.

Der Barwert des Umwandlungsrechts wird um so höher sein, je höher
man die Wahrscheinlichkeit der Wandlung und je höher man die Aktienkurse bei Wandlung einschätzt. Je höher der Barwert des Umwandlungsrechts ist, desto niedriger wird der Barwert des Rückzahlungsrechts sein,
denn desto geringer ist die Wahrscheinlichkeit, daß für Rückzahlung optiert
wird. Der Barwert des Umwandlungsrechts und der Barwert des Rückzahlungsrechts sind daher negativ korreliert.

Nachdem Wandelanleihen aus der Sicht ihrer Inhaber betrachtet wurden,
wird als nächstes untersucht, wie die Emission einer Wandelanleihe die
Position der (übrigen) Gläubiger und der Aktionäre beeinflußt. Dazu wird eine
Vergleichspolitik benötigt, die die Kombination von Aktien- und Anleiheemission aufzeigt, die der Emission einer Wandelanleihe möglichst nahe-
kommt. Als Vergleichspolitik könnte man erstens die Ausgabe einer Anleihe mit gleichem Emissionsvolumen wählen. Für eine solche Anleihe würden jedoch höhere Zinszahlungen und/oder Rückzahlungen erforderlich
sein, um den Wert des Umwandlungsrechts der Wandelanleihe zu kompensieren. Da somit eine Wandelanleihe gegenüber einer Anleihe mit gleichem
Emissionsvolumen zu geringeren Zins- und/oder Rückzahlungen führt, mindert die Ausgabe einer Wandelanleihe gegenüber der Ausgabe einer Anleihe
mit gleichem Emissionsbetrag sowohl das Kapitalstrukturrisiko der Anteilseigner als auch das Risiko der übrigen Gläubiger. — Die Ausgabe einer Wan-

delanleihe kann aber zweitens auch mit folgender Vergleichspolitik verglichen werden, die das Risiko der übrigen Gläubiger nicht beeinflußt:

1) Ausgabe einer Anleihe zu $t = 0$, die die gleichen Zinsverpflichtungen, die gleiche Fälligkeit und den gleichen Rückzahlungsbetrag aufweist wie die Wandelanleihe.

2) Infolge des Fehlens des Wandlungsrechts muß die Anleihe — um abgesetzt zu werden — zu einem geringeren Emissionskurs ausgegeben werden als die Wandelanleihe. Der Differenzbetrag wird durch eine (kleine) Kapitalerhöhung aufgebracht.

3) Bei günstiger Unternehmungsentwicklung, d. h. in jenen Fällen, in denen bei Bestehen einer Wandelanleihe zu $t = n$ gewandelt worden wäre, wird zu $t = n$ eine Kapitalerhöhung vorgenommen, und zwar in einem Ausmaß, daß die Kapitalstruktur in beiden Fällen — der Emission der Wandelanleihe und der Anleihe — ab $t = n$ gleich ist.

Wenn auch die eben beschriebene Vergleichspolitik ungewöhnlich ist, so soll sie doch der weiteren Analyse zugrundegelegt werden, da dadurch die Ableitung der Wirkung einer Wandelanleiheemission auf das Risiko der Anteilseigner erleichtert wird (vgl. vor allem Beispiel 25). Die zuerst besprochene Vergleichspolitik würde jedoch zu den gleichen Schlußfolgerungen veranlassen.

Aus der Sicht der bisherigen *Gläubiger* ist die Emission einer Wandelanleihe der Vergleichspolitik gleichzusetzen. Denn wenn die Gläubigerforderungen gefährdende finanzielle Schwierigkeiten eintreten, werden die Aktienkurse mit hoher Wahrscheinlichkeit so niedrig liegen, daß eine Wandlung nicht vorgenommen wird. Die Zins- und Rückzahlungsverpflichtungen sind in beiden Fällen gleich. Das Risiko der Gläubiger wird daher durch die Emission der Wandelanleihe im Vergleich zur Vergleichspolitik nicht gemindert.

Für die *Anteilseigner* ergeben sich aus einer Emission einer Wandelanleihe gegenüber der gewählten Vergleichspolitik folgende Wirkungen. Tritt eine ungünstige Entwicklung ein, in der nicht gewandelt wird, so war die Emission der Wandelanleihe ex post *günstiger* als die Emission einer Anleihe verbunden mit einer kleinen Aktienemission zu $t = 0$; denn die Zins- und Rückzahlungsverpflichtungen der Wandelanleihe sind c. p. geringer als diejenigen einer Anleihe mit gleichem Emissionsbetrag. Tritt eine sehr günstige Entwicklung ein, so wäre die Emission einer Anleihe und eine kleine Aktienemission zu $t = 0$ und eine nachfolgende Kapitalerhöhung zu $t = n$ ex post günstiger gewesen. Die Anteilseigner hätten zu $t = n$ einen bedeutend höheren Bezugsrechtserlös erzielt als sie für das Bezugsrecht für eine Wandelanleihe zu $t = 0$ erzielt haben. Es ergibt sich somit, daß das Risiko der bisherigen Anteilseigner durch die Emission der Wandelanleihe *gemindert* wird: Bei Eintritt sehr ungünstiger Situationen gewinnen sie (durch die niedrigen Zinsverpflichtungen und die Nichtwandlung der Wandelanleihe), bei Eintritt sehr günstiger Situationen verlieren sie Bezugsrechtserlöse; die Varianz des zukünftigen (und damit gegenwärtigen) Wertes der Anteile nimmt ab. Der von den Anteilseignern angewandte Kalkulationszinsfuß wird daher bei der Emission einer Wandelanleihe gegenüber der Vergleichspolitik sinken.

Die hier vorgenommene Analyse ermöglicht auch eine Aussage darüber, inwieweit *Wandelanleihen Fremdkapital- oder Eigenkapitalcharakter* haben. Im Ausmaß des hypothetischen Wertes einer Anleihe mit gleichen Zinsverpflichtungen, gleichem Rückzahlungswert und gleicher Fristigkeit wie eine Wandelanleihe hat letztere Fremdkapitalcharakter und determiniert das Risiko der Gläubiger ebenso wie jede andere Verbindlichkeit. Soweit der Wert der Wandelanleihe diesen Anleihewert übersteigt, kommt ihr Eigenkapitalcharakter zu.

Da die Anteilseigner gemäß § 221 Aktiengesetz ein Bezugsrecht auf Wandelschuldverschreibungen haben, können sie durch eine zu billige Abgabe der Wandelschuldverschreibungen nicht geschädigt werden.

Die Auswirkungen der Emission einer Wandelanleihe anstelle der Vergleichspolitik auf das Risiko von Anteilseignern und Gläubigern sollen zur Verdeutlichung an einem Beispiel aufgezeigt werden.

Beispiel 25:

Eine Unternehmung weist zu $t = 0$ ein Grundkapital von 1 000 000, zerlegt in 10 000 Aktien, und Anleihen von nominell 2 000 000 auf. Die Aktien notieren zu $t = 0$ mit 200, die mit einem Zinsfuß von 0,08 ausgestatteten Anleihen zu 100.

Die Unternehmung hat gegenwärtig einen Bedarf an langfristigem Kapital von 500 000. Zu $t = 5$ wird sich mit einer Wahrscheinlichkeit von 0,50 ein weiterer Bedarf an langfristigem Kapital von 1 000 000 ergeben (Eintritt einer günstigen Unternehmungsentwicklung), mit einer Wahrscheinlichkeit von 0,50 wird sich der Bedarf an langfristigem Kapital in der voraussehbaren Zukunft nicht mehr ändern (Eintritt einer ungünstigen Unternehmungsentwicklung). Das bestehende Sicherungspotential reicht aus, eine weitere Anleihe mit einem Barwert von 400 000 erstrangig zu sichern. Die Effektivrendite der neuen Anleihe müßte ebenso wie diejenige der bestehenden Anleihen 0,08 betragen. Bei günstiger wirtschaftlicher Entwicklung, falls sich somit zu $t = 5$ ein weiterer langfristiger Kapitalbedarf von 1 000 000 ergibt, soll dieser zur Hälfte durch Eigenkapital, zur Hälfte durch Anleihen finanziert werden.

Man rechnet, daß der Unternehmungswert für Anteilseigner und Gläubiger zu $t = 5$ — nach Zuführung des benötigten Kapitals — bei Eintritt der günstigen Unternehmungsentwicklung 7 870 000 und bei Eintritt der ungünstigen Unternehmungsentwicklung 3 900 000 betragen wird.

An Dividenden und Zinsen sollen bis zu $t = 5$ jährlich insgesamt 240 000 ausgeschüttet werden.

Folgende Alternativen werden erwogen:

1) Emission einer Anleihe zu $t = 0$ mit einem Ausgabevolumen von 400 000, einem Rückzahlungsbetrag von 500 000 zu $t = 5$ und einem Zinssatz von 0,0375. (Dies ergibt eine Effektivrendite von 0,08. Die Bedingungen wurden derart gewählt, daß sich gleiche Zinszahlungen wie im Falle der Emission einer Wandelanleihe ergeben.) Aktienemission von 100 000 (zum Börsenkurs). — Bei günstiger Entwicklung der Unternehmung erfolgt zu $t = 5$ die Rückzahlung der Anleihe, eine Emission einer neuen Anleihe zu 1 000 000 und eine Aktienemission zu 500 000 (zum Börsenkurs). Bei ungünstiger Unternehmungsentwicklung erfolgt zu $t = 5$ die Rückzahlung der Anleihe und eine neue Anleiheemission von 500 000.

2) Emission einer Wandelanleihe zu $t = 0$ mit einem Ausgabevolumen von 500 000, einem Rückzahlungsbetrag von 500 000 zu $t = 5$ und einem Zinssatz von 0,03. Das Nominale pro Stück ist 100. Das Umtauschverhältnis wird mit 2:1 festgelegt (ohne Zuzahlung). Die Wandelanleihe ist so ausgestattet — siehe unten —,daß nur bei Eintritt der günstigen Unternehmungsentwicklung gewandelt wird. Bei günstiger Entwicklung der Unternehmung wird daher zu $t = 5$ eine Anleiheemission von 1 000 000 vorgenommen. Bei ungünstiger Entwicklung der Unternehmung wird die Wandelanleihe rückgezahlt und eine Anleihe von 500 000 emittiert.

Durch diese Annahmen ist gewährleistet, daß sich durch gleiche Auszahlungen an die Kreditgeber von $t = 0$ bis $t = 5$ das Risiko der Kreditgeber nicht ändert, und daß ab $t = 5$ ein gleicher Verschuldungsgrad herrscht.

Um den Wert eines Wandelanleihestücks festzustellen, muß vorerst der Aktienkurs zu $t = 5$ bei ungünstiger bzw. günstiger Unternehmungsentwicklung ermittelt werden.

Kurs pro Aktie zu $t = 5$ bei Alternative 1) bei günstiger Unternehmungsentwicklung:

$$\frac{\text{Unternehmungsw.} - \text{zu } t = 0 \text{ vorh. Anl.} - \text{zu } t = 5 \text{ aufgen. Anl.} - \text{zu } t = 5 \text{ aufgen. Eigenkap.}}{\text{Anzahl der zu } t = 5 \text{ vor Kapitalerhöhung emittierten Aktien}}$$

$$= \frac{7\,870\,000 - 2\,000\,000 - 1\,000\,000 - 500\,000}{10\,500} = 416,20$$

Kurs pro Aktie zu $t = 5$ bei Alternative 1) bei ungünstiger Unternehmungsentwicklung:

$$\frac{3\,900\,000 - 2\,500\,000}{10\,500} = 133,30$$

Erwarteter Kurs pro Aktie zu $t = 5$ bei Alternative 1):

$$= \frac{416,20 + 133,30}{2} = 274,80$$

Kurs pro Aktie zu $t = 5$ bei Alternative 2) bei günstiger Unternehmungsentwicklung:

$$\frac{7\,870\,000 - 3\,000\,000}{12\,500} = 389,60$$

(Durch Umtausch der Wandelanleihe im Verhältnis 2:1 vermehrt sich die Zahl der Aktien auf 12 500.)

Kurs pro Aktie zu $t = 5$ bei Alternative 2) bei ungünstiger Unternehmungsentwicklung:

$$\frac{3\,900\,000 - 2\,500\,000}{10\,000} = 140$$

(Bei einem Kurs von 140 zu $t = 5$ würde nicht gewandelt werden.)

Erwarteter Kurs pro Aktie zu $t = 5$ bei Alternative 2) = 264,80.
Dividende pro Aktie bei Alternative 1):

$$\frac{\text{Bruttogewinn} - \text{Zinsaufwand}}{\text{Anzahl der Aktien}} = \frac{240\,000 - 160\,000 - 15\,000}{10\,500} = 6,19$$

Dividende pro Aktie bei Alternative 2):

$$\frac{240\,000 - 160\,000 - 15\,000}{10\,000} = 6,50$$

Um beurteilen zu können, ob die Position der Anteilseigner bei Alternative 2), der Ausgabe der Wandelanleihe, sicherer ist als bei Alternative 1), muß als nächstes der Wert des Bezugsrechts auf ein halbes Wandelanleihestück berechnet werden. Dieser wird von den Anteilseignern bei Alternative 2) zu $t = 0$ vereinnahmt.

Der Wert eines Wandelanleihestücks zu $t = 0$ ist, wenn die Inhaber der Wandelanleihe einen Kalkulationszinssatz von 0,09 anwenden:

$$\sum_{t=1}^{5} 3(1 + 0,09)^{-t} + \{[(389,60/2) + 100]/2\}(1 + 0,09)^{-5} = 107,47$$

Der Bezugsrechtserlös je Aktie (für ein halbes Wandelanleihestück) ist somit 3,74.

Man sieht nun, daß Alternative 2), die Ausgabe der Wandelanleihe, das Risiko für die Anteilseigner mindert. Wohl ist bei günstiger Unternehmungsentwicklung der Kurs zu $t = 5$ um 26,60 geringer als bei Alternative 1). Bei ungünstiger Unternehmungsentwicklung dagegen ist Alternative 2) vorzuziehen. Der Kurs zu $t = 5$ ist bei dieser Entwicklung um 6,70 höher als bei Alternative 1); zusätzlich werden bei Alternative 2 ein Bezugsrechtserlös von 3,74 und eine Mehrdividende von 0,31 je Jahr erzielt. Die Anteilseigner werden daher bei Alternative 2) mit einem geringeren Zinsfuß rechnen.

Da der gegenwärtige Kurswert mit 200 angenommen wurde, und wenn weiter unterstellt wird, daß die Entscheidung für eine der beiden Alternativen den Unternehmungswert nicht ändert (somit das MODIGLIANI-MILLER-Theorem gilt, siehe später), ergeben sich die von den Anteilseignern zur Bewertung der Anteile angesetzten Zinsfüße bei Alternative 1) mit 0,093 und Alternative 2) mit 0,091:

$$\text{Alternative 1): } 6,19 \sum_{t=1}^{5} (1 + \bar{r})^{-t} + 274,80(1 + \bar{r})^{-5} = 200$$

$$\bar{r} = 0,093$$

$$\text{Alternative 2): } 6,50 \sum_{t=1}^{5} (1 + \bar{r})^{-t} + 264,80(1 + \bar{r})^{-5} = 200 - 3,74$$

$$\bar{r} = 0,091$$

Eine Einfügung von Wandelanleihen in das Finanzierungsprogramm der Unternehmung beeinflußt bei Gültigkeit der Prämissen von MODIGLIANI-MILLER nicht den Unternehmungswert. Dies ist erstens zu erkennen, wenn die Wandelanleihe als weiteres Finanzierungsinstrument in die Ableitung in Anhang 2 des Abschnitts 1 eingesetzt wird. Man erschließt dies zweitens auch aus der obigen Analyse der Bewertung einer Wandelanleihe aus der Sicht der Inhaber der Wandelanleihe, der (sonstigen) Gläubiger und der Anteilseigner. Durch die Emission einer Wandelanleihe anstelle der Vergleichspolitik wird das Risiko der (übrigen) Gläubiger nicht verändert und dasjenige der Anteilseigner etwas vermindert; dafür übernehmen die Inhaber von Wandelanleihen ein größeres Risiko als Anleihegläubiger. Es liegt somit eine Umverteilung von Risiken von den Anteilseignern zu den Inhabern von Wandelanleihen vor, die unter den Prämissen von MODIGLIANI-MILLER keine Unternehmungswertänderung zur Folge haben kann. Zwar wird in der Literatur häufig darauf verwiesen, daß Wandelanleihen den besonderen Vorzug haben, infolge der Verlustbegrenzung durch die Rückzahlungsmöglichkeit eine bedeutsame positive Schiefe aufzuweisen, wobei davon ausgegangen wird, daß positive Schiefe von den Investoren positiv gewertet wird. Dabei vergißt man aber, daß durch die Emission einer Wandelanleihe die positive Schiefe der Wahrscheinlichkeitsverteilung der Kursentwicklung der Aktien entsprechend gemindert bzw. eine eventuelle negative Schiefe erhöht wird. Es tritt somit auch hier eine Kompensation ein, so daß daraus keine Unternehmungswertänderung resultieren sollte. Drittens ist folgendes zu überlegen: Ein Investor, der mit z.B. 10% am Eigenkapital und an allen Anleihen der Unternehmung beteiligt ist, könnte sich im Falle einer Emission einer Wandelanleihe mit 10% an Eigenkapital, Wandelanleihe und übrigen Anleihen beteiligen. Er hat nun keinen Grund, für eine Wertpapierkombination mehr zu bezahlen als für die andere, da er an allen Auszahlungen der Unternehmung an die Kapitalgeber mit 10% beteiligt ist. Die Auszahlungen an die Kapitalgeber müssen in beiden Fällen insgesamt — infolge der angenommenen Konstanz der Investitionspolitik der Unternehmung — gleich sein. Viertens wird die These dadurch demonstriert, daß jeder Investor durch eine Kombination eines Termingeschäfts mit dem Kauf eines Anleihestücks die gleiche Wahrscheinlichkeitsverteilung künftiger Einnahmen erreichen kann wie durch den Kauf eines Wandelanleihestücks. Infolge der diesbezüglichen Arbitragemöglichkeiten steht der Kurs von Wandelanleihen in engem Zusammenhang mit Anleihe- und Aktienkursen. Dies zeigt folgendes Beispiel.

Beispiel 26:

Ein zu $t = 1$ (ohne Zuzahlung) in eine Aktie wandelbares Wandelanleihestück mit einem Rückzahlungswert von 100 notiert zu $t = 0$ mit 115,75. Der Kurs ergibt sich aus der Annahme, daß der Aktienkurs zu $t = 1$ mit einer Wahrscheinlichkeit von 1/3 150, 120 oder 90 betragen wird und die Inhaber der Wandelanleihe mit einem Zinsfuß von 0,10 rechnen. Außerdem ist zu beachten, daß die Wandelanleihe Zinsen zum Satz von 0,04 erbringt. Bei einem Kurs von 90 zu $t = 1$ wird natürlich nicht gewandelt, sondern für Rückzahlung optiert:

$$K_W = (150 \cdot 1/3 + 120 \cdot 1/3 + 100 \cdot 1/3 + 4)/1,10 = 127,33/1,10 = 115,75$$

Der Anleihezinsfuß ist 0,06. Der Investor kann nun die gleiche Erwartungsstruktur der Zahlungen erreichen, wenn er zu $t = 1$ fällige Anleihestücke zum Nominale von 104/106 = 98,11 und eine Option zum Kauf einer Aktie zu $t = 1$ zum Preis von 100 um 115,75 − 98,11 = 17,64 erwirbt. Denn dann stehen Ausgaben von 115,75 zu $t − 0$ Einnahmen von 104 zu $t = 1$ gegenüber, wovon 100 für den Kauf einer Aktie ausgegeben werden, falls deren Kurs 150 oder 120 beträgt.

Optionen können in der gleichen Weise analysiert werden wie Wandelanleihen. Nur ist als Vergleichspolitik für den Verkauf von Optionen zu $t = 0$, die zum Kauf von Aktien zu einem bestimmten Termin berechtigen, zu wählen: Eine Kapitalerhöhung zu $t = 0$ (die den gleichen Emissionserlös erbringt wie der Verkauf der Optionen) und eine Kapitalerhöhung zu $t = n$, die allerdings nur dann erfolgt, wenn der Aktienkurs zu $t = n$ so günstig ist, daß die Optionsinhaber die Optionen einlösen würden. Diese zweite Kapitalerhöhung müßte soviel erbringen wie die Einlösung der Optionen. Diese Vergleichspolitik unterscheidet sich von der Politik, die zum Vergleich mit der Emission von Wandelanleihen herangezogen wurde, durch das Fehlen der Anleiheemission. Dies entspricht der oben getroffenen Feststellung, daß eine Wandelanleihe gedanklich in eine Anleihe und in mit ihr fest verbundene Optionen zerlegt werden kann.

Diese Analyse würde zeigen, daß auch durch Emission von Optionen anstelle einer Kapitalerhöhung das Anteilseignerrisiko gemindert wird, die Käufer der Optionen jedoch ein sehr hohes Risiko auf sich nehmen. Die Wahrscheinlichkeit des Verlusts des gesamten für die Optionen gezahlten Preises — wenn der Aktienkurs während der Optionsfrist unterhalb des in den Optionsbedingungen festgelegten Kurses ist — ist relativ hoch. Ergebnis der Analyse wäre aber auch, daß durch die Emission von Optionen unter den Prämissen des Theorems von MODIGLIANI-MILLER der Unternehmungswert nicht gesteigert werden kann, wobei sämtliche diesbezüglich für Wandelanleihen gebrachten Argumente analog auf Optionen angewandt werden können.

Ergänzende und vertiefende Literatur zu Abschnitt 5.1:
BAUMOL-MALKIEL-QUANDT 1966.
BIERMAN 1970, S. 245–284.
GUTENBERG 1969, S. 168–173.
MALKIEL-QUANDT 1969.

POENSGEN 1965 und 1966.
RITTERSHAUSEN 1964, S. 225–233.
SAMUELSON 1965.
SAMUELSON-MERTON 1969.
SPRENKLE 1964.
VAN HORNE 1971, S. 351–379.

5.2 Die Bewertung von Wandelanleihen bei Nichtgültigkeit der oder einiger Prämissen von MODIGLIANI-MILLER

Wenn die Investoren *unterschiedliche Erwartungen* über die künftigen Auszahlungen der Unternehmung an verschiedene Gruppen von Kapitaleignern haben, dann kann der Unternehmungswert durch die Ausgabe von Wandelanleihen gesteigert werden. Das wurde allgemein in Abschnitt 1.5 demonstriert, in bezug auf Wandelanleihen wurde es vor allem von WELCKER gezeigt [WELCKER 1968, S. 802–806].

Die Einbeziehung von *Steuern* in den Vergleich der Emission einer Wandelanleihe und der in Abschnitt 5.1 geschilderten Vergleichspolitik zeigt, daß die Ausgabe einer Wandelanleihe bei Doppelbesteuerung der Gewinne ungünstiger ist. Da Zinsen und/oder Rückzahlungsagio bei Wandelanleihen infolge der Umwandlungsmöglichkeit c. p. geringer sind als bei vergleichbaren Anleihen, sind auch die aus der Ausgabe von Wandelanleihen erzielbaren Steuerersparnisse geringer. Um dies zu demonstrieren sei angenommen, eine Wandelanleihe mit einer Verzinsung von 4% und einem Rückzahlungswert von 100 könne um 100 emittiert werden. Eine Anleihe mit einer Verzinsung von 4% und einem Rückzahlungskurs von 100 müsse jedoch zu einem Ausgabekurs von 80 abgesetzt werden. (Bei Wahl der Alternative Anleiheemission anstelle der Emission einer Wandelanleihe muß daher noch eine Kapitalerhöhung von 20 vorgenommen werden.) Die Differenz zwischen Rückzahlungs- und Ausgabekurs (20 je Anleihestück) kann steuerlich abgesetzt werden und mindert die Gewinnsteuerbelastung der Unternehmung. Aus steuerlicher Sicht ist daher die Vergleichspolitik der Emission einer Wandelanleihe vorzuziehen.

Der Einfluß der *Transaktionskosten* auf die Entscheidung zwischen der Emission einer Wandelanleihe und der Vergleichspolitik ergibt sich, wenn man die Emissionskosten der Wandelanleihe plus die Rückzahlungskosten mal Wahrscheinlichkeit der Rückzahlung plus die Wandlungskosten mal Wahrscheinlichkeit der Wandlung den Kosten der Vergleichspolitik gegenüberstellt. Dabei ist — abweichend zu Beispiel 25 — zu berücksichtigen, daß die Laufzeit einer Anleihe meist höher ist als diejenige einer Wandelanleihe. Im allgemeinen werden sich aus den Transaktionskosten keine ins Gewicht fallenden Vorteile oder Nachteile der Emission von Wandelanleihen ableiten lassen.

Häufig wird argumentiert, daß Wandelanleihen für die Unternehmung den Vorteil hätten, daß sie eine *Kapitalerhöhung zu hohen Ausgabekursen* ermöglichen. Nun wurde in Abschnitt 4.1 nachgewiesen, daß der Ausgabekurs von Aktien unter bestimmten Prämissen irrelevant ist. Er kann aber dann von Bedeutung sein, wenn sich die Zielsetzungen von Unternehmungsführung und Anteilseignern unterscheiden, wenn z. B. die Unternehmungsführung in den Augen der Anteilseigner zu geringe Dividenden ausschüttet. Dann hoffen die Anteilseigner, durch einen niedrigen Ausgabekurs die Unternehmungsleitung zur Ausschüttung höherer Dividenden zu „zwingen", in der Erwartung, daß der Dividendensatz konstant bleibt. Die Unternehmungsführung könne nun — so wird argumentiert — dieses Bestreben der Anteilseigner durch die Ausgabe einer Wandelanleihe zunichtemachen, die ja eine Aktienemission zu hohen Ausgabekursen ermöglicht. Diese Argumentation basiert aber auf der Annahme eines sehr unvollkommenen Informationsstands der Anteilseigner. Die Anteilseigner haben einer bedingten Kapitalerhöhung und damit der Ausgabe einer Wandelschuldverschreibung nämlich ebenso mit einer Dreiviertelmehrheit zuzustimmen wie einer ordentlichen Kapitalerhöhung (§ 221 Aktiengesetz), und sie werden eine Zustimmung verweigern, wenn dies für sie von Nachteil ist.

Unvollkommenheiten des Kapitalmarktes können zu leichten Vorteilen von Wandelschuldverschreibungen führen. Wenn z. B. die Beleihungsgrenzen für die Lombardierung von Anleihen und Wandelanleihen gleich und wesentlich höher als diejenigen für die Lombardierung von Aktien sind, die Kreditgeber somit bei Belehnung von Wandelanleihen ein höheres Risiko als bei der Belehnung von Anleihen übernehmen, so resultiert daraus ein Vorteil für Wandelanleihen. Ist umgekehrt die Beleihungsgrenze für Aktienlombardkredite gleich derjenigen von Lombardkrediten für Wandelanleihen, so ergibt sich ein Nachteil für Wandelanleihen. — Eine Nachfrageerhöhung und damit Kurserhöhung für Wandelanleihen kann sich dann ergeben, wenn Investoren, für die behördliche Anlagevorschriften bestehen, wie z. B. Versicherungsgesellschaften in den USA, keine Aktien, wohl aber Wandelanleihen in ihr Portefeuille aufnehmen können.

Wenn das gesamte Kapital der Unternehmung in Händen von Investoren ist, die zu einem *gleichen* Anteil an Aktienkapital, an Wandelanleihen und an Anleihen beteiligt sind, so ist das *Verteilungsrisiko*, das Risiko, daß eine Gruppe von Kapitaleignern auf Kosten einer anderen Gruppe benachteiligt wird, irrelevant. Steuern, Transaktionskosten, Unvollkommenheiten des

Marktes, unterschiedliche Risikomaße können bewirken, daß die Portefeuilles der Investoren sehr unterschiedlich zusammengesetzt sind (vgl. auch Abschnitt 4.2). Vor allem der in Abschnitt 1.5 erwähnte Tatbestand, daß das kompensierbare Risiko bereits durch eine Kombination relativ weniger Wertpapierformen in einem Portefeuille weitgehend ausgeschaltet werden kann, bewirkt im Zusammenhang mit den Transaktionskosten, daß nicht davon ausgegangen werden kann, daß die Anteilseigner einer Unternehmung zu einem gleichen Prozentsatz an den ausgegebenen Wandelanleihen und Anleihen beteiligt sind. Sie können es gar nicht sein in bezug auf Bankkredite, Schuldscheindarlehen, Lieferantenkredite. Es ist daher die Frage von Relevanz, ob durch die Emission einer Wandelanleihe ein zusätzliches Verteilungsrisiko entsteht bzw. ein bestehendes Verteilungsrisiko gemindert wird.

Dazu ist festzustellen, daß die mit der Ausgabe einer Wandelanleihe dokumentierte feste Absicht, bei günstiger Entwicklung der Unternehmung eine Kapitalerhöhung vorzunehmen, das Verteilungsrisiko einschränkt. Denn die Gläubiger erhalten dadurch eine gewisse Sicherung vor einer Verschlechterung der Kapitalstruktur zu ihren Ungunsten. Durch diese teilweise Festlegung der künftigen Kapitalstruktur mag daher eine leichte Minderung der Fremdkapitalkosten bzw. eine leichte Erhöhung des Verschuldungsgrads bei gleichen Kapitalkosten erreicht werden.

Andererseits kann durch die Ausgabe einer Wandelanleihe aber ein Verteilungsrisiko für die Anteilseigner und die Inhaber der Wandelanleihe entstehen. Das heißt, die Inhaber der Wandelanleihe übernehmen mehr Risiko, als den Anteilseignern abgenommen wird. Im Extremfall — vgl. Beispiel 27 — steigt sogar das Risiko der Anteilseigner durch die Emission von Wandelanleihen.

Den Inhabern der Wandelschuldverschreibungen schaden alle Handlungen der Unternehmung, die zu einer „Kapitalverwässerung" führen, die somit den Kurswert je Aktie drücken, sofern keine kompensatorischen Maßnahmen zugunsten der Inhaber der Wandelanleihe vorgesehen sind. Der Kurswert je Aktie wird durch Gewinnausschüttungen, durch Ausgabe von Gratisaktien und durch Kapitalerhöhungen zu einem Kurs, der unter dem Börsenkurs liegt, gemindert. Solange nun über solche Maßnahmen Sicherheit besteht, ist kein Verteilungsrisiko gegeben. Wenn somit bei Ausgabe der Wandelanleihe die künftige, von der wirtschaftlichen Entwicklung eventuell abhängige Dividendenpolitik feststeht und weiterhin bekannt ist, unter welchen Umständen Kapitalerhöhungen zu welchen Kursen vorgenommen werden, so können dies die prospektiven Käufer von Wandelanleihen berücksichtigen, und es entsteht kein Verteilungsrisiko. Denn die

Verteilung der Zahlungsüberschüsse auf die verschiedenen Gruppen von Kapitalgebern ist in Abhängigkeit von dem jeweiligen ökonomischen Zustand determiniert.

Ein Verteilungsrisiko besteht aber dann, wenn über das Verhalten der Unternehmungsleitung Unsicherheit besteht. Bei Unsicherheit über das Verhalten der Unternehmungsleitung in bezug auf Dividendenausschüttungen und Kapitalerhöhungen besteht jedoch die Möglichkeit, das Verteilungsrisiko durch geeignete Bedingungen (Klauseln) auszuschalten. Von den vielen möglichen Klauseln sollen nur diejenigen gebracht werden, von denen WELCKER nachgewiesen hat, daß sie das Verteilungsrisiko vollständig ausschalten [hinsichtlich der vielen in der Praxis angewandten und von der Literatur vorgeschlagenen Bedingungen, die ihrer Aufgabe nicht ganz gerecht werden, vgl. WELCKER 1968, S. 824 ff.].

Für Kapitalerhöhungen, die zum Börsenkurs erfolgen, sind keine besonderen Klauseln notwendig. Denn durch solche Kapitalerhöhungen wird der Wert der bisher emittierten Aktien nicht beeinflußt. Durch eine *Kapitalerhöhung unter Börsenkurs* wird dagegen der Wert einer Aktie im Verhältnis Wert einschließlich Bezugsrecht zu Wert ausschließlich Bezugsrecht herabgesetzt. Die Inhaber der Wandelanleihe müssen dafür so entschädigt werden, daß sie ihre Wandelanleihe gegen eine entsprechend größere Anzahl der durch die Kapitalerhöhung im Wert herabgesetzten Aktien umtauschen können. Daher schlägt WELCKER folgende Klausel vor: „Das bedingte Kapital [d. h. das Nominale der bei Umtausch aller Wandelanleihen gewährten Aktien, der Verf.] erhöht sich so, daß sich das erhöhte bedingte Kapital zum bedingten Kapital vor Kapitalerhöhung verhält wie (1) Durchschnittskurs der Aktie (ex Bezugsrecht) plus durchschnittlicher Bezugsrechtswert zu (2) Durchschnittskurs der Aktie (ex Bezugsrecht) während der Zeit des Bezugsrechtshandels"[WELCKER 1968, S. 829]. Analog ist bei der Ausgabe von Gratisaktien und bei *Dividendenausschüttungen* vorzugehen. Bei letzteren ist das bedingte Kapital so zu erhöhen, daß sich das erhöhte bedingte Kapital zum bedingten Kapital vor Dividendenausschüttung so verhält wie der Kurs nach Dividendenausschüttung plus Dividende zum Kurs nach Dividendenausschüttung [WELCKER 1968, S. 833]. Eine Korrelation der Verzinsung der Wandelanleihe mit der Höhe des Dividendensatzes ist dagegen ein unvollkommenes Verfahren. Nun ist zweifellos eine Anpassung des bedingten Kapitals nach jeder Dividendenausschüttung sehr aufwendig. Daher kann man vertraglich vorsehen, daß bei einer Dividendenausschüttung zu einem bestimmten Satz keine Anpassung erfolgt, daß aber Minder- oder Mehrausschüttungen entsprechend obiger Formel korrigiert werden.

Ebenso bringt eine *Kündigungsklausel* Verteilungsunsicherheit mit sich, es sei denn, die Kündigungspolitik stehe von vornherein fest. Die Gesellschaft könnte z. B. die Politik verfolgen, Wandelanleihen zu kündigen, wenn der Kurs der Wandelanleihe um 20% höher ist als der Rückzahlungsbetrag. Bei Bestehen einer Kündigungsklausel und Fehlen einer dezidierten Kündigungspolitik der Unternehmung entsteht nämlich Unsicherheit darüber, ob die Unternehmung überhaupt kündigen wird, ob sie in Zeiten niedriger Kurse kündigen wird, um eine Wandlung zu verhindern, oder ob sie, um eine Wandlung zu gewährleisten, in Zeiten hoher Kurse kündigen wird.

Im Zeitablauf sich ändernde Wandlungsbedingungen (z. B. steigende Zuzahlungen bei späteren Wandlungen) bringen keine Verteilungsunsicherheit mit sich, da sie nicht von Aktionen der Unternehmungsleitung abhängen.

An Hand von Beispiel 27 soll abschließend gezeigt werden, daß das Verteilungsrisiko bewirken kann, daß die Position der Anteilseigner durch die Emission einer Wandelanleihe, die ja — abgesehen vom Verteilungsrisiko — Risiken von den Anteilseignern auf die Inhaber der Wandelanleihe überträgt — riskanter wird.

Beispiel 27:

Eine Unternehmung weist zu $t = 0$ ein Grundkapital von 1000000 und eine Wandelanleihe zum Rückzahlungswert von 500000 auf. Das Umtauschverhältnis ist 1:1. Rückzahlungs- oder Wandlungstermin ist $t = 1$. Man rechnet, daß die Aktienkurse zu $t = 1$ mit einer Wahrscheinlichkeit von 5% 150, mit einer Wahrscheinlichkeit von 90% 130 und mit einer Wahrscheinlichkeit von 5% 50 sein werden. Dabei ist schon berücksichtigt, daß in den ersten beiden Fällen gewandelt, im dritten Fall Rückzahlung gefordert würde.

Nun könnte die Unternehmungsleitung versuchen, durch eine Kapitalerhöhung zu einem Kurs, der unter dem Börsenkurs liegt, oder durch Gratisaktienausgabe den Kurs der Aktien in jenen Fällen, in denen sie mit 130 notieren würden, auf unter 100 zu drücken. Diesbezügliche vertragliche Kompensationsmaßnahmen mögen nicht existieren. Die Folge wäre, daß die Inhaber der Wandelanleihe in diesen Fällen 30 je Anleihestück verlieren würden, die den Aktionären zugute kämen. Die Aktien hätten dann einschließlich der vorher erzielten Bezugsrechtserlöse einen Wert von

$$130 + \frac{30 \cdot 500000}{1000000} = 145.$$

Es wird angenommen, daß die Unternehmungsleitung mit einer Wahrscheinlichkeit von 0,20 diese Politik verfolgt, falls sich die Kurse zu $t = 1$ mit 130 einstellen würden.

Die Aktionäre und die Inhaber der Wandelanleihe sehen sich daher folgenden Wahrscheinlichkeitsverteilungen des Wertes pro Aktie bzw. pro Stück der Wandelanleihe zu $t = 1$ gegenüber:

bei Ausschluß von die Inhaber der Wandelanleihe schädigenden Maßnahmen:

Aktionäre	Inhaber der Wandelanleihe
W = 0,05 160	W = 0,05 160
W = 0,90 130	W = 0,90 130
W = 0,05 50	W = 0,05 100
Erwartungswert = 127,50	Erwartungswert = 130
Varianz = 358,75	Varianz = 90

bei Einschluß von die Inhaber der Wandelanleihe schädigenden Maßnahmen:

W = 0,05	160	W = 0,05	160
W = 0,18	145	W = 0,72	130
W = 0,72	130	W = 0,23	100
W = 0,05	50		
Erwartungswert = 130,20		Erwartungswert = 124,60	
Varianz = 405,46		Varianz = 222,80	

Infolge des Verteilungsrisikos erhöht sich sowohl das Risiko der Inhaber der Wandelanleihe als auch dasjenige der Aktionäre entscheidend. Der Erwartungswert pro Aktie erhöht sich um 2,70, derjenige pro Stück der Wandelanleihe mindert sich um 5,40 (da es doppelt soviel Aktien als Stücke der Wandelanleihe gibt).

Zusammenfassend kann festgestellt werden, daß bei Nichtgültigkeit der Prämissen von MODIGLIANI-MILLER insbesondere steuerliche Erwägungen und das Verteilungsrisiko gegen die Emission von Wandelanleihen sprechen. Letzteres kann jedoch durch geeignete Wandelanleihebedingungen ausgeschaltet werden. Unterschiedliche Erwartungen der Investoren über die künftige Entwicklung der Unternehmung können jedoch — wie WELCKER nachgewiesen hat — ebenso wie einige Unvollkommenheiten des Kapitalmarktes die Emission einer Wandelanleihe vorteilhaft machen, wenn dadurch die steuerlichen Nachteile kompensiert werden.

Ergänzende und vertiefende Literatur zu Abschnitt 5.2:
WELCKER 1968.
WESTON-BRIGHAM 1970, S. 647–684.

6. Die Terminwahl für Finanzierungsmaßnahmen (dynamische Aspekte der Finanzierung)

Die Terminwahl für Finanzierungsmaßnahmen ist vor allem bei wachsenden Unternehmungen von Interesse, da hier laufend zusätzliches Kapital zugeführt werden muß. Der folgenden Diskussion liegen daher primär wachsende Unternehmungen zugrunde. Es werden aber auch die Gesichtspunkte herausgestellt, die für Unternehmungen mit konstantem Kapitalvolumen gelten. Terminwahlprobleme sind erstens durch fixe Transaktionskosten verursacht, die es interessant erscheinen lassen, Finanzierungsmaßnahmen nicht kontinuierlich, sondern in zeitlichen Abständen zu setzen. Zweitens entstehen sie aus Differenzen zwischen der Unternehmung und dem Kapitalmarkt hinsichtlich der Einschätzung der künftigen Zinsentwicklung bzw. Kursentwicklung.

6.1 Die Terminwahl für die Aufnahme langfristiger Verbindlichkeiten, insbesondere von Anleihen

6.1.1 Der Einfluß der Transaktionskosten

Die folgenden Ausführungen lehnen sich zunächst eng an BIERMAN an [BIERMAN 1970, S. 14 ff.]; anschließend werden einige Ergänzungen zu den Gedankengängen von BIERMAN gebracht. Es sind fixe und proportionale Emissionskosten von Anleihen zu unterscheiden. Soweit die Emissionskosten variabel, aber nicht proportional sind, mögen sie mit hinreichender Genauigkeit in einen fixen und in proportionale Bestandteile aufgeteilt werden können. Proportionale Emissionskosten fallen unabhängig davon an, auf wieviele Emissionstermine das Anleihevolumen aufgeteilt wird; sie interessieren daher hier nicht. Die bei jeder Anleiheemission anfallenden fixen Kosten sind dagegen eine wichtige Einflußgröße für die Bestimmung des optimalen Anleihebetrags. Ein durch Anleiheemissionen zu deckender Kapitalbedarf von 100 000 000 kann z. B. durch 2 Emissionen à 50 000 000 oder durch eine Emission à 100 000 000 aufgebracht werden. Im ersteren Fall werden doppelt so viele fixe Emissionskosten entstehen als im letzteren Fall, die proportionalen Transaktionskosten werden sich in beiden Fällen gleichen. Zu den fixen Transaktionskosten zählen Verwaltungskosten, Werbungskosten, von der Emissionsbank berechnete fixe Gebühren usw.

Es wird davon ausgegangen, daß die (wachsende) Unternehmung einen zusätzlichen, durch Anleiheemissionen aufzubringenden Kapitalbedarf von F_0 pro Jahr hat. Der zusätzliche Kapitalbedarf verteilt sich gleichmäßig auf das Kalenderjahr. Man kann nun erstens jedesmal, wenn die Einnahmen aus der letzten Anleiheemission verausgabt sind, eine neue Anleihe auflegen. Der Erlös dieser Anleihe wird sukzessiv verwendet, die noch nicht benötigten Beträge werden z. B. in Wertpapieren angelegt. Eine solche Vorgangsweise führt dazu, daß man neben Transaktionskosten auch Anleihezinsen für diejenigen Teile der Anleihe bezahlen muß, die noch nicht benötigt werden. Diesen Anleihezinsen stehen aber Erträge aus der zwischenzeitlichen Anlage der noch nicht benötigten Mittel gegenüber. Zweitens könnte auch folgendermaßen vorgegangen werden: Ergibt sich ein zusätzlicher Kapitalbedarf, so wird er so lange durch Bankkredit gedeckt, bis der Bankkredit die Höhe des vorgesehenen Anleihebetrags erreicht hat. Zu diesem Zeitpunkt wird eine Anleiheemission vorgenommen, deren Erlös zur Rückzahlung des Bankkredits dient. Der in der Zukunft entstehende zusätzliche Kapitalbedarf wird erneut durch Bankkredite gedeckt usw. Neben den fixen Transaktionskosten entstehen bei dieser Vorgangsweise dann

Mehrkosten, wenn die Bankkredite (einschließlich der Auswirkungen auf das Kapitalstrukturrisiko) höhere Kreditkosten verursachen als Anleihen. Drittens können die Vorgangsweisen 1 und 2 kombiniert werden, wie es in Abbildung 6 zum Ausdruck kommt: Der Anleiheerlös wird erstens zur Deckung des zuvor aufgenommenen Bankkredits $(Q - S)$ verwendet, der Rest des Anleiheerlöses wird zwischenzeitlich in Wertpapieren angelegt (S). Wenn der Anleiheerlös aufgebraucht ist, d.h. die Wertpapiere wieder veräußert sind, wird bis zur nächsten Anleiheemission Bankkredit in Anspruch genommen.

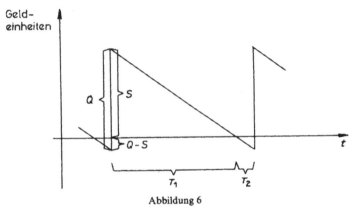

Abbildung 6

F_0 = Jahresbedarf an durch Anleihen aufzubringenden Beträgen

Q = Emissionsvolumen

S = maximaler Wertpapierbestand

k_1 = Anleihezinsfuß (unter Berücksichtigung des Ausgabe- und Rückzahlungsdisagios und der proportionalen Transaktionskosten)

k_2 = Zinsfuß für den Bankkredit

k_3 = Wertpapierrendite (abzüglich Transaktionskosten aus Kauf und Verkauf von Wertpapieren)

k_4 = fixe Transaktionskosten

Es gilt: $k_2 > k_1 > k_3$. (Falls $k_1 \geq k_2$, dann sollten statt Anleihen stets Bankkredite gewählt werden.)

$T_Q = T_1 + T_2$ = zeitlicher Abstand zwischen zwei Anleiheemissionen (in Jahren)

Die für die Optimierung *relevanten Kosten* sind jene Kosten, die *zusätzlich* zu den Anleihezinsen bei kontinuierlicher Anleiheaufnahme anfallen.

Die *relevanten Kosten während* T_Q sind:

$$k_4 + (S/2)(k_1 - k_3) T_1 + [(Q - S)/2](k_2 - k_1) T_2$$

Die relevanten Kosten würden nicht anfallen, wenn man täglich den jeweils benötigten Anleihebetrag emittierte und keine fixen Transaktionskosten anfielen. Der Ausdruck $(S/2)(k_1 - k_3) T_1$ erklärt sich so, daß während T_1 durchschnittlich nicht benötigte $S/2$ Geldeinheiten vorhanden sind, für die Anleihezinsen zu k_1 bezahlt, aber Wertpapierzinsen zu k_3 erzielt werden. Während T_2 dagegen müssen, da der Anleihebetrag verbraucht ist, durchschnittlich $(Q - S)/2$ Geldeinheiten Bankkredite aufgenommen werden, die Mehrkosten von $k_2 - k_1$ je Geldeinheit verursachen. Nun ist:

$$T_1/S = T_Q/Q \rightarrow T_1 = (S/Q) T_Q$$
$$T_2 = T_Q - T_1 = [(Q - S)/Q] T_Q$$

Eingesetzt für T_1 und T_2 ergeben sich folgende relevante Kosten während T_Q:

$$k_4 + (S^2/2Q)(k_1 - k_3) T_Q + [(Q - S)^2/2Q](k_2 - k_1) T_Q$$

Die Kosten während der Periode T_Q können durch Multiplikation mit F_0/Q in Jahreskosten umgewandelt werden. Denn F_0/Q ist die Anzahl der Anleiheemissionen pro Jahr. Dabei ist zu beachten, daß $(F_0/Q) T_Q$ 1 (Jahr) ist. Die *relevanten Jahreskosten* sind daher:

$$(F_0/Q) k_4 + (S^2/2Q)(k_1 - k_3) + [(Q - S)^2/2Q](k_2 - k_1) \qquad (25)$$

Um S und Q zu optimieren, werden die relevanten Jahreskosten nach S und Q abgeleitet und die Ableitungen werden Null gesetzt:
Erste Ableitung der relevanten Jahreskosten nach S:

$$(S/Q)(k_1 - k_3) - [(Q - S)/Q](k_2 - k_1) = 0$$
$$S = Q(k_2 - k_1)/(k_2 - k_3)$$

Erste Ableitung der relevanten Jahreskosten nach Q:

$$-(F_0/Q^2) k_4 - (S^2/2Q^2)(k_1 - k_3) + \{[4(Q - S)Q - 2(Q - S)^2]/4Q^2\}(k_2 - k_1)$$

Nach Umformungen und Einsetzen für S erhält man:

$$Q = \sqrt{2 F_0 k_4 (k_2 - k_3)/(k_2 - k_1)(k_1 - k_3)} \qquad (26)$$

Zur Demonstration sei ein Zahlenbeispiel durchgerechnet:

Beispiel 28:

Der jährlich durch Anleiheemissionen zu deckende Kapitalbedarf sei 50 000 000. Die fixen Transaktionskosten k_4 betragen 100 000. $k_1 = 0,07$, $k_2 = 0,08$, $k_3 = 0,06$.

$$Q = \sqrt{2 \cdot 50\,000\,000 \cdot 100\,000 \cdot 0,02/0,01 \cdot 0,01} \sim 45\,000\,000$$
$$S \sim 45\,000\,000 \cdot 0,01/0,02 \sim 22\,500\,000$$

Es ist somit in Abständen von ca. 11 Monaten eine Anleihe für 45 000 000 zu emittieren. Zur Hälfte ist der Anleiheerlös zur Rückzahlung von Bankkrediten ($S - Q = 22\,500\,000$)

zu verwenden, die zweite Hälfte des Anleiheerlöses ist zinsbringend anzulegen und wird während ca. 5,5 Monaten verbraucht. Danach ist bis zur nächsten Anleiheemission ein Bankkredit von maximal 22 500 000 aufzunehmen.

Die relevanten Jahreskosten bei dieser Politik sind gemäß Formel (25):

$$\frac{50}{45} \, 100\,000 + (22\,500\,000^2/90\,000\,000)\,0{,}01 + (22\,500\,000^2/90\,000\,000)\,0{,}01 \sim 224\,000$$

Man kann sich leicht davon überzeugen, daß die relevanten Jahreskosten bei anderen Werten für Q und/oder S größer sind.

Zu Vergleichszwecken soll nun noch das optimale Q für den Fall ermittelt werden, in dem die Möglichkeit der Aufnahme eines Bankkredits zur Überbrückungsfinanzierung ausgeschlossen ist, somit nur die zwischenzeitliche Anlage in Wertpapieren verbleibt.

Die relevanten Kosten während T_Q ergeben sich dann aus:

$$k_4 + (Q/2)(k_1 - k_3) T_Q$$

Die relevanten Jahreskosten erhält man wieder durch Multiplikation der Kosten während T_Q mit F_0/Q:

$$(F_0/Q)k_4 + (Q/2)(k_1 - k_3) \tag{25a}$$

Durch Ableitung von Formel (25a) nach Q und Nullsetzen der Ableitung erhält man eine der üblichen Losgrößenformel entsprechende Formel:

$$Q = \sqrt{2F_0 k_4/(k_1 - k_3)} \tag{26a}$$

Beispiel 29:

Für die Daten des Beispiels 28 ergibt sich:

$$Q = \sqrt{2 \cdot 50\,000\,000 \cdot 100\,000/0{,}01} \sim 32\,000\,000$$

Die Jahreskosten betragen gemäß Formel (25a):

$$(50/32)100\,000 + 16\,000\,000 \cdot 0{,}01 \sim 316\,000$$

Infolge des Ausschlusses des Bankkredits sind kleinere Anleiheemissionen optimal und es entstehen bedeutend höhere Mehrkosten.

Soweit die BIERMAN folgende Analyse. Von BIERMAN werden jedoch zwei weitere Einflußgrößen des Problems nicht behandelt, die sich aus der Fristigkeit der Verbindlichkeiten ergeben. BIERMAN beachtet erstens nicht, daß sich zu den Rückzahlungsterminen von Anleihen die Notwendigkeit ergibt, eine neue Anleihe aufzulegen, wenn der gleiche Verschuldungsgrad aufrecht erhalten werden soll. Für die Diskussion der sich daraus ergebenden Fragen werden zwei Fälle unterschieden. Im ersten Fall möge die Unternehmung zum Zeitpunkt der Anleiherückzahlung nicht mehr wachsen, im zweiten Fall möge das Wachstum unvermindert anhalten. Im ersten

Fall sind daher nur mehr Anleiheemissionen notwendig, um die Mittel für die Rückzahlung von fälligen Anleihen aufzubringen. Die Rückzahlung kann in Raten oder zu einem Termin erfolgen. Wenn von dem einfachsten Fall der Rückzahlung zu einem Termin ausgegangen wird, so sieht man, daß jeweils zum Fälligkeitstermin einer Anleihe eine neue Anleihe aufgelegt werden muß. Es entstehen dann Emissionskosten, aber keine Mehrkosten aus zwischenzeitlicher Anlage der Mittel oder vorläufiger Aufnahme eines Bankkredits, da ja der Anleiheerlös zur Gänze für die Rückzahlung der fälligen Anleihe verwendet wird. In diesem einfachen Fall sieht man deutlich, daß man in der Zukunft um so öfter Anleihen emittieren muß, je öfter man in der Vergangenheit Anleihen emittiert hat. Hat man also zu $t = 0$, $t = 2$ usw. Anleihen mit einer Laufzeit von 10 Jahren emittiert, so werden Anleiheemissionen zu $t = 10$, $t = 12$ usw. notwendig. Hat man jedoch Anleihen mit einem entsprechend geringeren Volumen zu $t = 0$, $t = 1$, $t = 2$ usw. emittiert, so wird sich auch die Anzahl der Nachfolgeemissionen verdoppeln. Eine Anleiheemission zu $t = 0$ erfordert daher nicht nur Emissionskosten zu $t = 0$, sondern auch Emissionskosten zu $t = 10$, $t = 20$ usw. Um die optimale Anleihegröße zu ermitteln, ist daher zu k_4 der Barwert aller künftigen Emissionskosten für die Anleihen, die jeweils zur Deckung des Rückzahlungsbedarfs notwendig werden, hinzuzurechnen. — Falls eine Anleihe in Jahresraten rückzuzahlen ist, wird die Ermittlung des Optimums schwieriger.

Bei wachsenden Unternehmungen liegt eine andere Situation vor. Hier werden in Zukunft ohnehin Anleiheemissionen zur Finanzierung des erhöhten Kapitalbedarfs notwendig sein. Das Emissionsvolumen muß dann so groß sein, daß es nicht nur den zusätzlichen Kapitalbedarf, sondern auch das Rückzahlungserfordernis für fällige, in der Vergangenheit emittierte Anleihen deckt. In dieser Situation fallen somit keine oder meist vernachlässigbare zusätzliche fixe Transaktionskosten für die Deckung des Rückzahlungsbedarfs fälliger Anleihen an. Formel (26) kann in diesem Fall unverändert angewendet werden.

Weiter wurde von BIERMAN nicht erwähnt, daß die fixen Transaktionskosten *pro Jahr* nicht nur durch die Anleihegröße Q, sondern auch durch die Fristigkeit der Anleihen beeinflußt werden. Je höher die fixen Transaktionskosten im Verhältnis zum Anleihebetrag sind, desto eher wird man an einer Erstreckung der Fristigkeit der Anleihe zur Minderung der Transaktionskosten pro Jahr interessiert sein. Daher müßten die Fristigkeit von Anleihen und die Anleihegröße simultan bestimmt werden. Dabei ist zu berücksichtigen, daß die durchschnittlichen jährlichen Zinskosten mit zunehmender Fristigkeit der Anleihe infolge des höheren Zinsänderungsrisikos und des Risikos finanzieller Schwierigkeiten für die Gläubiger ansteigen werden.

Allerdings wird das Risiko für die Anteilseigner sinken. Die erhöhten Kreditzinsen stellen somit für die Unternehmung so lange keine zusätzlichen Kosten dar, als sie als Entgelt für ein vermindertes Anteilseignerrisiko interpretiert werden können.

6.1.2 Der Einfluß einer gegenüber den allgemeinen Erwartungen abweichenden Einschätzung der künftigen Zinsentwicklung

Erwartungen über die künftige Zinsentwicklung beeinflussen den Emissionstermin langfristiger Verbindlichkeiten, unabhängig davon, ob sie zur Deckung eines zusätzlichen Kapitalbedarfs oder zur Anschlußfinanzierung aufgenommen werden. Anknüpfend an das Ergebnis des Abschnitts 2.4 ist festzustellen, daß der Zinssatz langfristiger Kredite dem Durchschnitt der während der betreffenden Frist (vom Kapitalmarkt) erwarteten Zinssätze für kurzfristige Kredite plus einer eventuellen Risikoprämie entspricht. Teilt die kreditnehmende Unternehmung generell die Erwartungen des Kapitalmarkts, so hat sie keine Veranlassung, den vorgesehenen Termin für die Aufnahme einer langfristigen Verbindlichkeit vor- oder rückzuverlegen. Erwartet die kreditnehmende Unternehmung für die Zukunft jedoch niedrigere Zinssätze als die anderen Marktteilnehmer, so mag es günstiger sein, sich zunächst kurzfristig zu verschulden, um sich dann bei Eintritt der Erwartungen der Unternehmung zu einem (relativ) gesunkenen Zinssatz langfristig zu verschulden. Es wird dieser Gedankengang an folgendem Beispiel demonstriert.

Beispiel 30:

Der Kapitalmarkt erwarte für die nächsten sechs Jahre folgende Zinssätze für Kredite mit einjähriger Laufzeit: 0,07, 0,065, 0,065, 0,065, 0,06, 0,06. Der Zinssatz für einen zu $t = 0$ ($t = 1$) ausgegebenen Kredit mit einer Laufzeit von 5 Jahren wird daher $(0,07 + \ldots + 0,06)/5 = 0,065$ bzw. $(0,065 + \ldots + 0,06) = 0,063$ plus eine eventuelle Risikoprämie betragen. Wenn man diese Erwartungen teilt, ist es nicht vorteilhaft, die Aufnahme eines langfristigen Kredits von $t = 0$ nach $t = 1$ oder von $t = 1$ nach $t = 0$ zu verschieben. Ein Aufschub von $t = 0$ nach $t = 1$ bei kurzfristiger Verschuldung für den Zeitraum von $t = 0$ bis $t = 1$ würde zu Mehrkosten von $0,07 - 0,065 = 0,005$ für ein Jahr führen. Dafür würde man für die nächsten vier Jahre eine Zinsminderung von $0,065 - 0,063 = 0,002$ pro Jahr, das ergibt 0,008 für vier Jahre, erzielen. Denn zu $t = 1$ sind Kredite mit fünfjähriger Dauer zu einem Satz von 0,063 erhältlich. Im 6. Jahr schließlich werden Mehrkosten von 0,003 entstehen, da der zu $t = 1$ aufgenommene Kredit 0,063 kostet, kurzfristige Kredite von $t = 5$ bis zu $t = 6$ jedoch zu 0,06 erhältlich wären. Vorteile und Nachteile aus einem Aufschub der langfristigen Verschuldung kompensieren sich somit. (In diesem Beispiel wird nicht finanzmathematisch genau, sondern mit arithmetischen Durchschnitten gerechnet. Dies ändert aber nichts an dem prinzipiellen Ergebnis.)

Eine vorläufig kurzfristige Verschuldung bei späterer Substitution durch langfristige Verschuldung ist aber vorteilhaft, wenn die Unternehmung niedrigere zukünftige Zinssätze prognostiziert als die übrigen Marktteilnehmer. Die Unternehmung möge z. B. erwarten, daß zu $t = 1$ Verbindlichkeiten mit einer Laufzeit von 5 Jahren zu einem Zinssatz von 0,06 erhältlich sein werden. In diesem Fall ist es sicher vorteilhaft, sich zu einem Zinssatz von 0,07 kurzfristig zu verschulden und erst zu $t = 1$ zu einer langfristigen Verschuldung überzugehen.

Bei der Argumentation in Beispiel 30 wurde davon ausgegangen, daß der Zinssatz einer langfristigen Verbindlichkeit gleich ist dem Durchschnitt der erwarteten Zinssätze für kurzfristige Verbindlichkeiten während der Laufzeit des langfristigen Kredits. Zumeist wird aber der Zinssatz für langfristige Kredite zusätzlich eine Risikoprämie enthalten. Weiter ist zu berücksichtigen, daß die Unternehmungen eine kurzfristige Verschuldung für riskanter halten, so daß im obigen Beispiel auch zu dem Zinssatz für kurzfristige Kredite eine unternehmungsindividuelle Risikoprämie hinzuzurechnen ist. Letztere Risikoprämie wird höher sein als die im Zinssatz für langfristige Verbindlichkeiten enthaltene Risikoprämie, falls die Unternehmung langfristige Verbindlichkeiten kurzfristigen Verbindlichkeiten vorzieht. Ein *Aufschub einer langfristigen Verschuldung* wegen abweichender Erwartungen hinsichtlich der künftigen Zinssätze ist daher nur vorteilhaft, wenn die erwarteten Zinsersparnisse größer sind als das durch die vorläufige kurzfristige Verschuldung entstehende zusätzliche Risiko finanzieller Schwierigkeiten.

In Zeiten der *Kapitalknappheit* ist der Zinssatz für kurzfristige Kredite oft bedeutend höher als derjenige für langfristige Kredite. So stieg 1969/1970 der Zinssatz kurzfristiger Kredite bis auf 0,13, der Zinssatz langfristiger Anleihen und Schuldscheindarlehen betrug etwa 0,09. Dennoch wäre in dieser Situation die Aufnahme kurzfristiger Kredite für eine Unternehmung von Vorteil gewesen, die mit einer Senkung des Zinssatzes langfristiger Kredite auf z. B. 0,065 innerhalb von 2 Jahren rechnete. Denn dem zusätzlichen Zinssatz von $0,13 - 0,09 = 0,04$ für zwei Jahre standen erwartete Zinsersparnisse von $0,09 - 0,065 = 0,025$ für z. B. die nächsten 8 Jahre gegenüber. Der Aufschub der langfristigen Verschuldung wäre für die betrachtete Unternehmung nur dann nicht günstig gewesen, wenn die Nachteile aus dem erhöhten Risiko finanzieller Schwierigkeiten die Zinsersparnis überwogen hätten. — Die günstigste Möglichkeit wäre natürlich die Aufnahme eines möglichst frühzeitig kündbaren langfristigen Kredits zum Zinsfuß von 0,09 gewesen. Doch wäre eine kündbare Anleihe in dieser Situation nur bei starker Unvollkommenheit des Marktes zu diesem Zinssatz unterzubringen gewesen.

Bis jetzt wurden die Bedingungen aufgezeigt, unter denen ein Aufschub der Aufnahme eines langfristigen Kredits vorteilhaft sein kann. In analoger Weise kann zur Frage der *Vorverlegung der Aufnahme eines langfristigen*

Kredits Stellung genommen werden. Eine Vorverlegung kommt dann in Frage, falls die Unternehmung für künftige Jahre höhere Zinssätze als der Markt erwartet. Wenn erwogen wird, statt des geplanten Emissionstermins $t = 1$ bereits zu $t = 0$ einen langfristigen Kredit aufzunehmen, so muß der aus dieser Entscheidung erwartete Zinsgewinn ab $t = 1$ die im Zeitraum zwischen $t = 0$ und $t = 1$ entstehenden Mehrkosten überwiegen. Die Mehrkosten zwischen $t = 0$ und $t = 1$ ergeben sich aus den für den langfristigen Kredit zu entrichtenden Zinsen minus den Erträgen, die man aus einer zwischenzeitlichen Anlage der aufgenommenen Mittel, z.B. aus Wertpapierkäufen oder aus der Minderung von kurzfristigen Krediten, erzielen kann. Je ungünstiger die Erträge aus zwischenzeitlicher Anlage sind, desto unrentabler wird bei gegebenen Zinssatzerwartungen die Vorverlegung der Aufnahme eines langfristigen Kredits.

Ergänzende und vertiefende Literatur zu Abschnitt 6.1:
BIERMAN 1970, S. 14–35.

6.2 Die Terminwahl für Aktienemissionen

6.2.1 Der Einfluß der Transaktionskosten

Im Abschnitt 6.1 wurde die Terminwahl für die Aufnahme langfristiger Verbindlichkeiten wachsender Unternehmungen behandelt, unter der impliziten Annahme, daß das für die Aufrechterhaltung des gewünschten Verschuldungsgrads benötigte Eigenkapital kontinuierlich, z.B. in Form von Gewinneinbehaltungen, zufließt. Dieser Abschnitt gründet auf einer entgegengesetzten Annahme: Langfristige Kredite werden kontinuierlich erhöht, das zur Aufrechterhaltung des Verschuldungsgrads benötigte Eigenkapital wird stoßweise durch Aktienemissionen aufgebracht; sei es, daß durch Gewinneinbehaltungen nicht genügend Eigenkapital gewonnen werden kann, sei es, daß Aktienemissionen günstiger sind als Gewinneinbehaltungen (vgl. Abschnitt 4). Das Problem der Terminwahl für Aktienemissionen ist nur für wachsende Unternehmungen von Interesse, die einen bestimmten Teil des jeweils zusätzlich benötigten Kapitals durch Eigenkapital aufbringen wollen.

Auf Basis der folgenden Erwägungen können die gleichen Formeln wie in Abschnitt 6.1.1 zur Ermittlung der optimalen Termine für Aktienemissionen bzw. des optimalen Emissionsbetrags angewendet werden. Es sei davon ausgegangen, daß die Unternehmung einen optimalen Verschuldungsgrad unter Abstraktion vom Unternehmungswachstum ermittelt hat. Es kann jedesmal, wenn dieser Verschuldungsgrad erreicht ist, eine Aktienemission vorgenommen werden. Der Emissionserlös kann in Wertpapieren angelegt oder zur

Rückzahlung kurzfristiger Kredite verwendet werden, bis er durch die zusätzlichen Kapitalbedürfnisse der wachsenden Unternehmung aufgebraucht ist. Zu diesem Zeitpunkt erfolgt eine neuerliche Aktienemission usw. Es ist aber auch die zweite extreme Lösung möglich, bei Erreichen des optimalen Verschuldungsgrads vorläufig weitere Kredite für die Deckung zusätzlicher Kapitalbedürfnisse aufzunehmen. Wenn die über einen optimalen Verschuldungsgrad hinausgehenden Kredite den vorgesehenen Emissionsbetrag erreichen, wird eine Aktienemission vorgenommen usw. Mittels Formel (26) kann ermittelt werden, ob die Optimallösung mit einem der beiden Extreme zusammenfällt oder ob eine Zwischenlösung am günstigsten ist. Dabei ist für k_1 die von den Anteilseignern erwartete, dem Risiko entsprechende, Rendite $\bar{r}$ anzusetzen, für k_2 der Zinssatz für Bankkredite und für k_3 die Wertpapierrendite bzw. der Zinsfuß für kurzfristige Kredite, die aus vorläufig nicht benötigten Emissionserlösen zurückgezahlt werden können. Wieder muß gelten: $k_2 > \bar{r} > k_3$. Man muß beachten, daß der Zinsfuß für Bankkredite, die über den optimalen Verschuldungsgrad hinausgehen, infolge der anzusetzenden Risikoprämie größer sein muß als die von den Anteilseignern erwartete Rendite $\bar{r}$. Wenn dies nicht der Fall wäre, so wäre der optimale Verschuldungsgrad noch gar nicht erreicht. Auch bei der Quantifizierung von k_3 ist zu berücksichtigen, daß eine vorzeitige Aktienemission infolge des dadurch verbesserten Verschuldungsgrads das Kapitalstrukturrisiko mindert. Eine Prämie für diese Risikominderung ist zu k_3 hinzuzurechnen. Voraussetzung für eine unveränderte Anwendung der Formel (26) ist allerdings, daß die Differenzen $k_2 - \bar{r}$ und $\bar{r} - k_3$ mit zunehmendem Emissionsbetrag, somit mit zunehmender Abweichung vom optimalen Verschuldungsgrad, konstant bleiben.

6.2.2 Der Einfluß einer gegenüber den allgemeinen Erwartungen abweichenden Einschätzung der künftigen Kursentwicklung

Es wurde bereits in Abschnitt 2.1.2 hervorgehoben, daß es für die Anteilseigner von entscheidender Bedeutung ist, zu welchen Kursen Aktienemissionen erfolgen, es sei denn, die Altaktionäre übernehmen sämtliche neuen Aktien im Verhältnis ihrer bisherigen Beteiligung. Wenn somit der gegenwärtige Kurs einer Aktie 200 beträgt, die Unternehmungsleitung aber erwartet, daß der Kurs in der nächsten Zeit auf mindestens 300 steigen wird, ergeben sich aus einem Aufschub einer Aktienemission Vorteile. Ob ein Aufschub günstig ist, hängt von der Wahrscheinlichkeit ab, mit der Kurssteigerungen erwartet werden, und den Mehrkosten aus einer zunehmenden Verschuldung bzw. einer Minderung des Investitionsvolumens bis zum Emissionstermin. Die Berechnung des Vorteils aus einer Verschiebung des Emissionstermins soll folgendes Beispiel zeigen.

Beispiel 31:

Das Grundkapital einer Unternehmung ist 100000, zerlegt in 1000 Aktien. Der Kurswert einer Aktie zu $t = 0$ ist 200. Es wird erwogen, zu $t = 0$ oder spätestens zu $t = 1$ eine Aktienemission von 50000 vorzunehmen. Der Vorstand erwartet für $t = 1$ einen Aktienkurs von mindestens 300. (Diese Erwartung wird vom Markt offensichtlich nicht geteilt, sonst wäre der Kurs zu $t = 0$ höher als 200.) Welcher Mindestvorteil ergibt sich aus einem Aufschub der Aktienemission bis $t = 1$, falls alle neuen Aktien zum Kurswert emittiert und von Nichtanteilseignern gekauft werden?

Bei einer Emission zu $t = 0$ müßten 250 Aktien abgegeben werden, um 50000 Eigenkapital zu erhalten. Bei einer Emission zu $t = 1$ brauchte man nur 167 Aktien zu emittieren. An dem für $t = 1$ erwarteten Kurswert von 300000 (bisheriges Kapital zum Kurswert von 300) plus 50000 (neu aufgenommenes Kapital) = 350000 sind somit im ersten Fall die bisherigen Anteilseigner mit $1000/1250 = 4/5$ beteiligt. Im zweiten Fall beträgt die Beteiligung aber $1000/1167 = 6/7$. Die Differenz zwischen 6/7 von 350000 und 4/5 von 350000 beträgt 20000. Dies ist der Vorteil aus einem Aufschub der Aktienemission bis $t = 1$, der den Nachteil aus einem zwischen $t = 0$ und $t = 1$ offensichtlich nicht optimalen Verschuldungsgrad (sonst würde man eine Aktienemission nicht erwägen) und/oder aus einem verminderten Investitionsvolumen gegenüberzustellen ist. — Wie in Abschnitt 2.1.2 demonstriert, würde sich bei einer Kapitalerhöhung zu von den Kurswerten abweichenden Emissionskursen und mit Bezugsrecht der Anteilseigner das gleiche Resultat ergeben. Der Vorteil aus einem Aufschub der Aktienemission wird umso geringer, je mehr bisherige Anteilseigner neue Aktien zeichnen.

Wie das Beispiel demonstriert, sollte eine Unternehmung mit einer Kapitalerhöhung so lange zuwarten, solange die erwarteten Vorteile aus einem weiteren Zuwarten die erwarteten Nachteile übersteigen. Je höher der Kurs steigt, um so kleiner werden die erwarteten Vorteile aus einem weiteren Zuwarten, weil weitere Kurssteigerungen nur mehr ein geringeres Ausmaß annehmen und/oder mit geringerer Wahrscheinlichkeit erwartet werden. Außerdem nehmen die Nachteile aus einem weiteren Zuwarten mit steigendem Verschuldungsgrad zu.

In dem zuletzt genannten Argument ist eine weitere, in den bisherigen Abschnitten nicht erwähnte Einflußgröße des optimalen Verschuldungsgrads zu sehen: Ein niedriger Verschuldungsgrad hat den Vorzug, den Termin für weitere Aktienemissionen flexibler an die Kursentwicklung anpassen zu können. Dieser Gesichtspunkt gewinnt dann an Bedeutung, wenn niedrige Aktienkurse einer Unternehmung mit einem erhöhten Bedürfnis an durch Emissionen aufzubringenden Eigenkapital verbunden sein können. So kann eine Rezessionsperiode einerseits mit niedrigen Aktienkursen korreliert sein, die Aktienemissionen nicht vorteilhaft machen, andererseits aber infolge von Gewinnminderungen und damit Minderungen der Selbstfinanzierungsmöglichkeiten ein besonderes Bedürfnis an durch Emissionen aufzubringendem Eigenkapital bestehen. Voraussetzung ist allerdings, daß der Kapitalbedarf der Unternehmung in einer Rezessionsperiode trotz verminderter Gewinne unvermindert wächst.

6.3 Die simultane Terminwahl für die Aufnahme langfristiger Verbindlichkeiten und für Aktienemissionen

6.3.1 Der Einfluß der Transaktionskosten

Unternehmungen müssen gewöhnlich sowohl langfristige Verbindlichkeiten als auch Eigenkapital in bestimmten „Losen" aufnehmen. Wie anhand folgender Abbildung 7 demonstriert werden kann, ist es nicht möglich, die Emissionstermine für langfristige Kredite und Aktien isoliert zu optimieren. In Abbildung 7a ist angenommen, daß Aktien- und Anleihe-

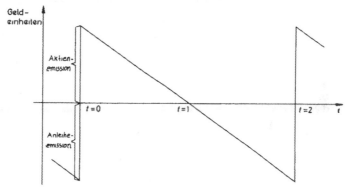

Abbildung 7a

emissionen zum gleichen Termin vorgenommen werden. (Dabei wird ein gleiches Volumen für Aktien- und Anleiheemissionen unterstellt, was aber für die Beweisführung nicht notwendig ist.) Weiter wird angenommen, daß der jeweils durch die Aktien- und Anleiheemission aufgebrachte Betrag zu 50% für die Rückzahlung von kurzfristigen Krediten verwendet und zu 50% zwischenzeitlich in Wertpapieren angelegt wird. Die Wertpapiere werden bei steigendem Kapitalbedarf fortlaufend verkauft (bis zum Zeitpunkt $t = 1$). Der sich ab $t = 1$ bis $t = 2$ ergebende zusätzliche Kapitalbedarf wird durch die Aufnahme von Bankkrediten gedeckt, die bei der nächsten Emission rückgezahlt werden usw. In Abbildung 7b wird dagegen davon ausgegangen, daß die Aktien- und Anleiheemissionen zeitversetzt erfolgen. Man

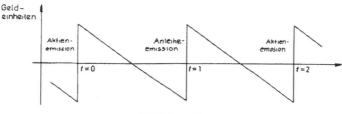

Abbildung 7b

sieht, daß die zur Überbrückungsfinanzierung benötigten Bankkredite und angeschafften Wertpapierdepots entsprechend geringer sind. Die Mehrzinsen für Bankkredite bzw. die Verluste aus der zwischenzeitlichen Anlage von Mitteln in Wertpapierdepots sind daher bei Variante b) halb so groß wie bei Variante a). Die fixen Transaktionskosten werden in beiden Fällen etwa gleich sein. Die gleichzeitige Aktien- und Anleiheemission in Variante a) läßt vielleicht eine gewisse Degression der Werbekosten erreichen, sie wird jedoch einige Mehrkosten gegenüber der Variante b) infolge der ungleichmäßigen Auslastung der Finanzabteilung der Unternehmung und infolge des Umstands, daß der Kapitalmarkt zu einem Termin doppelt so stark als bei Variante b) in Anspruch genommen wird, verursachen. Insgesamt gesehen könnten somit auch die fixen Transaktionskosten der Variante b) etwas geringer sein. Der Schluß aus dieser Analyse ist eindeutig: Eine zeitversetzte Emission von Aktien und langfristigen Verbindlichkeiten ist in aller Regel von Vorteil.

6.3.2 Der Einfluß einer gegenüber den allgemeinen Erwartungen abweichenden Einschätzung der künftigen Zinsentwicklung für langfristige Kredite und der Kursentwicklung für Aktien

In den Abschnitten 6.1.2 und 6.2.2 wurde herausgestellt, daß man die Aufnahme langfristiger Kredite verschieben wird, wenn man für die Zukunft niedrigere Zinsfüße als der Kapitalmarkt erwartet; und daß man Aktienemissionen auf spätere Zeitpunkte verlegen wird, wenn man für die Zukunft mit höheren Kursen als der Kapitalmarkt rechnet. Wenn beide Einflußgrößen simultan betrachtet werden, so kann es Situationen geben, wo man am Aufschub sowohl einer Aktienemission als auch einer Aufnahme langfristiger Kredite interessiert ist. Häufiger werden Situationen eintreffen, wo man infolge eines gegenwärtig niedrigen Zinsniveaus und bei Erwartungen höherer Zinsfüße in der Zukunft an einer Vorverlegung von z. B. Anleiheemissionen und infolge eines niedrigen Kursniveaus für Aktien bei Erwartung von Kurssteigerungen an einem Aufschub von Aktienemissionen interessiert ist. Eine solche Situation könnte in Rezessionsperioden gegeben sein. Voraussetzung dafür, daß man in einer Rezessionsperiode eine Anleiheemission vorverlegen und eine Aktienemission aufschieben sollte, ist jedoch, daß die daraus erwarteten Vorteile die Nachteile aus der Verschlechterung des Verschuldungsgrads gerade in einer Rezessionsperiode (Erhöhung des Risikos finanzieller Schwierigkeiten!) überwiegen. —

In Abschnitt 6 konnten somit als wichtige Einflußgrößen für die Terminwahl für Finanzierungsmaßnahmen die fixen Transaktionskosten und von den allgemeinen Erwartungen abweichende Erwartungen der Unternehmungsleitung hinsichtlich Zins- und Kursentwicklung abgeleitet werden.

Besondere Aspekte ergaben sich aus der simultanen Behandlung des Terminwahlproblems für langfristige Kredite und für Aktienemissionen. Die Erörterungen zeigten, daß es nicht leicht ist, aus der Fülle der Einflußgrößen die optimale Lösung für einen speziellen Fall abzuleiten. Es sind somit noch eingehende Untersuchungen notwendig, um dieses für die betriebliche Praxis sicherlich bedeutsame Problem einer operablen Lösung zuzuführen.

Verzeichnis durchgehend verwendeter Abkürzungen

$a = F/M$ Verschuldungsgrad

B_K Bereitstellungsprovision für den Kontokorrentkredit

b prozentueller Anteil des einbehaltenen Gewinns am ausgeschütteten Gewinn

C_K Verlust aus dem Eintritt eines Konkurses = Kosten des Konkursverfahrens plus Differenz zwischen Gesamtkapitalwert der Unternehmung (M) (unter Ausschluß des Konkursrisikos) und Liquidationswert der Unternehmung

Cov   Kovarianz

D jährliche Dividendenzahlungen der Unternehmung

$d = F_K/F_S$ prozentuelles Ausmaß, in dem das Maximum des schwankenden Kapitalbedarfs durch einen Kontokorrentkredit gedeckt wird

E Erwartungswertoperator

e Emissionsspesen in Prozent vom Emissionsvolumen (in Abschnitt 2.1 Basis des natürlichen Logarithmus)

F Kapitalwert der Verbindlichkeiten der Unternehmung für die Gläubiger

F_D Darlehensbetrag

F_K Limit des Kontokorrentkredits

F_0 jährlicher, durch Anleiheemissionen zu finanzierender zusätzlicher Kapitalbedarf

F_S Maximum des schwankenden Kapitalbedarfs

$F_Ü$ durch Kontenüberziehungen aufzubringender Kreditbetrag

f^i Nutzenfunktion des Investors i, in Abhängigkeit von $\bar{R}^i$ und $\emptyset^i$

G jährlicher Bruttogewinn der Unternehmung (vor Zahlung von Fremdkapitalzinsen und gegebenenfalls Steuern)

i Investorindex ($i = 1, \ldots, m$)

i_j Kapitalkostensatz der Unternehmung j = Mischzinsfuß zwischen $\bar{r}_j$ und den von den Gläubigern aus ihren Forderungen erwarteten Renditen

j Wertpapierindex bzw. Unternehmungsindex ($j = 1, \ldots, n$)

K Kapitalwert einer Unternehmung für die Anteilseigner = Unternehmungswert für die Anteilseigner

K_{Sn} Kapitalwert einer Aktie zu $t = n$

K_W Kapitalwert eines Wandelanleihestücks zu $t = 0$

KE Konkurserlös eines Gläubigers = im Konkursfall erzielbarer Betrag

k	vereinbarter Kreditzinssatz (unter Einschluß von Differenzen zwischen Auszahlungs- und Rückzahlungskurs, Kosten der Information der Kreditgeber usw.)
k_R	Kosten einer Liquiditätsreserve pro Einheit (ohne Berücksichtigung der Auswirkungen auf finanzielle Schwierigkeiten)
k_b	Kreditbereitstellungsprovision (in Prozenten vom Kreditlimit) für den Kontokorrentkredit
k_d	Zinssatz des Darlehens
k_g	Zinssatz des Kontokorrentguthabens
k_k	Zinssatz des Kontokorrentkredits
k_p	in k enthaltene Prämie für das Konkursrisiko
$k_{\ddot{u}}$	Zinssatz für den Überziehungskredit $= k_k +$ Überziehungsprovision
k_1	Anleihezinsfuß
k_2	Zinsfuß eines Bankkredits
k_3	Rendite festverzinslicher Wertpapiere
k_4	fixe Transaktionskosten pro Emission
L	LAGRANGE-Ausdruck
M	Gesamtkapitalwert der Unternehmung $=$ Unternehmungswert $= K + F$
N_t	Anzahl der zu t vorhandenen Aktien
N_t^*	Anzahl der zu t emittierten Aktien
$o = F_D/F_S$	prozentuelles Ausmaß, in dem das Maximum des schwankenden Kapitalbedarfs durch ein Bankdarlehen gedeckt wird
P	Portefeuille
P_M	Marktportefeuille
p_j	Preis eines Wertpapiers j zu $t = 0$
Q	Emissionsvolumen
q_t	Rendite (der Unternehmung) im Jahr t
R	möglicherweise eintretender Reichtum eines Investors $=$ Wert einer möglichen Abfolge künftiger Konsumausgaben, bezogen auf einen bestimmten Zeitpunkt
$\hat{R}$	Sicherheitsäquivalent für eine bestimmte Wahrscheinlichkeitsverteilung von R
$\bar{r}_{Ej}$	$\bar{r}_j$ unter der Voraussetzung voller Eigenfinanzierung
r_P	(unsichere) Rendite eines Portefeuilles
$\bar{r}_W$	erwartete Rendite einer Wandelanleihe
r_j	(unsichere) Rendite des Wertpapiers j
$\bar{r}_j$	erwartete Rendite des Wertpapiers j
$r_{j'}$	(zumeist unsichere) Rendite des festverzinslichen Wertpapiers j'
r_m	(unsichere) Rendite des Marktportefeuilles

r_n Rendite des risikolosen Wertpapiers n

S maximaler Bestand an festverzinslichen Wertpapieren

s_e Einkommensteuersatz

s_g Kapitalgewinnsteuersatz

s_k Körperschaftsteuersatz (bei einheitlichem Tarif für einbehaltene und ausgeschüttete Gewinne)

s_{k_1} tatsächlicher Körperschaftsteuersatz für ausgeschüttete Gewinne

$s_{k'_1}$ nomineller Körperschaftsteuersatz für ausgeschüttete Gewinne

s_{k_2} Körperschaftsteuersatz für einbehaltene Gewinne

T_Q zeitlicher Abstand zwischen zwei Emissionen (in Jahren)

t Zeitpunkt

U Nutzenoperator

$U^{(j)}(\bar{R})$ die j-te Ableitung der Nutzenfunktion nach R an der Stelle $\bar{R}$

UV Umwandlungsverhältnis

$$\bar{u}_j^i = \frac{\partial \bar{R}^i}{\partial x_j^i}$$ Zunahme des erwarteten Reichtums von Investor i bei Kauf eines zusätzlichen Wertpapiers j, bei konstantem Preis p_j

V_A erwarteter Konkursverlust für die Anteilseigner

W Konkurswahrscheinlichkeit

$W(M)$ Wahrscheinlichkeit des Ereignisses M

x_j Gesamtanzahl der emittierten Wertpapiere j

x_j^i Anzahl der vom Investor i zu $t = 0$ beschafften Stücke von Wertpapier j

$\hat{x}_j^i$ Anzahl der Wertpapiere j, die Investor i vor $t = 0$ besitzt

Y_n Rückzahlungsbetrag eines Wandelanleihestücks zu $t = n$

Z Zinsen insgesamt

Z_D Zinsen für das Darlehen

Z_G Zinsen für das Kontokorrentguthaben

Z_K Zinsen für den Kontokorrentkredit

Z_U Zinsen für den Überziehungskredit

Z_{Wt} Zinsen pro Wandelanleihestück in Jahr t

ZU Zuzahlung je Aktie

λ Lagrange-Faktor

$\pi = \bar{R} - \hat{R}$ Risikoprämie

ρ_{jm} Korrelationskoeffizient von r_j und r_m

σ Standardabweichung

σ_{r_j} Standardabweichung von r_j

Φ allgemeines Risikomaß

$$\Phi_j^i = \frac{\partial \Phi^i}{\partial x_j^i}$$ Grenzrisiko des Portefeuilles von Investor i bezüglich Wertpapier j, bei konstantem Preis p_j

Literaturverzeichnis

ALBACH, H.: Investition und Liquidität, Wiesbaden 1962.
— Kapitalbindung und optimale Kassenhaltung. In: FINANZIERUNGSHANDBUCH, a.a.O., S. 369–421.
ALDERFER, C. P., H. BIERMAN: Choices with Risk: Beyond the Mean and Variance, The Journal of Business, **43**, 1970, S. 341–353.
ALTMAN, E. I.: Financial Ratios, Discriminant Analysis and the Prediction of Corporate Bankruptcy, The Journal of Finance, **23**, 1968, S. 589–609.
— Corporate Bankruptcy Potential, Stockholder Returns and Share Valuation, The Journal of Finance, **24**, 1969, S. 887–900.
ARBEITSKREIS UNTERNEHMENSFINANZIERUNG NÜRNBERG: Finanzstrategie der Unternehmung, Herne-Berlin 1971.
ARNOLD, H.: Risikentransformation — Finanzierungsinstrumente und Finanzierungsinstitute als Institutionen zur Transformation von Unsicherheitsstrukturen, Diss. Saarbrücken 1964.
BARGES, A.: The Effect of Capital Structure on the Cost of Capital, Englewood Cliffs 1963.
BAXTER, N. D.: Leverage, Risk of Ruin and the Cost of Capital, The Journal of Finance, **22**, 1967, S. 395–403.
BAUMOL, W. J., B. G. MALKIEL: The Firm's Optimal Debt-Equity Combination and the Cost of Capital, Quarterly Journal of Economics, **81**, 1967, S. 545–578.
— — R. E. QUANDT: The Valuation of Convertible Securities, Quarterly Journal of Economics, **80**, 1966, S. 48–59.
BEAVER, W. H.: Alternative Accounting Measures as Predictors of Failure, The Accounting Review, **43**, 1968, S. 113–122.
BERANEK, W.: Analysis for Financial Decisions, Homewood 1963.
BIERMAN, H.: Financial Policy Decisions, London 1970.
BISCHOFF, W.: Cash flow und Working Capital, Wiesbaden 1972.
BLUMENTRATH, U.: Investitions- und Finanzplanung, Wiesbaden 1969.
BÖHNER, W.: Kapitalaufbau und Aktienbewertung, Berlin 1971.
BORCH, K.: Die optimale Dividendenpolitik der Unternehmen, Unternehmensforschung, **11**, 1967, S. 131–143.
BÖRNER, D.: Die Bedeutung von Finanzierungsregeln für die betriebswirtschaftliche Kapitaltheorie, ZfB, **37**, 1967, S. 341–353.
BRENNAN, M. J.: Taxes, Market Valuation and Corporate Financial Policy, National Tax Journal, **23**, 1970, S. 417–427.
BRENNAN, M.: A Note on Dividend Irrelevance and the GORDON Valuation Model, The Journal of Finance, **26**, 1971, S. 1115–1121.
BRITTAIN, J. A.: Corporate Dividend Policy, Washington 1966.
BUCHNER, R.: Der Einfluß erfolgsabhängiger Steuern auf investitions- und finanzierungstheoretische Planungsmodelle, ZfB, **41**, 1971, S. 671–704.
BÜSCHGEN, H. E.: Leasing und finanzielles Gleichgewicht der Unternehmung, ZfbF, **19**, NF, 1967, S. 625–648.
— Zum Problem optimaler Selbstfinanzierungspolitik in betriebswirtschaftlicher Sicht, ZfB, **38**, 1968, S. 305–328.
— Die Fremdfinanzierung der Unternehmung als Strukturentscheidungsproblem der Geschäftsbank. In: Betriebswirtschaftliche Information, Entscheidung und Kontrolle. Hrsg. W. BUSSE VON COLBE, G. SIEBEN, Wiesbaden 1969, S. 239–274.
— Das Unternehmen im Konjunkturwandel, Berlin-Bielefeld-München 1971.

CHEN, A. H. Y.: A Model of Warrant Pricing in a Dynamic Market, The Journal of Finance, **25**, 1970, S. 1041–1059.

CHILDS, J. F.: Profit Goals and Capital Management, Englewood Cliffs 1968.

DONALDSON, G.: Corporate Debt Capacity, Boston 1961.

— Strategy for Financial Mobility, Boston 1969.

DRUKARCZYK, J.: Bemerkungen zu den Theoremen von MODIGLIANI-MILLER, ZfbF. **22**, NF, 1970, S. 528–544.

DURAND, D.: The Cost of Capital, Corporation Finance, and the Theory of Investment: Comment, The American Economic Review, **49**, 1959, S. 639–655.

EBEL, J.: Portefeuilleanalyse: Entscheidungskriterien und Gleichgewichtsprobleme, Köln u.a. 1971.

ELTON, E. J., M. J. GRUBER: The Cost of Retained Earnings — Implications of Share Repurchase, Industrial Management Review, **9**, 1968, Nr. 3, S. 87–104.

— — Marginal Stockholder Tax Rates and the Clientele Effect, The Review of Economics and Statistics, **52**, 1970, S. 68–74.

— — Dynamic Programming Applications in Finance, The Journal of Finance, **26**, 1971, S. 473–506.

ENGELS, W.: Rentabilität, Risiko und Reichtum, Tübingen 1969.

EPPEN, G. D., E. F. FAMA: Solutions for Cash Balance and Simple Dynamic Portfolio Problems, The Journal of Business, **41**, 1968, S. 94–112.

ERLEMANN, J. G.: Die Bedeutung des Factoring für die Ausgliederung von Unternehmungsfunktionen, Diss. Köln 1969.

FAMA, E. F.: Risk, Return and Equilibrium: Some Clarifying Comments, The Journal of Finance, **23**, 1968, S. 29–40.

FETTEL, J.: Die Selbstfinanzierung der Unternehmung, ZfB, **32**, 1962, S. 553–559.

FINANZIERUNGSHANDBUCH, Hrsg. H. JANBERG, Wiesbaden 1970.

FINDLAY III, M. CH., E. E. WILLIAMS: An Integrated Analysis for Managerial Finance, Englewood Cliffs 1970.

FISCHER, O.: Neuere Entwicklungen auf dem Gebiet der Kapitaltheorie, ZfbF, **21**, NF, 1969, S. 26–42.

FRANKE, G.: Verschuldungs- und Ausschüttungspolitik im Licht der Portefeuille-Theorie, Köln u.a. 1971.

GLOMB, G. P.: Finanzierung durch Factoring, Köln u.a. 1969.

GORDON, M. J.: The Investment, Financing, and Valuation of the Corporation, Homewood 1962.

— Towards a Theory of Financial Distress, The Journal of Finance, **26**, 1971, S. 347–356.

GUTENBERG, E.: Grundlagen der Betriebswirtschaftslehre, Band III, Die Finanzen, 3. Aufl., Berlin-Heidelberg-New York 1969.

HAGENMÜLLER, K. F.: Der Bankbetrieb, Band II, 3. Aufl., Wiesbaden 1970.

HAKANSSON, N. H.: Capital Growth and the Mean-Variance Approach to Portfolio Selection, Journal of Financial and Quantitative Analysis, **5**, 1970, S. 517–555.

HÅLLSTEN, B.: Investment and Financing Decisions, Stockholm 1966.

HAMADA, R. S.: Portfolio Analysis, Market Equilibrium and Corporation Finance, The Journal of Finance, **24**, 1969, S. 13–31.

HANDBUCH DER UNTERNEHMENSFINANZIERUNG, Hrsg. O. HAHN, München 1971.

HÄRLE, D.: Finanzierungsregeln und ihre Problematik, Wiesbaden 1961.

HAUGEN, R. A., J. L. PAPPAS: Equilibrium in the Pricing of Capital Assets, Risk-Bearing Debt Instruments, and the Question of Optimal Capital Structure, Journal of Financial and Quantitative Analysis, **6**, 1971, S. 943–953.

HAUSCHILDT, J.: Finanzorganisation und Verschuldungsgrad, ZfB, **40**, 1970, S. 427–450.

HAX, H.: Investitions- und Finanzplanung mit Hilfe der linearen Programmierung, ZfbF, **16**, NF, 1964, S. 430–446.

— Der Einfluß der Investitions- und Ausschüttungspolitik auf den Zukunftserfolgswert der Unternehmung. In: Betriebswirtschaftliche Information, Entscheidung und Kontrolle. Hrsg. W. BUSSE VON COLBE, G. SIEBEN, Wiesbaden 1969, S. 359–380.

— Investitionstheorie, Würzburg-Wien 1970.

— Bezugsrecht und Kursentwicklung von Aktien bei Kapitalerhöhungen, ZfbF, **23**, NF, 1971, S. 157–163.

— H. Laux: Investitionstheorie. In: Beiträge zur Unternehmensforschung, Hrsg. G. Menges, Würzburg-Wien 1969, S. 227–284.

Hax, K.: Langfristige Finanz- und Investitionsentscheidungen. In: Handbuch der Wirtschaftswissenschaften, Band I, Betriebswirtschaft, Hrsg. K. Hax, Th. Wessels, 2. Aufl., Köln und Opladen 1966, S. 399–489.

Heidland, H.: Insolvenzrechtliche Probleme beim Factoring, Konkurs-, Treuhand- und Schiedsgerichtswesen, **30**, 1970, S. 165–179.

Heissmann, E.: Die betrieblichen Ruhegeldverpflichtungen, 6. Aufl., Köln 1967.

Illetschko, L. L.: Betriebswirtschaftslehre für Ingenieure, Wien-New York 1965.

Jean, W. H.: The Extension of Portfolio Analysis to three or more Parameters, Journal of Quantitative and Financial Analysis, **6**, 1971, S. 505–515.

Jen, F. C., J. E. Wert: The Effect of Call Risk on Corporate Bond Yields, The Journal of Finance, **22**, 1967, S. 637–651.

Johnson, C. G.: Ratio Analysis and the Prediction of Firm Failure, The Journal of Finance, **25**, 1970, S. 1166–1168.

Johnson, R. E.: Term Structures of Corporate Bond Yields as a Function of Risk of Default, The Journal of Finance, **22**, 1967, S. 313–345.

Kirsch, W.: Zur Problematik „optimaler" Kapitalstrukturen, ZfB, **38**, 1968, S. 881–888.

Köhler, R.: Zum Finanzierungsbegriff einer entscheidungsorientierten Betriebswirtschaftslehre, ZfB, **39**, 1969, S. 435–456.

Kolbeck, R.: Leasing als finanzierungs- und investitionstheoretisches Problem, ZfbF, **20**, NF, 1968, S. 787–797.

Krause, M. W.: Die langfristige Fremdfinanzierung. In: HANDBUCH DER UNTERNEHMENSFINANZIERUNG, a.a.O., S. 643–691.

Krümmel, H.-J.: Bankzinsen, Köln u.a. 1964.

— Finanzierungsrisiken und Kreditspielraum, ZfB, **36**, 1966, EIS. 134–157.

Latané, H. A., D. L. Tuttle: Security Analysis and Portfolio Management, New York 1970.

Laux, H.: Kapitalkosten und Ertragsteuern, Köln u.a. 1969.

— Flexible Investitionsplanung, Opladen 1971.

Lechner, K.: Betriebswirtschaftlich optimale Selbstfinanzierung, Wirtschaftlichkeit 1968, Heft 1, S. 17–24.

Leffson, U.: Leasing beweglicher Anlagegüter, ZfbF, **16**, NF, 1964, S. 396–413.

Lehmann, M.: Der Einfluß der Besteuerung auf die Eigenkapitalkosten im wachsenden Unternehmen, ZfbF, **23**, NF, 1971, S. 232–247.

Lemitz, H.-G.: Finanzierung über Pensionsrückstellungen bei unverfallbarer Altersversorgung. In: Die Unternehmung in Gegenwart und Zukunft, Band II, Hrsg. Deutsche Gesellschaft für Betriebswirtschaft, Berlin 1971, S. 9–57.

Lerner, E. M., W. T. Carleton: A Theory of Financial Analysis, New York u.a. 1966.

Lewellen, W. G.: The Cost of Capital, Belmont 1969.

— A Pure Financial Rationale for the Conglomerate Merger, The Journal of Finance, **26**, 1971, S. 521–537.

Lintner, J.: Security Prices, Risk, and Maximal Gains from Diversification, The Journal of Finance, **20**, 1965, S. 587–615.

Lipfert, H.: Optimale Unternehmensfinanzierung, 3. Aufl., Frankfurt (Main) 1969.

Loitlsberger, E.: Zur Theorie und Verifikation der „typischen" Kapitalstruktur (= optimalen Finanzierung), Der österreichische Betriebswirt, **21**, 1971, S. 6–52.

Lücke, W.: Finanzplanung und Finanzkontrolle in der Industrie, Wiesbaden 1965.

Malkiel, B. G., R. E. Quandt: Strategies and Rational Decisions in the Securities Options Market, Cambridge and London 1969.

Mao, J. C. T.: Quantitative Analysis of Financial Decisions, London 1969.

— Essentials of Portfolio Diversification Strategy, The Journal of Finance, **25**, 1970, S. 1109–1121.

— Security Pricing in an Imperfect Capital Market, Journal of Financial and Quantitative Analysis, **6**, 1971, S. 1105–1116.

MARKOWITZ, H. M.: Portfolio Selection, New Haven and London 1959.
MERRETT, A. J., A. SYKES: The Finance and Analysis of Capital Projects, London 1963.
MILLER, M. H., F. MODIGLIANI: Dividend Policy, Growth, and the Valuation of Shares, The Journal of Business, 34, 1961, S. 411–433.
— D. ORR: A Model of the Demand for Money by Firms. Report 6601, Center for Mathematical Studies in Business and Economics, University of Chicago, 1966.
MODIGLIANI, F., M. H. MILLER: The Cost of Capital, Corporation Finance and the Theory of Investment, The American Economic Review, 48, 1958, S. 261–297.
— — Corporate Income Taxes and the Cost of Capital: A Correction, The American Economic Review, 53, 1963, S. 433–443.
MOXTER, A.: Optimaler Verschuldungsumfang und MODIGLIANI-MILLER-Theorem. In: Aktuelle Fragen der Unternehmensfinanzierung und Unternehmensbewertung, Hrsg. K.-F. FORSTER und P. SCHUHMACHER, Stuttgart 1970, S. 128–155.
MÜLHAUPT, L.: Der Bindungsgedanke in der Finanzierungslehre, Wiesbaden 1966.
MÜLLER, H.: Portfolio Selection, 2. Aufl., Wiesbaden 1971.
MUMEY, G. A.: Theory of Financial Structure, New York u. a. 1969.
— R. M. KORKIE: Balance Sheet Additivity of Risk Measures, Journal of Financial and Quantitative Analysis, 6, 1971, S. 1123–1133.
MYERS, ST. C.: A Time-State-Preference Model of Security Valuation, Journal of Financial and Quantitative Analysis, 3, 1968, S. 1–33.
ORTH, L.: Die kurzfristige Finanzplanung industrieller Unternehmungen, Köln und Opladen 1961.
OETTLE, K.: Unternehmerische Finanzpolitik, Stuttgart 1966.
PETERSON, D. E. (with the collaboration of R. B. HAYDON): A Quantitative Framework for Financial Management, Homewood 1969.
POENSGEN, O. H.: The Valuation of Convertible Bonds, Industrial Management Review, 6, 1965, Fall, S. 77–92, and 7, 1966, Spring, S. 83–98.
POGUE, G. A.: An Extension of the Markowitz Portfolio Selection Model to Include Variable Transactions' Costs, Short Sales, Leverage Policies and Taxes, The Journal of Finance, 25, 1970, S. 1005–1027.
PORTERFIELD, J. T. S.: Investment Decisions and Capital Costs, Englewood Cliffs 1965.
PREISS, K.: Die optimale Kapitalstruktur einer nach Rentabilitätsmaximierung strebenden Betriebswirtschaft, ZfB, 31, 1961, S. 88–95.
RAU, H.-G.: Steuerliche Behandlung des Leasing, Der Betrieb, 24, 1971, Beilage 10, S. 3–14.
REINBOTH, H.: Schuldscheindarlehen als Mittel der Unternehmungsfinanzierung, Wiesbaden 1965.
RITTERSHAUSEN, H.: Industrielle Finanzierungen, Wiesbaden 1964.
ROBICHEK, A. A., ST. C. MYERS: Optimal Financing Decisions, Englewood Cliffs 1965.
— — Problems in the Theory of Optimal Capital Structure, Journal of Financial and Quantitative Analysis, 1, 1966, Heft 2, S. 1–35.
RÖSSLER, M.: Optimierung der Unternehmensfinanzierung, Die Unternehmung, 24, 1970, S. 191–206.
SAMUELSON, P. A.: Rational Theory of Warrant Pricing, Industrial Management Review, 6, 1965, Spring, S. 13–32.
SAMUELSON, P., R. C. MERTON: A Complete Model of Warrant Pricing that Maximizes Utility, Industrial Management Review, 10, 1969, Winter, S. 17–46.
SANDIG, C.: Finanzen und Finanzierung der Unternehmung, Stuttgart 1968.
SCHACHT, K.: Die Bedeutung der Finanzierungsregeln für unternehmerische Entscheidungen, Wiesbaden 1971.
SCHMALENBACH, E.: Kapital, Kredit und Zins, 4. Aufl., Köln und Opladen 1961.
SCHNEEWEISS, H.: Entscheidungskriterien bei Risiko, Berlin-Heidelberg-New York 1967.
SCHNEIDER, D.: Investition und Finanzierung, Köln und Opladen 1970.
SCHUSTER, L.: Der Forderungsverkauf. In: HANDBUCH DER UNTERNEHMENS-FINANZIERUNG, a.a.O., S. 725–756.
SHARPE, W. F.: Portfolio Theory and Capital Markets, New York u. a. 1970.

SOLDOFSKY, R. M., R. L. MILLER: Risk-Premium Curves for Different Classes of Long-Term Securities, 1950–1966, The Journal of Finance, **24**, 1969, S. 429–445.

SOLOMON, E.: The Theory of Financial Management, New York and London 1963.

SPRENKLE, C. M.: Warrant Prices as Indicators of Expectations and Preferences. In: The Random Character of Stock Market Prices, Hrsg. P. H. COOTNER, Cambridge 1964, S. 412–474.

STAEHLE, W.: Die Schuldscheindarlehen, Wiesbaden 1965.

STAHL, H.: Aktien vor und nach Kapitalerhöhungen, 2. Aufl., Frankfurt am Main 1969.

STAPLETON, R. C.: The Theory of Corporate Finance, London u. a. 1970.

STEIN, J. H. VON: Untersuchungsergebnisse von Insolvenzen als Hilfsmittel für den Kreditgeber, Betriebswirtschaftliche Blätter für die Praxis der Sparkassen und Girozentralen, **19**, 1970, S. 153–156.

STEVENSON, R. A.: Retirement of Non-Callable Preferred Stock, The Journal of Finance, **25**, 1970, S. 1143–1152.

STIGLITZ, J. E.: A Re-Examination of the MODIGLIANI-MILLER Theorem, The American Economic Review, **59**, 1969, S. 784–793.

STIER, A.: Die Sicherung von Industrieanleihen, Frankfurt am Main 1970.

STONE, B. K.: Risk, Return, and Equilibrium, Cambridge (Mass.) and London 1970.

STÜTZEL, W.: Die Relativität der Risikobeurteilung von Vermögensbeständen. In: Entscheidung bei unsicheren Erwartungen, Hrsg. H. HAX, Köln und Opladen 1970, S. 9–26.

SÜCHTING, J.: Zur Problematik von Kapitalkosten-Funktionen in Finanzierungsmodellen, ZfB, **40**, 1970, S. 329–348.

SWOBODA, P.: Die Wirkungen von steuerlichen Abschreibungen auf den Kapitalwert von Investitionsprojekten bei unterschiedlichen Finanzierungsformen, ZfbF, **22**, NF, 1970, S. 77–86.

— Investition und Finanzierung, Göttingen 1971.

— Zur Optimierung der Fremdkapitalstruktur und des Fremdkapitalvolumens für Unternehmungen mit fixiertem Eigenkapital. In: Analysen zur Unternehmenstheorie, Hrsg. K. LECHNER, Berlin 1972, S. 273–294.

— C. KÖHLER: Der Einfluß einer Kapitalgewinnsteuer auf den Aktienkurs und die Dividendenpolitik von Aktiengesellschaften, ZfbF, **23**, NF, 1971, S. 208–231.

TINSLEY, P. A.: Capital Structure, Precautionary Balances, and Valuation of the Firm: The Problem of Financial Risk, Journal of Financial and Quantitative Analysis, **5**, 1970, S. 33–62.

TSCHUMI, O.: Optimale kurzfristige Finanzierung, Industrielle Organisation, **38**, 1969, S. 60–64.

— Graphische Bestimmung der optimalen kurzfristigen Finanzierung, Industrielle Organisation, **39**, 1970, S. 14–17.

VAN HORNE, J. C.: The Function and Analysis of Capital Market Rates, Englewood Cliffs 1970.

— Financial Management and Policy, 2. Aufl., Englewood Cliffs 1971.

VORMBAUM, H.: Finanzierung der Betriebe, 2. Aufl., Wiesbaden 1971.

WALTER, J. E.: Dividend Policy and Enterprise Valuation, Belmont 1967.

WEIBEL, P.: Probleme der Bonitätsbeurteilung von Unternehmungen aus der Sicht der Banken, Die Unternehmung, **24**, 1970, S. 269–290.

WEDEL, H.: Der Partizipationsschein als Kapitalbeschaffungsmittel der Aktiengesellschaften, Berlin 1969.

WELCKER, J.: Wandelobligationen, ZfbF, **20**, NF, 1968, S. 798–838.

WESTON, J. F., E. F. BRIGHAM: Managerial Finance, 3. Aufl., London u. a. 1970.

WILDHAGEN, J.: Zinserwartungen und Anleihekonditionen, Diss. Saarbrücken 1967.

WIRTSCHAFTSPRÜFER-HANDBUCH 1968, Hrsg. Institut der Wirtschaftsprüfer in Deutschland e. V., Düsseldorf 1968.

WISSENBACH, H.: Die Bedeutung der Finanzierungsregeln für die betriebliche Finanzpolitik, ZfbF, **16**, NF, 1964, S. 447–456.

WITTE, E.: Die Liquiditätspolitik der Unternehmung, Tübingen 1963.

WITTMANN, W.: Unternehmung und unvollkommene Information, Köln und Opladen 1959.

Sachverzeichnis

Printed in the United States
by Baker & Taylor Publisher Services